A Solução para a sua Fadiga

Aumente sua energia em oito passos fáceis

A Solução para a sua Fadiga

AUMENTE SUA ENERGIA EM OITO PASSOS FÁCEIS

Dra. Eva Cwinar
com Sharyn Kolberg

Tradução
Roberta Braga

MAGNITUDDE

A solução para a sua fadiga
Título original: *The Fatigue Solution*
Copyright © 2012 by Eva B. Cwynar, M.D.
All recipes copyright © Samantha F. Grant, CN (except as noted)
Originally published in 2012 by Hay House Inc., USE
Copyright em português © 2012 by Lúmen Editorial Ltda.

Magnitudde é um selo da Lúmen Editorial Ltda.

1a edição – abril de 2012

Direção editorial: *Celso Maiellari*
Coordenação editorial: *Fernanda Rizzo Sanchez*
Projeto editorial: *Estúdio Logos*
Preparação de texto: Fernanda Botallo
Revisão: Valéria Sanálios
Projeto gráfico e arte da capa: SGuerra Design
Arte de capa: SGuerra Design
Impressão e acabamento: Orgrafic Gráfica

DADOS INTERNACIONAIS DE CATALOGAÇÃO NA PUBLICAÇÃO
(CIP) (CÂMARA BRASILEIRA DO LIVRO, SP, BRASIL)

Cwynar, Eva
A solução para a sua fadiga / Eva Cwynar ; tradução Roberta Braga. -- São Paulo : Lúmen, 2012.

Título original: The fatigue solution.
ISBN 978-85-7813-064-0

1. Fadiga - Tratamento alternativo 2. Health & Fitness / Women`s Health 3. Mulheres - Saúde e higiene 4. Nutrição I. Título.

12-03554   CDD-616.0478

Índices para catálogo sistemático:
1. Fadiga : Tratamento alternativo : Medicina
616.0478

Lúmen Editorial Ltda.

Rua Javari, 668
São Paulo - SP
CEP 03112-100
Tel/Fax (0xx11) 3207-1353

visite nosso site: www.lumeneditorial.com.br
fale com a Lúmen: atendimento@lumeneditorial.com.br
departamento de vendas: comercial@lumeneditorial.com.br
contato editorial: editorial@lumeneditorial.com.br
siga-nos nas redes sociais:
@lumeneditorial
facebook.com/lumen.editorial1
2012
Proibida a reprodução total ou parcial desta obra sem prévia autorização da editora

Impresso no Brasil - *Printed in Brazil*

Eu dedico este livro às minhas filhas, Danielle e Nicole Kohut. Vocês são o meu propósito na vida. Sua inspiração é ilimitada. Sempre fortes, abraçando o amor e, acima de tudo, aproveitando a vida!

Sumário

Prefácio de Felicity Huffman	8
Introdução	12
Capítulo 1: A qualidade da sua vida	24
Capítulo 2: Passo 1 – Coma alimentos energéticos	40
Capítulo 3: Passo 2 – Mantenha o intestino em forma	86
Capítulo 4: Passo 3 – Melhore o sono e reduza o estresse	124
Capítulo 5: Passo 4 – Explore sua sexualidade	170
Capítulo 6: Passo 5 – Movimente o corpo e impulsione o metabolismo	216
Capítulo 7: Passo 6 – Verifique a tireoide	246
Capítulo 8: Passo 7 – Prepare-se para "Aquele dia do mês"	274
Capítulo 9: Passo 8 – Faça exames específicos	320
Capítulo 10: Despedida – Deixando para trás	348
Apêndice I: Energia da Dra. Eva / Matriz de combustível: Receitas e planos de alimentação	350
Apêndice II: Guia de informações	396
Apêndice III: Referências	400
Agradecimentos	426
Sobre a autora	430

Prefácio

Meus filhos tinham dois e três anos quando eu comecei em Desperate Housewives. Eu tinha um marido maravilhoso, dois filhos perfeitos e o melhor emprego que eu poderia imaginar. Eu estava mesmo num seriado que chamava muita atenção. Resumindo: todos os meus sonhos estavam se realizando. Exceto que eu estava exausta – como numa aula cansativa de álgebra. Sabe quando você encosta a cabeça em qualquer lugar e dorme até babar? Com o tempo passando, eu fui de cansada a esgotada e cronicamente fatigada. Meu sistema imunológico estava tão fraco que a cada dois ou três dias eu tinha dor de garganta ou febre passageira. Eu fui a quiropráticos, homeopatas, clínicos gerais, ginecologistas, médicos da família e gastroenterologistas. Um médico receitou-me estrogênio, progesterona e testosterona. Eu parei de comer derivados de leite, trigo e açúcar. Eu simplesmente parei de comer. Nada funcionou. Eu comecei a duvidar dos meus sintomas e a me culpar por me sentir tão mal.

Foi nesse momento que eu encontrei a Dra. Cwynar e tudo mudou. Ela me recebeu em seu consultório e conversamos por uma hora. Ela ouviu, questionou e levou a sério os meus sintomas. Olhou para mim e disse: "Ok, nós vamos desvendar isso e você vai se sentir melhor". Eu não era apenas mais um paciente e ela não era apenas outra médica. Nós éramos parceiras e ela dedicou-se a melhorar minha saúde. Ela me fez uma bateria de exames (a maioria deles recomendados neste livro) para checar carências de vitaminas, níveis hormonais, níveis de cortisol e eficiência do trato digestório. Tudo. Tudo mesmo.

Estava funcionando. A Dra. Cwynar, com sua abordagem abrangente, foi capaz de me dar o sono de que eu precisava, os hormônios adequados ao meu corpo e os suplementos para oferecer suporte à minha saúde. Isso tudo não só transformou o meu dia a dia como também me permitiu ter esperança no futuro. Eu tenho a energia que eu tinha desde antes dos meus filhos nascerem.

Se a fadiga é um problema, você encontrará a solução para ela neste livro, mesmo que demore até o capítulo 4 ou 5 para você dizer "Aha! É isso que está acontecendo comigo!". Ao continuar lendo, você perceberá que a maioria das condições se sobrepõe e nada fica sozinho. Daí todo o livro torna-se muito pertinente. *A solução para a sua fadiga* oferece ferramentas simples, porém poderosas, para ajudar você e seu médico. Talvez faça você perceber que é hora de trocar de médico.

A Dra. Cwynar permite que você cuide da sua saúde, dando informações e ferramentas que fazem a diferença. A mensagem mais importante deste livro é que não importa o quão agitado ou exigente seja seu estilo de vida, ou em que fase da vida você está, você não pode se acostumar a se sentir mal. A fadiga não é inevitável. Você merece se sentir bem. E você pode se sentir bem – você pode se sentir ótima.

Felicity Huffman, atriz

Introdução

Eu escrevi este livro para tirar a palavra "F" da sua vida. Você sabe do que eu estou falando. Talvez você tenha perdido aquele prazer pela vida de quando era mais jovem e se pergunte por quê. Talvez o que você queira é trazer a sexualidade de volta, mas você não sabe como acender a chama do desejo. Talvez você queira encontrar um caminho para diminuir o estresse, que está te deixando ansiosa e impedindo uma boa noite de sono.

Ou talvez você esteja cansada de ficar cansada o tempo todo e esteja determinada a tirar a palavra "F" – fadiga – da sua vida de uma vez por todas.

Sejam quais forem as razões, você ficará agradecida ao ler este livro.

Todas as mulheres têm preocupações similares. Eu escuto as mesmas coisas de mulheres que me procuram para ajudá-las, mulheres que se sentem oprimidas e destratadas, mulheres que buscam um caminho para retomar o controle de suas vidas e da sua saúde, mulheres ocupadas que procuram soluções verdadeiras – passos simples que se encaixam em suas rotinas, ou seja, mulheres como eu.

Você não tem que ter isso novamente

Muitas mulheres aceitam que a velhice chegou e a energia diminuiu. Este mito é perpetuado por médicos e pacientes, tanto é que não há nada que você possa fazer a respeito dos problemas associados à idade. Você tem dores? Já era esperado. Você está ganhando peso? É normal. O seu cabelo está caindo? Isto já era esperado. Você perdeu o interesse em sexo? É claro! Você está ficando velha.

Eu estou aqui para dizer que isso é inaceitável e que essas sensações não são consequências inevitáveis do envelhecimento. Eu ajudei muitas mulheres ao redor do mundo, não somente a impulsionar seu nível de energia como também trazer de volta o entusiasmo que elas tinham pela vida quando eram mais jovens. Após o êxito do programa deste livro, uma paciente se sentiu tão diferente que contou para todas ao seu redor. Sua amiga comentou como ela estava emocionada por encontrar seu "novo eu". E minha paciente respondeu: "Não, esta sou eu velha. Eu deixei a velhice para trás e é isso o que eu realmente quero".

É o que eu sempre espero ouvir das minhas pacientes e é o que eu quero para você. Obviamente, eu não posso tratar de cada mulher do mundo. É por isso que escrevi o livro. Eu quero ensinar às mulheres que é possível dar estes oito passos para que elas possam se reenergizar e se revitalizar, e que sintam o poder de ter o controle de sua saúde, com um futuro saudável.

Tudo sobre os hormônios

A maioria das minhas pacientes chega até mim por indicação de amigas ou familiares, que tiveram suas vidas mudadas após o aprendizado dos oito passos descritos neste livro para a revitalização energética. Quando elas chegam ao meu consultório, muitas nem sabem que eu sou médica endocrinologista. Elas acham que sou médica da família, nutricionista ou homeopata. Porém, elas me procuram porque estão no seu limite e já passaram por vários médicos, sem ter a quem mais recorrer. Eu ouço sempre a mesma coisa: "Você é minha última esperança. Se não me ajudar, entrarei numa caverna e comerei até ficar velha". Elas sentem que não têm mais opção.

Eu sou endocrinologista – uma especialista em hormônios –, o que significa que eu ajudo as mulheres (e os homens) a lidar com os efeitos hormonais dentro e fora do corpo. O endocrinologista é o médico que cursou a faculdade de medicina e se especializou nessa área, totalizando em média oito anos de estudo. Basicamente, os endocrinologistas estudam mais tempo os hormônios do que outros médicos.

Atualmente, nós enfrentamos uma escassez de endocrinologistas em todo o país, pois são aproximadamente 2.400 médicos com essa especialidade para dar conta dos Estados Unidos. A maioria desses especialistas é de Nova York ou da Califórnia, focando seu trabalho no tratamento de adultos. Esse número é relativamente pequeno quando comparado a outras especialidades médicas. Isso significa que são poucos médicos com conhecimento profundo em hormônios – ou seja, o que os hormônios fazem e como eles agem no corpo – e eu me orgulho de ser uma dessas poucas médicas.

Os hormônios são substâncias químicas poderosas e são produzidos por várias glândulas específicas. Após sua produção, eles caem na circulação sanguínea, gerando uma ampla gama de respostas biológicas. Os hormônios afetam seu bem-estar físico e emocional, ou seja, se você está feliz ou triste, deprimido ou eufórico, com raiva ou cansado e, ainda, se você está com fome ou com sono, se você se sente sexy. Essas são algumas respostas do seu corpo à atuação dos hormônios.

Alguns médicos (e pacientes) não levam a fadiga a sério. Porém, ela é uma doença real e possui seu próprio código na Classificação Internacional de Doenças (CID-9), que é uma lista usada globalmente para sistemas de reembolso.

Se você está cronicamente fatigado, a probabilidade de ser por causa dos hormônios é alta. Se você está engordando inexplicavelmente, se o seu cabelo está caindo ou se a sua pele está seca, há grandes chances de ser um problema endócrino. Se você se olha no espelho e se acha mais velha que ontem, pode ser por motivos hormonais. Se você reequilibrar seus hormônios, poderá voltar no tempo tanto externamente quanto internamente. Quando seus hormônios estiverem na dosagem certa, você poderá recuperar sua energia, juventude e saúde.

A minha visão sobre medicina

A medicina está no meu sangue. Minha mãe é médica pediatra, que dedicou a vida a cuidar de crianças carentes no sul do Bronx. Essa é uma parte da minha identidade e por muito tempo eu tento compreender quem sou eu para poder ajudar minhas pacientes a entender quem são elas... e quem elas podem ser.

Muitas das minhas pacientes chegam até mim frustradas porque não compreendem o que está havendo com elas, e outros médicos não puderam ajudá-las. Recentemente, eu tive uma paciente que veio da Flórida e quando eu perguntei por que ela voou até Los Angeles, ela disse: "Por que eu descrevi meus sintomas para o meu médico e ele apenas se virou. Eu disse que queria checar a minha tireoide e ele me ignorou. Quando eu disse que não me sentia como eu mesma, pude perceber que ele não estava ouvindo o que eu dizia". Eu ouço isso o tempo todo. Se os sintomas não são específicos (por exemplo: dor de estômago ou dor no peito), os médicos não sabem o que fazer. No mundo ocidental, os médicos são ensinados a salvar as pessoas da morte, e as doenças são tratadas individualmente e não como parte do todo.

Eu vejo a medicina como algo muito mais amplo. Quando eu tinha 30 anos, viajei por mais de 100 países e ainda viajo buscando respostas para como os povos indígenas lidam clínica e filosoficamente com as questões e males que enfrentam. Eu morei na América do Sul por um ano para aprender sobre a cultura indígena e as ervas medicinais desse continente. Eu fui para a Austrália para aprender sobre os hábitos de sobrevivência dos aborígenes. Eu escalei o monte Kilimanjaro com meu marido na nossa lua de mel para ver como as pessoas respondiam a mudanças extremas de clima e altitude, do clima tropical para o congelamento, a uma altitude de 5.895 m (meu marido não esperava ouvir na lua de mel: "Hoje não, querido, eu tenho que respirar"). Eu estive em vários locais da Ásia para aprender sobre meditação e também sobre os costumes dos monges. Eu visitei lugares como Burma, Mongólia e Tibet, obtendo informações sobre como essas culturas lidam com a velhice e a fadiga.

No verão de 2011, eu viajei para a África para estudar com os médicos das tribos dos pigmeus do Gabão. Eu só pude fazer isso com a autorização do presidente do Gabão, pois essas tribos são isoladas e desejam se manter assim. Eu fiquei emocionada por ser uma das poucas pessoas a ter o privilégio de viajar com um pequeno avião, helicóptero e canoa para entrar na floresta e aprender com esse povo fascinante, especialmente seus médicos.

Eu estive em várias regiões da África para estudar com os médicos e os xamãs, e o que me chamou mais atenção foi que, apesar de na Zâmbia ter mais de 70 línguas tribais, na Botswana ter mais de 30 e na África do Sul ter mais de cem, eu não pude encontrar uma palavra que traduzida significava fadiga. Talvez eles não tenham a experiência da fadiga como nós ou não tenham uma palavra para isso.

A cultura ocidental começou a incorporar a "medicina alternativa" em suas práticas – ervas chinesas e acupuntura. Porém, nós ignoramos as tradições do local de origem da humanidade e o que nós podemos aprender com os sangoma, curandeiros das tribos africanas. Nós raramente estudamos a medicina que vem dessa parte do mundo, mesmo que ela exista desde o nascimento da humanidade. A lição mais importante que eu aprendi nessas práticas foi que eles não dão somente poções e pós aos seus pacientes e os mandam embora. Eles olham tudo que está acontecendo na vida do paciente – sua rotina, seu relacionamento com a família e amigos – e, dependendo da doença, o paciente poderá receber medicamentos e instruções sobre que horas levantar pela manhã, qual alimento deve comer e como tratar sua sogra. Tudo isso faz parte do processo de cura.

Por isso, quando eu pergunto algo pessoal ou embaraçoso para os meus pacientes, eu explico que não é porque eu quero me intrometer em suas vidas. Digo que preciso compreender como o paciente lida com a família, o trabalho, as viagens, ou seja, o seu cotidiano, para poder saber o que está havendo com seus hormônios. Não é só o corpo que está envolvido, mas tudo que o levou até mim.

Eu acredito que o estudo das culturas antigas, evidenciando porque elas sobreviveram por milhares de anos, pode iluminar nosso futuro. Nossos ancestrais têm muito a ensinar e nós não podemos ignorar esse conhecimento se quisermos sobreviver.

> "... nossa busca por um futuro melhor depende da união de nós mesmos com a terra, uma interconexão que as culturas antigas nunca abandonaram."
>
> — Helena Norberg-Hodge, fundadora da Sociedade Internacional de Ecologia e Cultura

Eu sou mulher...

Eu acredito que as mulheres podem fazer de tudo (talvez não tudo de uma vez), pois somos incrivelmente multifuncionais. Eu sei que isso é possível porque eu faço isso todos os dias. Ao ler este livro, você vai descobrir que ele não trata apenas do combate à fadiga – também é a minha história. Houve um tempo em que eu não estava muito bem de saúde e precisava fazer alguma coisa. Eu necessitava de mais energia em minha vida e sustentá-la o maior tempo possível. Afinal de contas, eu sou esposa, mãe, filha e médica. É até desnecessário dizer que minha vida é extremamente agitada.

Meu ponto de vista é que, se eu posso sobreviver a tudo isso razoavelmente bem, então sou de fato uma especialista em energia. Minha vida agitada, assim como a de milhares de outras pessoas, foi o motivo que me fez elaborar o programa de solução da fadiga. Eu não tenho tempo para ficar cansada o tempo todo. Eu não quero ficar cansada o tempo todo e por causa do meu marido, dos meus filhos e de mim mesma, eu não posso ficar cansada o tempo todo. Quanto mais eu pensava nisso, mais eu percebia que havia áreas em minha vida que podiam ser melhoradas para trazer minha energia de volta. Foi assim que apareceram os oito passos do programa. Eles tinham de ser simples, factíveis e melhorar a minha qualidade de vida. Ao ler minha história, você verá que quando minha vida ficou fora de controle, eu só obtive minha energia de volta (e minha vida) quando segui o programa de solução da fadiga. E você também pode segui-lo.

Os oito passos fáceis

Embora muitas mulheres reclamem de fadiga após os 30 anos, nunca é cedo (ou tarde) demais para começar o programa de Solução da Fadiga. Quando estamos com vinte e poucos anos, nosso sistema hormonal é forte e pleno. No entanto, os hormônios começam a diminuir em quantidade e qualidade quando alcançamos a faixa dos 30. É nesse ponto que precisamos nos preparar para encarar o peso da idade. Conforme o tempo vai passando e chegamos aos 40 ou 50, os hábitos enraizados são difíceis de mudar.

Este livro mostra como manter a energia e a vitalidade. Você aprenderá como os hormônios afetam o seu corpo e como as alterações hormonais podem alterar sua saúde, gastando suas reservas energéticas. Você também aprenderá como a energia é produzida e o que precisamos para mantê-la no nosso trabalho e nas nossas vidas. Em seguida, você descobrirá os oito passos essenciais, baseados na ciência e no metabolismo, para resgatar o poder pessoal, a saúde, a longevidade e a qualidade de vida. Cada passo é muito importante, pois todos trabalham juntos para restaurar sua reserva energética.

- **Passo 1 – Coma alimentos energéticos:** Carne vermelha? Leite integral? Omeletes feitas com ovos brancos e clara? O primeiro passo para a revitalização é conhecer quais são os alimentos – incluindo, surpreendentemente, os já citados – que são fontes de energia para ter mais saúde no futuro (no apêndice I, você será apresentado à "Energia da Dra. Eva/Matriz de combustível", uma proteína que entrará nos seus hábitos alimentares e é a energia de que seu corpo precisa.

- **Passo 2 – Mantenha o intestino em forma:** Em geral, os alimentos que você ingere e seu estilo de vida podem causar muito estresse. Pode parecer estranho, mas a verdade é que o sistema digestório está intimamente ligado aos níveis de energia pelo simples fato de eliminar toxinas. Com isso, você pode rejuvenescer. Você não precisa ser neurótica, pois há coisas bem simples que você pode fazer para que seu corpo fique livre de poluentes e toxinas.

- **Passo 3 – Melhore o sono e reduza o estresse:** Não há dúvidas sobre isso: a privação de sono leva ao esgotamento energético. É a qualidade do sono que conta (levantar durante a noite para ir ao banheiro é comum para muitas pessoas), e se você dorme de dia, está no limite do estresse. A verdade é que dormir corretamente é mais importante que se jogar na cama. Descubra as orientações descritas passo a passo para criar uma calma física, mental e emocional e ter um sono saudável e balancear os hormônios, sentindo a energia fluir.

- **Passo 4 – Explore sua sexualidade:** Ter prazer sexual aumenta a energia. A relação sexual faz bem ao corpo, pois libera endorfina e acelera o metabolismo. Mas, assim como dormir, é a qualidade da relação sexual que faz a diferença. Você pode querer ir para esse capítulo primeiro... e tudo bem. Esse pode ser o caminho para revitalizar o seu relacionamento e ter prazer para o resto de sua vida!

- **Passo 5 – Movimente o corpo e impulsione o metabolismo:** Basta lembrar: os exercícios dão energia, fazendo você perder peso, manter o coração saudável e diminuir a depressão.

Há exercícios específicos que são designados para aumentar a energia durante o dia. Este capítulo também revelará a "sensualidade" secreta dos exercícios físicos – o suor feminino após um treino deixa os homens loucos, impulsionando o metabolismo deles e o seu. Há muitas maneiras de se exercitar sem ter que passar pela esteira (por exemplo, o boxe libera a raiva e um monte de calorias). Aprenda técnicas para promover a saúde física entre as chamadas telefônicas ou as reuniões de negócio, além de aprender coisas que você pode fazer em sua mesa de trabalho para queimar calorias. É fácil ter o máximo de benefícios com essas opções divertidas.

- **Passo 6 – Verifique a tireoide:** As estimativas atuais mostram que milhões de americanos têm algum tipo de problema na tireoide. No entanto, existem alguns milhões que têm o problema mas não sabem. A quantidade de energia e resistência que você tem está diretamente associada aos hormônios tireoidianos. A grande maioria das disfunções da tireoide está no hipotireoidismo, situação em que essa glândula trabalha abaixo do normal. Quando as mulheres estão para baixo e com excesso de peso, muitas delas dizem automaticamente que estão com problema na tireoide e para algumas esse é o fim da linha. Para outras, é importante saber se a tireoide está funcionando bem e o que fazer para mantê-la assim.

- **Passo 7 – Prepare-se para "Aquele dia do mês":** Os hormônios fora de controle podem deixar você maluca a cada mês se você não tomar cuidado. No entanto, há vários passos, como aumentar certo tipo de vitamina B e diminuir a cafeína, consumir certas ervas e suplementos antes, durante ou depois das perdas de energia. As mulheres que estão entrando na menopausa ou que já entraram também encontrarão informações para manter e conservar a reserva energética enquanto envelhecem.

- **Passo 8 – Faça exames específicos:** Atualmente, há muitos tipos de exames disponíveis. Alguns devem ser feitos no laboratório, com recomendação médica, e outros você pode fazer em casa. O seu médico pode não conhecer alguns desses exames – nem todo médico está a par da modernidade de hoje. Esses testes dirão se você tem deficiência de algum mineral ou outro micronutriente, ou se você tem desequilíbrio de neurotransmissores, contribuindo para a diminuição da energia e da fadiga. Os testes recomendados neste capítulo deixarão você saber rapidamente o que e o quanto você precisa para ter seu corpo de volta nos trilhos.

Você ouvirá de muitas pacientes minhas em todo o livro que é definitivamente possível ter "você" de volta ao que era. Se você perdeu aquela sensação de excitação ou antecipação sobre o que vai acontecer amanhã, você não quer tê-la de volta? Em que ponto você está que "somente passar o dia" não está mais legal?

Por que não ter uma vida animada para sempre? Não há razão para aceitar que a queda de energia é inevitável quando você está seguindo o programa de solução da fadiga, que ajuda a recuperar a clareza mental, restaura a vitalidade e recupera sua vida.

1
A qualidade da sua vida

—◆—

Uma vez eu tratei de uma mãe que trabalhava fora e estava sofrendo de fadiga severa, com perda quase que total de energia, baixa da libido e infecções crônicas após o nascimento de sua segunda filha. Ela era uma profissional ocupada e estava preocupada em saber se seu cansaço constante prejudicaria a sua capacidade de trabalhar e cuidar da família. Sua concentração e memória não eram das melhores. O sono, que era ruim, nunca a revitalizava. Ela não tinha interesse em ter relações sexuais com o marido. Tipicamente, ela ia para a cama às 7 da noite, deixando sua filha aos cuidados dos outros. Os clínicos, os ginecologistas, os infectologistas, os gastroenterologistas e os otorrinolaringologistas estavam intrigados com a sua condição. Seu sangue e saliva foram testados para vitaminas, minerais e níveis hormonais, mostrando resultados de deficiência em vários nutrientes e desequilíbrio hormonal. Com a ajuda de uma nutricionista do meu consultório, comecei com ela uma dieta específica de energia que era compatível com seu corpo e a fazia absorver mais nutrientes enquanto eu dava a ela suplementos para reabastecer seu corpo de vitaminas e minerais. Eu também ajustei seus hormônios. Por volta de dois meses, ela se sentiu mais focada e podia ficar de pé após o trabalho. Seu sistema imunológico estava mais forte a ponto de resistir à gripe que corria pelo seu trabalho. Após cinco meses, eu verifiquei que seu nível de energia tinha aumentado dramaticamente e havia um benefício extra: sua libido tinha reacendido.

Por que esse caso é tão especial? Por que essa paciente era eu, Dra. Eva Cwynar.

Todos os dias, em todo o mundo, milhões de mulheres como eu são abraçadas com muitas dessas mesmas questões sobre a mente e o corpo, e mais: baixa libido, ganho de peso, insatisfação sexual, estresse crônico, ansiedade, desequilíbrios hormonais, infertilidade, sono sem qualidadze, falta de concentração, TPM, complicações da pré-menopausa e menopausa, e, especialmente, uma fadiga inexplicável. Bem, é hora de tirar a palavra "F" da sua vida! Este livro mostra como você pode ir do fatigado ao fabuloso, identificando e compreendendo qual é a fonte desse seu estado lastimável, não importando sua idade. Este é um guia de saúde para as mulheres do século XXI sentirem sua força física e emocional, equilibrarem seus hormônios, recuperarem sua vitalidade sexual e restaurarem sua energia.

As mulheres viajam de vários lugares para me contar as mesmas queixas, mas suas enormes reclamações são únicas, que eu ouço várias vezes nessa vida superestressante que as deixam muito mais que cansadas. Elas perderam a energia que tinham e a querem de volta. Essas mulheres têm desde 30 até 70 anos e pedem para que eu as ajude a recuperar a chama interna, que agora se tornou uma brasa que mal queima.

Como lidar com a crise de energia

Muitas vezes, as mulheres me dizem que quando elas tinham cerca de 20 anos nunca sofreram com falta de energia, que podiam trabalhar todos os dias e ainda ir para a balada à noite com o pé nas costas. Eu não posso prometer que depois de você ler este livro será como ter 20 anos. Nós não podemos ignorar o processo de envelhecimento. Com a idade, é preciso de mais tempo, mais esforço e mais paciência para aumentar o nível de energia. Porém, os oito passos descritos neste livro ajudarão você a ter os resultados que espera.

Infelizmente, as mulheres frequentemente vêm me ver quando estão aborrecidas com todos os outros médicos pelos quais passaram e que não legitimaram suas queixas.

Eu quero que você tenha duas, três ou dez opiniões (ou quantas forem necessárias para que você tenha uma resposta satisfatória). Eu acredito que você conhece o seu corpo melhor que ninguém. Você continuou buscando quando sabia que tinha alguma coisa errada com você. O que você está sentindo é real. Eu quero que você brigue para ter sua energia de volta – não é porque você está envelhecendo ou teve filhos ou porque você está trabalhando muito. Até a década de 80, muitos médicos descartavam as reclamações das mulheres sobre menopausa. De fato, ninguém falava sobre isso. A maioria das mulheres aceitava o fato dos médicos dizerem que nada podia ser feito. Alguns médicos estavam errados (você descobrirá isso no capítulo 8) e hoje as mulheres têm muitas opções para ajudá-las a lidar com os sintomas da menopausa.

A mesma coisa está acontecendo com as mulheres em "crise de energia", que não aceitam mais quando os "especialistas" dizem: "Desculpe, não há nada errado com você – você só está ficando velha".

Eu respondo pela internet o mesmo comentário às minhas pacientes: "Meu Deus! Cadê sua energia?". Os e-mails das pacientes são respondidos aos finais de semana e elas ficam chocadas com a resposta. Elas dizem: "Eu pensei que você não fosse responder antes da segunda-feira. Eu não acredito que você está trabalhando!". Eu acho que se eu posso fazer isso, todo mundo pode, e ainda faço com paixão e entusiasmo. Porém, eu tive minha própria batalha com a fadiga até entender o que estava acontecendo comigo.

É sobre isso *A solução para a sua fadiga*: Pegar a carga da sua vida para recarregá-la. Você se esforçará? É claro que sim. Tudo que vale a pena requer esforço. Vai acontecer durante a noite? Não, não vai. Leva mais tempo para levantá-la novamente. Se você realmente quer uma vida saudável e equilibrada, especialmente se a idade está chegando, se você está lidando com dinheiro ou tem um relacionamento ou trabalha, raramente há correções rápidas. Pode levar muitos meses e às vezes anos para que você encontre um companheiro, decida o que você quer fazer ou para escrever um livro. Se você quer mais energia na vida, você tem que se comprometer.

Você tem que estar disposta a cuidar de si. Se você não estiver preparada para ter essa responsabilidade, diga: "Esta é a minha vida e eu tenho que ser legal com o meu corpo todos os dias". Em seguida, você está procurando o verdadeiro prazer que a vida pode lhe dar. Quando você assumir essa responsabilidade, permitirá que seu corpo trabalhe como deve, funcionando em alta capacidade e adicionando mais tempo de energia em sua vida.

Algo tão simples

Quando Polly me procurou em meu consultório, ela se sentia como se o peso do mundo estivesse em seus ombros. Seu cabelo era de um tom castanho sombrio. Suas unhas não tinham brilho. Ela tinha hipoglicemia (pouco açúcar no sangue). Ela, como qualquer outra que eu conheço, tinha uma vida ocupada. Trabalhava meio período no escritório do seu marido e tinha um filho de dois anos. Ela estava cansada.

Imediatamente, ela começou a falar sobre estrógeno, progesterona e reposição hormonal. Ela tinha certeza de que estava na pré-menopausa e que eu prescreveria a medicação para trazê-la à vida novamente.

"Espere um pouco", eu disse. "Não vamos tirar conclusões precipitadas. Responda-me uma coisa: "O que você come no café da manhã?".

Polly me olhou estranhamente, mas respondeu à minha pergunta: "Aveia e um pedaço de fruta".

Aquela resposta me deu uma pista para uma possível razão de Polly estar tão cansada. É isso o que eu amo sobre o meu trabalho. Assim como qualquer médico, eu estudei para salvar a vida das pessoas e para prevenir doenças, mas meu foco também é a preservação da qualidade de vida. Para mim, significa começar do básico, o estilo de vida da paciente, e seguir a partir daí.

Os endocrinologistas são treinados para achar o gatilho do efeito dominó. Nós pensamos sobre como um hormônio em uma determinada parte do corpo age em outra parte do corpo, e como as pequenas mudanças podem fazer grandes diferenças. Compreendemos o que nos ajuda.

Eu sou especialista em energia. Meu trabalho é encontrar o motivo das minhas pacientes estarem tão cansadas e o que nós podemos fazer para reenergizá-las, revitalizá-las e restaurá-las.

Quando eu perguntei a Polly o que ela comia no café da manhã, eu não estava somente sendo curiosa. Quando ela me disse que normalmente comia aveia e fruta, eu sabia que tinha encontrado o estopim para o seu caminho em busca do rejuvenescimento. É claro que eu fiz alguns exames para medir os níveis hormonais, mas sugeri que poderia ser falta de proteína em sua dieta matinal, o que poderia ser a causa da sua fadiga. Recomendei a ela adicionar iogurte na sua tigela de frutas ou substituir a aveia por dois ovos cozidos. A simples adição de proteína no café da manhã pode fazer uma extrema diferença na qualidade de vida da paciente. Atualmente, tudo o que você faz pode fazer a diferença em sua vida – tanto para o positivo quanto para o negativo. O alimento que você ingere, fazer ou não exercícios, o sono – tudo faz a diferença e a melhor parte é que a mudança não precisa ser dramática ou radical.

De fato, todo o livro e o programa de solução da fadiga são destinados a ajudar você a fazer mudanças simples, que farão a diferença. Há coisas que todo mundo pode fazer e não tem nada a ver com a idade que você tem ou se você está em forma. As recomendações deste livro são realizáveis, se encaixam virtualmente em cada estilo de vida das mulheres, e podem ser divertidas! Eu não estou pedindo a você uma dieta restritiva de nunca-comer-hambúrguer. De fato, eu quero que você coma mais proteína (incluindo carne vermelha) e quero que você coma mais vezes ao dia. Você pode fazer isso, não pode? Em termos de exercícios, eu não insisto que você vá à academia (embora eu certamente não a desencorajaria). Se você não tem tempo e nem dinheiro, mostrarei como apenas sair da cama pode se tornar um exercício.

Arrume sua casa

Eu disse na introdução que não pude encontrar uma palavra para fadiga nas línguas tribais da África. Talvez porque eles não têm tempo para a fadiga, já que estão ocupados em sobreviver. É claro que eles ficam cansados e têm experiência física de exaustão. A vida deles (e de muitas pessoas que vivem em países do terceiro mundo) é mais difícil do que podemos imaginar. Muitas vezes, a experiência de fadiga do mundo ocidental é muito diferente da exaustão que eles vivenciam. Além disso, nós estamos queimando muitas velas em ambas as extremidades, acreditando que podemos tudo e tentamos ter tudo de uma vez. Nós somos tão ocupados "fazendo" tudo ao mesmo tempo, que acabamos ficando muito cansados para viver de verdade.

Lembre-se também de que há muitas maneiras para trazer a energia para nossas vidas. Na China, a incidência de mulheres fatigadas parecia estar aumentando (as mães dessas mulheres nunca haviam se questionado sobre cansaço, mas as filhas, atualmente, se questionam). As mulheres achavam que, quando se sentiam cansadas, poderiam se energizar conhecendo pessoas novas. Quando a minha família e eu chegamos nesse vilarejo, elas praticamente brilharam de excitação e felicidade, perguntando sobre o nosso mundo e o que falávamos do mundo delas ou apenas jogando conversa fora. Elas não faziam outras coisas nesse momento, como paquerar ou ler um folheto, a não ser sentir a boa sensação que chegou através de um amigo que ainda há pouco era um estranho.

Você não precisa ir à China para sentir essa ligação com as pessoas. Uma tradição da fé judaica é convidar um estranho ou alguém carente para jantar no Sabbath ou em feriados especiais. Assim como acontece com muitas outras etnias, a família judaica permanece junta como um modo de vida. Para eles, estar com a família traz um sentimento de alegria e conexão, aumentando o quociente de energia em suas vidas.

Lembre-se de que tudo o que você faz, desde o momento que você levanta da cama de manhã até o momento de dormir à noite, afeta sua vida, sua saúde e seus níveis de energia. Tudo. O que você come (e o que não come), a que horas dorme, a qualidade e a quantidade de sono, como você responde às emoções, sua movimentação ou a falta dela, suas ações, suas escolhas profissionais e amorosas.

Eu tenho pacientes que vêm até mim e dizem: "Eu estou de regime há semanas e não perdi nenhum quilo. Eu não entendo". Quando a questão é sobre o que mais está acontecendo em suas vidas, eu descubro que elas são incrivelmente ocupadas, não se exercitam há meses, estão no meio de um divórcio, dormem somente quatro horas por noite, comem poucas calorias por dia e esperam que o corpo responda do jeito que elas querem. Atenção: a natureza não trabalha dessa maneira. Se você quer sua casa em ordem, tem que começar a arrumar a casa *toda*.

Os reguladores de energia: Hormônios e Neurotransmissores

Pronuncie esta frase numa sala lotada: "Sinto-me sem energia esses dias" e é garantido que 90% das mulheres dessa sala responderão: "Eu sei o que isso significa". O problema é que muitas pessoas não sabem o que realmente é energia, de onde ela vem, como é produzida no corpo e, o mais importante, como perdemos a energia que tínhamos e como tê-la de volta.

A perda de energia pode ser causada por vários fatores. A fadiga é muitas vezes mais complicada que não comer nenhuma fruta ou não fazer exercícios. Se você está falando sobre energia ou falta dela, você tem que falar sobre o sistema endócrino, que são os hormônios e as glândulas que os produzem.

O sistema endócrino influencia quase tudo que se passa no corpo, desde funções sexuais e reprodutivas até a regulação do crescimento, do humor e do metabolismo. Ele é formado por glândulas, que são grupos de células que produzem e secretam os hormônios, que transferem informações e instruções de um grupo de células para outro. As principais glândulas do sistema endócrino são: hipotálamo, hipófise, tireoide, paratireoide, adrenais, pineal, ovários e testículos. O pâncreas, além de atuar na digestão, também é uma glândula endócrina, pois fabrica hormônios.

Quando sua energia está baixa, o sistema endócrino reage. A tireoide e as adrenais produzem hormônios que lhe dão energia extra. Contudo, isso gera ansiedade, um tipo de energia que não faz tão bem ao corpo. Isso poderá ajudar você durante o dia, mas estressará sua mente e seu corpo, o que eventualmente a levará para mais fadiga. Os hormônios enviam mensagens para os músculos (principais reservatórios de glicose), dizendo: "190! Emergência! Desista do seu açúcar ou então..." Os músculos perdem glicose para salvar outras células por todo o corpo, e quando a dosagem diminui drasticamente, começa a exaustão.

Os hormônios criam um caos pelo corpo, tanto internamente quanto externamente. Nós conhecemos a frase: "Ela é puro hormônio". Isso não é piada. Os hormônios em desequilíbrio podem causar ganho de peso, baixa da libido, pele seca, perda de cabelo e um tipo de fadiga que parece que todo o sono do mundo não é suficiente para mandá-la embora. Os hormônios também são uma das primeiras causas da aceleração do envelhecimento. De dentro para fora, repentinamente você deixa de ser a pessoa que era. Enquanto você (e o seu médico) se conforma que fadiga é velhice, eu penso diferente.

Em sintonia com os hormônios

Quando os hormônios são lançados, eles caem na circulação sanguínea e entram em contato com todas as nossas células. Contudo, somente algumas células reagirão a cada hormônio. As células que reagem têm receptores específicos para um tipo de hormônio. É como se os hormônios enviassem ondas de rádio e somente as células "sintonizadas" para determinado hormônio pudessem receber o sinal. Há uma analogia: Se um hormônio está tocando Bach e outro está transmitindo músicas de Natal, somente as células sintonizadas na estação clássica poderão ouvir Bach. O outro hormônio continuará circulando até encontrar células capazes de ouvir músicas natalinas. Uma vez captado, o hormônio começa a transmitir instruções químicas para a célula.

Os hormônios não são os únicos que afetam a energia. Viver uma vida com energia significa muito mais que somente aumentar a atividade física e a resistência imunológica. Significa estar alerta e interessado, excitado e estimulado pela vida e suas possibilidades. Significa recapturar aquela sensação de bem-estar que nós temos quando somos jovens.

A razão pela qual conseguimos ter essa sensação de prazer e vitalidade são nossos neurotransmissores, que são substâncias químicas do cérebro. Eles transmitem os sinais entre os neurônios (células nervosas) e comunicam a informação através do corpo e do cérebro. Eles dizem a cada órgão o que fazer, mantendo seu coração pulsando, seu pulmão captando ar e seu sistema digestório funcionando. Eles também são responsáveis por seu humor, sua habilidade de pensar claramente, seu apetite e seu padrão de sono. Quando os neurotransmissores estão em níveis ótimos, você tem energia. Quando eles estão desequilibrados, você se torna letárgica, deprimida e/ou ansiosa.

Até agora, ninguém sabe exatamente quantos neurotransmissores existem no corpo humano, embora alguns pesquisadores tenham identificado mais de 100 só no cérebro. Nós também não sabemos exatamente como os neurotransmissores trabalham. Há muitas teorias, mas o mecanismo exato ainda é um mistério. Isso significa que nós não compreendemos totalmente como as medicações, os alimentos ou a exposição ambiental podem afetar esses mensageiros químicos.

Contudo, nós sabemos que há dois tipos de neurotransmissores: inibitórios e excitatórios. Os neurotransmissores inibitórios, como a serotonina, diminuem a atividade eletroquímica dos neurônios. Os neurotransmissores excitatórios, como a dopamina, a adrenalina e a endorfina, aumentam a atividade eletroquímica. Um é o interruptor "liga" de energia, o outro é o *dimmer*. Os neurotransmissores inibitórios ajudam a criar o equilíbrio emocional e a acalmar o humor. Os neurotransmissores excitatórios estimulam o cérebro e levantam os níveis de energia.

As consequências do desequilíbrio hormonal e/ou dos neurotransmissores são muitas vezes depressão - e depressão que leva à perda de energia. Se você sofre de fadiga, talvez se pergunte: "Os meus hormônios estão em equilíbrio? E os meus neurotransmissores? E se não estiverem, o que eu faço?". Você pode fazer um exame para encontrar a deficiência que está afetando o seu nível de energia (veja o capítulo 9 para ter opções de exames). Mas você também pode começar mudando seu estilo de vida, encontrando alguns exemplos ao longo desse livro, que podem ajudá-la a recuperar a vitalidade perdida.

A culpa é dos neurotransmissores

A maioria de nós já teve um desequilíbrio de neurotransmissores sem saber. Pense quantas vezes você ficou inexplicavelmente cansada, deprimida ou mal-humorada. As situações em que você teve vontade de comer guloseimas nada saudáveis ou em que de repente não conseguia se concentrar. Se você não entendeu por que teve essas sensações, pode ser que seus neurotransmissores se desequilibraram. De fato, os pesquisadores têm estimado que cerca de 86% dos americanos tiveram uma queda no nível dos neurotransmissores, o que pode ser causado por estresse, toxinas ambientais, predisposição genética, idade, desequilíbrio hormonal, drogas, medicações, dieta inadequada e ingestão de cafeína e álcool.

Não deixe sua vida sair do controle

Por anos, eu tive minhas próprias batalhas com a fadiga. Muitas pessoas me perguntam: "Como você fez tudo isso? Como você consegue ser esposa, mãe, médica, escrever um livro, estar na TV e ter tempo para ficar em forma?". Eu acredito que posso fazer todas essas coisas porque aprendi a distribuir minha vida. Eu não faço essas coisas o tempo todo. Há hora e lugar para cada coisa. Sim, você tem que ser flexível. Você tem que ser adaptável. Mas você também tem que ser capaz de identificar suas próprias necessidades e seu próprio espaço. Você não pode deixar outra pessoa influenciar você a fazer coisas que não quer ou para as quais não tem tempo. Quando você colocar limites, apoderando-se da sua vida, verá que isso normalmente se traduz em energia.

Eu olho para o meu dia e encontro todos esses elementos. Eu sei que gasto determinado tempo fazendo exercício, outro tempo com o meu trabalho, são várias horas com minhas filhas, tem a hora do jantar e do meu marido, e sei que vamos passar a noite juntos. Isso pode parecer um pouco rígido demais, mas eu sou flexível, é claro (eu misturo a programação ao longo do tempo, mas tento manter a rotina o tanto quanto possível). Ainda há muito tempo durante o dia para surpresas inesperadas e estou livre para desfrutá-las, pois conheço minha rotina básica e minha mente não está desordenada com "quando eu vou ajustar isso" e "como eu vou fazer isso". É preciso tirar a pressão dos meus ombros.

Se eu uso meu tempo ajudando minhas filhas com o dever de casa, eu não atendo nenhuma chamada social no tempo com minha família. Você tem que distribuir o tempo para coisas importantes, estabelecendo prioridades. Minhas filhas sabem que elas são mais importantes que qualquer outra coisa no mundo. Eu não quero que minhas filhas tenham qualquer lembrança de sua mãe ao telefone ou no trabalho gastando o tempo que seria "delas". Se são 7:00 da noite e as meninas estão lá em cima e chamam "Mãe, mãe" porque elas querem que eu as assista dançando no quarto, eu não me sinto culpada de dizer não, pois é o horário que fico com meu marido e sempre gasto mais de três horas com elas.

O que realmente estou dizendo é para você não se distrair ou se oprimir com forças externas. Há tempo e lugar para fazer tudo em minha vida, para fazer o que eu tenho que fazer para o meu corpo e minha saúde emocional. Obviamente, surgem situações estressantes. Algumas pessoas são mais estressadas que outras e no capítulo 4 você descobrirá o que acontece quando há estresse. Porém, se você tem um corpo forte, equilíbrio hormonal, se exercita, alimenta-se bem e tem relacionamentos amorosos, você será capaz de lidar com qualquer situação estressante que aparecer.

Não aceite menos do que você merece

É bem dito que o melhor estilo de vida é o da moderação. Mas como você define "moderação"? Uma amiga me disse uma vez que todo mundo precisa definir seu nível de moderação; que cada pessoa tem que responder o que significa moderação para si. Eu não concordo porque muitas pessoas usam a palavra "moderação" como uma desculpa para não fazer o seu melhor.

Uma mulher com quase 150 quilos pode dizer que sua moderação é comer três pizzas à noite, pois ela costuma comer cinco.

A alcoólatra estabeleceu seu padrão de beber cinco doses de whisky ao invés de dez. A viciada em analgésicos pode estabelecer a moderação em sete pílulas diárias ao invés de quinze.

Eu não acredito que podemos estabelecer a moderação por nós mesmos. Acredito em pequenos passos para atingir grandes metas, mas não podemos ter uma vida cheia de energia só com essas pequenas realizações. A vida é muito preciosa. Quando eu era jovem, se alguma coisa me deixava deprimida, ansiosa ou acontecia algo trágico, eu dizia: por favor, deixe esse dia passar logo. Eu não digo mais isso porque cada dia é mais um dia que se foi da minha vida. Cada dia é valioso e sou agradecida por isso. Recentemente, eu ouvi alguém dizer: "Quando pergunto qual é a melhor experiência da sua vida, a resposta deve ser sempre a que estou prestes a ter". Nunca é tarde para revitalizar sua vida. Este livro é para ajudar você a obter o máximo de energia em sua vida. Se você fizer os oito passos essenciais que estão neste livro e fizer mudanças positivas no seu estilo de vida, você se sentirá melhor, aparentará ser melhor, será melhor e você nunca mais desejará que o dia passe rápido.

Os oito passos essenciais

Uma das coisas que eu amo sobre a medicina é que cada dia é diferente. Cada paciente é único. Eu nunca sei quem está entrando pela porta ou quais problemas elas esperam que eu resolva. Embora eu trate cada paciente individualmente, eu encontro muitas reclamações parecidas, como ganho de peso, problemas digestórios, questões de sono, perda da libido, TPM e ondas de calor, só para citar algumas. Também há muita confusão sobre alguns assuntos, como o que comer e quando, quanto eu preciso dormir, quanta atividade sexual é "normal" na minha idade e, o mais importante, por que nós estamos tão cansadas. Nos capítulos seguintes você encontrará os oito fatores que abordam essas reclamações, clareando a confusão. Esses oito fatores são essenciais para revitalizar sua vida e reenergizar seu corpo.

Cada capítulo é destinado a ajudar você a compreender por que cada passo em particular é essencial para equilibrar seus hormônios e acelerar sua produção de energia. Como as coisas podem dar errado e o que você pode fazer para reparar e restaurar o nível ótimo de suas funções vitais.

Se você escolher pular direto para o plano de ação, que vai do capítulo 2 até o final do 8, encontrará a seção chamada "Dicas de revitalização". As dicas são passos fáceis que não requerem muita preparação ou equipamento. Você pode se surpreender em saber como a energia dos alimentos faz a diferença.

No final, tudo isso é escolha. Algumas escolhas podem colocá-la em apuros (em relação aos hormônios) e, por meio de outras, você se recupera. Eu forneço opções e desafio você a tomar o caminho que a levará de volta à saúde. Eu tentei deixar isso o mais fácil que pude. Agora é com você!

2
Passo I
Coma alimentos energéticos

Minhas viagens pela Austrália há alguns anos colocaram-me em contato com alguns aborígenes, que permitiram que eu me juntasse a eles em sua jornada pelo deserto. Cada um trouxe um besouro dentro de uma batata crua. A batata seria cortada ao meio, com um espaço esculpido no centro, para que o besouro tivesse espaço para crescer.

Desta forma, o inseto sobrevive e cresce. Se, numa emergência, o aborígene não encontrar comida ou água no deserto, ele tem uma proteína nutritiva e uma fonte de líquido vindos desse inseto.

Imagine estar no deserto por duas semanas sem nada. Sua habilidade e uma batata com um inseto dentro são para essas emergências (eles não comem a batata, só o inseto). Isso fornece a proteína e a água que eles precisam para sobreviver.

Isso é o que eu chamo de planejamento antecipado. As desculpas que eu ouço frequentemente são que as pessoas não têm tempo para preparar o que comem, pois ficam presas no trabalho e correm para ver seus filhos, ou que estão num evento onde não podem escolher os alimentos. Os aborígenes me falaram que devemos sempre preparar e ter o que precisamos para sobreviver, mostrando que a vida é realmente isso. Se nós tratássemos cada refeição como se fosse uma questão de vida ou morte (e realmente é, mesmo que não tanto quanto no deserto), nós certamente teríamos tempo para prepará-la como também faríamos escolhas mais saudáveis e melhores. Por que será que as pessoas ao redor do mundo pensam que a cozinha americana consiste em frango frito e McDonald's?

Ritmo acelerado e nenhum prazer. Eu já ouvi isso sobre a cultura americana não somente em relação à alimentação, mas no que se refere à vida. Temos que lembrar que para os seres humanos, assim como para outros animais, a sobrevivência é o instinto mais forte. O acasalamento é o segundo e, tudo isso, é somente a cereja do bolo. Ainda que muitas pessoas estejam envolvidas em comer o bolo como primeira prioridade.

Todos nós sabemos que o alimento dá energia; dá vida. O cérebro não funciona sem comida, os músculos perdem a força, o sistema gastrointestinal não elimina as toxinas, o coração para de bater e as glândulas não produzem hormônios que controlam o metabolismo. Simplificando, alimento é combustível. O mais potente combustível que você põe no corpo, o melhor em qualidade de energia que produz.

Há alimentos específicos que são mais energéticos e há aqueles que você definitivamente deve evitar. Continue lendo para descobrir quais são. Este capítulo é sobre alimentos que dão energia e outros que tiram energia. Obviamente, você quer comer os que dão energia tanto quanto possível. Há alguns *nuggets* neste programa: uma proteína baseada num plano alimentar, ou seja, a proteína está incluída em cada refeição. Os carboidratos são limitados, mas não eliminados. As gorduras são divididas em boas e ruins, mas também não são eliminadas. O objetivo é manter constante a produção de hormônios, e isso é possível através do que você come, da combinação dos alimentos e quando você come (para facilitar suas escolhas alimentares, eu elaborei o "Energia da Dra. Eva / Matriz de combustível", um planejamento de 14 dias com receitas no final do livro, o apêndice I).

ALIMENTO É COMO REMÉDIO

Se você já tomou remédio para qualquer tipo de dor ou doença, provavelmente conhece as interações medicamentosas – existem avisos sobre determinadas medicações que nos alertam do seu perigo, além disso, as bulas e as prescrições contêm informações importantes sobre o remédio. Alguns medicamentos são perigosos quando ingeridos com álcool.

Outros são menos eficientes quando ingeridos com certos alimentos – por exemplo, a combinação de remédios que controlam o colesterol, as estatinas, com laranja ou suco de laranja, causa a inibição de certas enzimas que quebram as estatinas em substâncias utilizáveis pelo corpo. Se as estatinas não são quebradas, elas se acumulam em quantidades insalubres, podendo causar danos aos músculos e ao fígado.

Por outro lado, a laranja com todas as suas enzimas acelera o metabolismo de uma forma positiva. Se você não toma estatina, eu recomendo o uso diário de laranja (não confunda isso com a moda da dieta da laranja, em que as pessoas só comem laranja o dia inteiro, pois a minha sugestão é que você carregue algumas fatias de laranja para beliscar durante o dia. As pessoas que fazem essa dieta perdem peso, mas elas também ficam doentes, pois não absorvem nutrientes importantes). Quando eu era pequena, meus pais, que são europeus, costumavam me dar meia laranja antes de cada refeição. Meus amigos americanos achavam esse costume bizarro e eu tentei me rebelar contra esse ritual, mas meus pais foram implacáveis. Eu era a garota estranha que comia laranja toda hora. Agora eu sou agradecida por esse comportamento "insano", uma vez que as pesquisas sobre laranja são irrefutáveis, e eu devo a minha alta taxa metabólica em parte a esse ritual.

Parecido a isso, eu tive amigos cujos pais insistiam em dar-lhes óleo de fígado de bacalhau diariamente. Não só meus colegas, mas eu também achava que seus pais eram loucos, pois esse óleo tinha um sabor horrível. Agora nós sabemos que o óleo de fígado de bacalhau é muito bom para a saúde, pois contém ômega 3 e vitaminas A e D. Há algo a ser dito sobre tradição popular em relação aos alimentos – isso é parte do que eu aprendi no passado. Mesmo que eu utilize alguns dos mais modernos tratamentos e aparelhos em meus pacientes, eu nunca descarto uma informação só porque parece velha ou se baseia na antiga tradição. Nós não dependemos mais de contos populares para saber o que podemos comer. Até recentemente, a maioria de nós nunca pensou em colocar as palavras *ciência* e *alimento* juntas. Porém, agora os cientistas nos ajudam a entender a química dos alimentos e como são algumas interações alimentares com a química do nosso corpo.

Provavelmente, o melhor conselho que eu posso dar às minhas pacientes é algo que foi dito pelo médico grego Hipócrates: "Deixe o alimento ser sua medicina e a medicina ser seu alimento". Cada coisa que você come, desde o café da manhã até o jantar, afeta diretamente a química do nosso organismo. Suas escolhas podem fazer a diferença sobre as suas sensações, sua aparência, sua função no mundo e a quantidade de energia que você tem para enfrentar o dia.

O problema é que muito do que comemos todos os dias – um monte de açúcar e carboidratos processados (logo falarei deles) – não reage bem com nossa química corporal. O açúcar e os carboidratos afetam dois hormônios relacionados ao nosso nível de energia: insulina e cortisol.

- **A insulina:** É um dos hormônios produzidos pelo corpo. Ela trabalha com um parceiro, o glucagon, para regular como o corpo utiliza o combustível da alimentação, ou seja, a energia. A insulina é destinada a retirar o excesso de glicose (açúcar) dos carboidratos e estocá-la. Além disso, ela reserva essa glicose para que não seja gasta facilmente.

O glucagon é o oposto da insulina, pois retira a energia estocada (primeiramente carboidratos), para que seja lançada na corrente sanguínea como fonte de energia. Esse trabalho inicial é para eliminar, na forma de glicose, o carboidrato estocado no fígado, fornecendo energia. Assim...

Insulina = energia estocada
Glucagon = energia liberada

Um desequilíbrio entre esses dois hormônios é visto como o aumento dos níveis de insulina. O excesso de açúcar no sangue pode cair drasticamente como resposta ao elevado nível de insulina, com isso a energia acaba e ocorre a hipoglicemia reativa. O excesso de açúcar no sangue também pode responder permanecendo alto e, nesse caso, as células do corpo não controlam esse excesso, permitindo mais açúcar ou mais insulina.

Isso se chama resistência à insulina, em que as células são incapazes de responder e usam a insulina produzida, podendo levar a uma série de condições, como acúmulo de gordura, diabetes, problemas cardíacos e diminuição da energia. Assim...

Excesso de açúcar no sangue =
resistência à insulina

- **O cortisol:** É um hormônio produzido pelas glândulas adrenais, responsável pelo controle do estresse. Isso foi muito útil na época do homem das cavernas, pois o cortisol é parte do processo de luta ou fuga, que prepara o corpo para enfrentar e esperançosamente vencer o inimigo ou correr o mais rápido que puder. Atualmente, os fatores de estresse podem não ser tão dramáticos como enfrentar um tigre dentes-de-sabre faminto, mas eles são um pouco mais variados, podendo ser físicos, biológicos, comportamentais ou simplesmente sociais. Um esforço excessivo no final de semana, uma infecção viral súbita ou um chefe abusivo gritando. O cortisol ajuda você a lidar com isso e permite que você responda diferentemente aos vários fatores de estresse. Contudo, uma exposição prolongada a situações estressantes (cuidar de um pai ou filho com doença crônica; ter um estilo de vida caótico em que nunca se para) trarão consequências terríveis para a sua saúde, pois muito cortisol pode produzir danos biológicos fortes, sendo uma das principais causas do envelhecimento precoce e da fadiga.

O cortisol tem muitas funções, mas o objetivo final de sua secreção é o fornecimento de energia para o corpo, pois acelera o metabolismo das gorduras e dos carboidratos para gerar energia mais rápido. Ele também estimula a liberação de insulina, mantendo o nível de açúcar no sangue. Todas essas ações aumentam o apetite, ou seja, o estresse crônico ou mal gerido pode levar você a comer muito, resultando em ganho de peso ou dificuldade em perder quilos indesejáveis. Assim...

Excesso de cortisol =
envelhecimento precoce e fadiga

Espere... Você está comendo de novo?

A Karen, com seus 40 anos, sempre foi magra e ativa. Por muitos anos, ela fez exercícios físicos três horas por dia, mas recentemente se divorciou. Embora ela e o marido tivessem uma vida sexual ativa e não controlassem a natalidade, ela não engravidava. Provavelmente, ela não tinha gordura corporal suficiente para engravidar (mas isso já é outra história). Ela veio me procurar porque não tinha mais energia *para nada*: não fazia mais atividade física, não se divertia, nem sequer trabalhava, ela simplesmente não saía da cama. Durante os três anos de duração do processo de divórcio, ela reagiu não comendo. Não tinha apetite pela manhã, por isso não tomava café, e desde que começou a chegar atrasada para o trabalho, seu chefe concordou em deixá-la entrar mais tarde, mas ela tinha que trabalhar na hora do almoço. Ela geralmente estava tão ocupada no trabalho que se esquecia de pedir comida, então ela decidia comprar alguma coisa no caminho de volta para casa e só comia na cama, assistindo televisão. Ela tentava ter um jantar saudável comendo salada, frango ou peixe, e frutas, mas depois de um dia inteiro sem comer nada, ela estava com hipoglicemia – em outras palavras, ela não tinha açúcar no sangue, causando muita fadiga. Desta maneira, ela desistia do seu jantar saudável e, como um homem faminto, devorava pratos congelados, saboreando um delicioso sorvete de sobremesa.

A maioria das mulheres aprendeu a regra de três para a alimentação, ou seja, três refeições por dia – café da manhã, almoço e janta –, raramente um lanchinho antes de dormir. É assim que deve ser, não é? Afinal de contas, é assim que temos feito a vida toda. Porém, isso não é o melhor.

De fato, nós devemos comer a cada três horas. Isso não significa comer uma refeição completa toda vez. Isso inclui um pequeno petisco entre as refeições, como um punhado de amêndoas, algumas castanhas-de-caju e passas, um pedaço de mussarela ou queijo coalho, duas colheradas de queijo cottage, ou mesmo um pequeno pedaço de *beef jerky*, que parece carne seca, vendida em tiras e tem alta concentração de proteína (o pacote deve durar muito tempo na sua bolsa – foi uma lição que aprendi enquanto esquiava por horas longe de qualquer alimento). Se os níveis de açúcar no sangue estão baixos, a glândula pituitária eliminará o hormônio adrenocorticotrófico (ACTH), responsável por aumentar os níveis de cortisol, e este, por sua vez, aumenta os níveis de açúcar no sangue. Quando isso ocorre, os hormônios não estão em equilíbrio, causando situações como oscilações radicais nos níveis de açúcar no sangue, um ciclo constante de estresse adrenal e altos e baixos de energia.

É o que ocorre quando você não come alguma coisa entre as refeições (lembrando que não é para se entupir de comida, apenas petiscar). Suponha que você esteja fazendo uma caminhada por uma trilha e sua mochila cheia de comida e suplementos está longe (sorte sua não estar com ela). Agora você está caminhando sem nada para comer. Você se aproxima de um lago e avista na margem um ninho com oito ovos de pato. Comida! Você está tão faminta, tentada a comer todos os ovos de uma vez, mas você percebe que é melhor comer um a cada poucas horas para difundir seus recursos energéticos. E você está certa. Se você comer os oito ovos de uma vez, consumirá mais calorias que seu corpo poderá usar.

O mesmo ocorre quando você come três grandes refeições por dia, com muitas horas sem comer. Suponha que você almoce ao meio-dia. Até você sair do trabalho, enfrentar o trânsito, pegar seu filho no treino de futebol e finalmente ter tempo para preparar sua janta, já se passaram sete ou oito horas. Nessa altura do campeonato, você não só está exausta, mas também comerá mais do que precisa, pois está faminta.

E claro, nós todas conhecemos "uma amiga" (ok – nós fazemos isso) que faz uma dieta de fome comendo só cenoura e aipo na esperança de perder alguns quilos (nesse capítulo, há mais tópicos sobre perda de peso).

Nós sabemos que isso não dura e, quando não resistimos mais, comemos compulsivamente.

Não faz muito tempo, eu tive uma paciente chamada Hilary, que veio até meu consultório pela primeira vez e quando eu dei a ela uns formulários para preencher, eu vi suas mãos tremendo. Isso me preocupou, pois podia ser sintoma de várias doenças graves. Quando eu perguntei sobre isso, ela disse: "Oh, isso acontece toda vez que eu estou com fome". Em seguida, ela me disse que tentava perder peso e fazia uma dieta tomando um *shake* às 8 horas no café da manhã e ignorando completamente o almoço. Eram cerca de três horas da tarde e ela confessou que quando chegasse em casa, poderia comer mais no jantar, incluindo sobremesa, e que iria "equilibrar a falta de calorias" do dia. Ela também disse que isso era um padrão para ela e que provavelmente era isso que a impedia de perder peso.

Eu tive pacientes como Hilary muitas vezes em meu consultório, que me contavam sobre seus hábitos de fome/compulsão. Isso ocorre quando o hipotálamo (uma parte do cérebro localizada acima do tronco cerebral que liga o sistema nervoso com o sistema endócrino) fica muito confuso. Uma das funções primárias do hipotálamo é manter o metabolismo corporal e a energia. Ele detecta os nutrientes que estão circulando pelo corpo e ajusta o metabolismo para fazer o melhor uso desses nutrientes. O padrão de fome e a compulsão afetam negativamente a habilidade do hipotálamo detectar esses nutrientes. Para deixar o metabolismo funcionando bem novamente, você basicamente tem que "retreinar" o hipotálamo. Assim...

Ficar muito tempo sem comer =
metabolismo ineficiente e altos e baixos de energia

Comer a cada quatro horas =
metabolismo eficiente e produção constante de energia

Eu estou convencida de que a Karen e a Hilary precisavam de uma rotina alimentar, comendo a cada três ou quatro horas. Ambas seguiram essa rotina e relataram que, com isso, tinham mais energia para trabalhar durante o dia e à noite faziam alguma atividade, além de desfrutar suas vidas novamente.

A ENERGIA E OS NUTRIENTES

Para ter energia suficiente, você precisa de uma fonte de combustível. Para gerar calor, por exemplo, você precisa queimar combustível – carvão, madeira ou outra substância inflamável. Os seres humanos também precisam queimar combustível para gerar energia, e isso se chama metabolismo, onde o combustível que você queima é o alimento – mais especificamente, os nutrientes que ingerimos quando comemos. Há três principais tipos de nutrientes usados pelo corpo como fonte de energia:

- Proteínas
- Carboidratos
- Gorduras

A comida que você come é quebrada em pedaços menores, resultando nesses nutrientes em seu sistema digestório. Esses nutrientes passam pelo fígado ou circulam pela corrente sanguínea até encontrar uma célula que precise de combustível. Dessa maneira, eles se movem para fábricas microscópicas de energia chamadas mitocôndrias, que se encontram dentro de cada célula do corpo (exceto nos glóbulos vermelhos). Há milhões de mitocôndrias em nosso corpo e cada uma delas precisa ser suprida com seus próprios nutrientes para trabalhar eficientemente.

O processo de converter alimento em energia é chamado de respiração celular e é a maneira das células retirarem energia dos açúcares. A energia é estocada nas moléculas de glicose, que são liberadas na corrente sanguínea e podem se converter imediatamente em energia dentro das células necessitadas. É como ter uma conta bancária de energia, onde você deposita energia numa poupança até precisar dela. As retiradas são feitas quando necessário.

Esse processo envolve uma rede complexa de reações químicas (chamada ciclo de Krebs) que eventualmente converte gorduras, proteínas e carboidratos dentro de uma molécula que se chama ATP, trifosfato de adenosina. O ATP é essencial para nossa sobrevivência, pois fornece a energia necessária para a contração muscular - incluindo o coração e a musculatura do corpo -, o funcionamento dos cromossomos, o envio de mensagens elétricas ao longo das células nervosas e também funciona como um botão de "liga-desliga" para uma série de reações químicas.

A conversão de nutrientes em ATP é um processo aeróbico, ou seja, requer oxigênio. É como nos exercícios físicos que aumentam a oxigenação, sendo muito bons para você. Porém, requer a presença de muitas vitaminas, minerais e aminoácidos, incluindo as vitaminas B1, B2, B3 e C, os minerais ferro, magnésio, manganês e fósforo, e os aminoácidos arginina, cisteína, glutamina, carnitina e tirosina – esses são só alguns nomes. Por isso é tão importante que sua dieta seja bem nutritiva (e é por isso que no passo 1 você deve comer alimentos energéticos). Sua produção de energia depende disso.

Em outras palavras, o metabolismo trabalha através da combinação do oxigênio que respiramos com os nutrientes que comemos, transformando tudo isso em energia, o combustível da vida.

Quando há deficiência nutricional, a energia produzida é ineficiente e o corpo começa a experimentar a tão temida palavra "F"... fadiga. Mas, quando todos os nutrientes estão disponíveis, a produção de energia é tranquila e eficiente.

OS TRÊS NUTRIENTES ENERGÉTICOS: PROTEÍNAS, CARBOIDRATOS E GORDURAS

Agora que você sabe quais são as categorias de "comida" que influenciam o modo como seu corpo trabalha, é hora de falar sobre os alimentos e os grupos de alimentos, e porque a maioria deles faz tão bem à nossa saúde e à nossa produção de energia – e porque o superconsumo deles é tão ruim. Você aprenderá porque cortar os carboidratos completamente (alguns defensores de dieta sugerem isso) pode ser devastador para sua saúde e sua produção de energia – e porque comer muito dos grupos errados de alimentos pode ser tão ruim. Você descobrirá os prós e os contras do trigo, dos laticínios, das proteínas e das gorduras (você se surpreenderá quando aprender que as gorduras são essenciais para a saúde do corpo).

Nós temos uma tremenda sorte de viver num lugar onde há uma grande variedade de alimentos para escolher. Quando eu estava viajando pelo Cazaquistão e o Tibet, eu adorei a comida porque era sempre fresca e orgânica. Contudo, não tinha muita variedade. Você pode viajar de um lugar a outro e perceber que houve pouca diferença nos alimentos oferecidos e no modo como são preparados. As pessoas, muitas vezes, comem as mesmas coisas no café da manhã, almoço e janta. Em muitos lugares, as pessoas estão mais preocupadas em receber algo para comer, não importando se comeram as mesmas coisas durante a vida toda. No Brasil, há o luxo de obter frutas frescas a toda hora. Eu sugiro que você aproveite essa variedade disponível e aprecie o que isso pode fazer para sua saúde e bem-estar.

Uma vez entendido como os diferentes alimentos trabalham em seu corpo, você começará a olhar as comidas de um jeito diferente, querendo fazer mudanças para você e sua família. Você começará a introduzir alimentos que podem ser novos para o seu paladar, mas que podem contribuir para uma dieta rica e complexa. Não faz tanto tempo, você tinha que viajar para vários mercados étnicos diferentes ou lojas especializadas para encontrar algo sem ser "carne e batata". Porém, agora, cada supermercado virtual oferece uma grande variedade de orgânicos e comidas étnicas. Eu sugiro que você tente comer o alimento mais diferente para você. É claro que você não vai gostar de tudo, mas certamente encontrará algo que goste e poderá introduzir isso, aos poucos, na sua rotina alimentar.

As proteínas, as gorduras e os carboidratos são conhecidos como macronutrientes. O corpo obtém energia da quebra desses alimentos, transformando-os em nutrientes como glicose (quebra dos carboidratos), aminoácidos (quebra das proteínas) e ácidos graxos e glicerol (quebra das gorduras). É preciso dos três macronutrientes para manter os níveis de energia do corpo. As proteínas têm alta prioridade, seguidas pelas gorduras e carboidratos. As massas com molho de carne são melhores para você do que somente a massa ou só acompanhado de molho de tomate. Uma refeição que consiste somente de brócolis e arroz integral salpicado com molho de soja pode conter muitas vitaminas, mas vai desequilibrar os seus hormônios. Se a refeição não tem gordura nem proteína, ela é "puro carboidrato" e pode causar alta secreção de insulina pelo pâncreas, sobrecarregando-o e deixando o cortisol constante. Esse tipo de refeição não fornecerá a energia de que você precisa. No próximo capítulo, eu falarei sobre a função de cada grupo alimentar na produção de energia e mostrarei como misturar e combinar os grupos para obter mais energia.

AS PROTEÍNAS E A ENERGIA

A primeira regra do programa de solução da fadiga: comer proteína a cada refeição. Se você quer ter energia o dia inteiro, coma proteína todo dia. Eu não estou dizendo para não comer carboidratos ou gorduras, mas sugiro que você comece primeiro com a proteína e depois combine-a com outros nutrientes.

Registros da Dra. Eva

A Sarah, mãe de dois filhos e com 40 anos, me procurou porque estava "quebrada" no fim do dia e quase não tinha resistência para se aguentar, até que seus filhos estivessem na cama. Ela disse que não entendia isso porque tinha aceitado o meu conselho e tomava café toda manhã, coisa que ela nunca fazia. Eu disse a ela que descrevesse sua refeição matinal e ela me disse, orgulhosa, que comia todos os dias banana com gérmen de trigo, e um copo de suco de laranja. "Onde está a proteína?", eu perguntei. E ela respondeu, me olhando confusa: "No café da manhã?". Eu respondi: "Em todas as refeições". E ela completou: "Mas eu adoro comer fruta no café da manhã e não quero parar". E eu falei: "Você não precisa parar, só não faça isso todos os dias e, quando fizer, adicione uma colher de proteína em pó, à base de soro de leite, no seu suco ou simplesmente tome um copo de leite integral. Você não vai acreditar a diferença que isso faz". Poucas semanas depois, ela retornou ao meu consultório e estava feliz em me informar que estava se sentindo muito melhor e era capaz de passar o dia inteira, e ainda se divertir com seus filhos. O melhor de tudo é que ela e seu marido agora compartilhavam o café da manhã de domingo com omeletes de pimentão, tomate, queijo de cabra, cebola e especiarias. São bons momentos e boas lembranças – e a energia desfruta de tudo isso.

Mais uma coisa, a proteína age muito melhor que os carboidratos no centro controlador de apetite do seu cérebro, região que avisa quando você está satisfeito. As proteínas liberam uma enzima no estômago que faz você se sentir cheio. Isso está relacionado aos peptídeos (certos aminoácidos) chamados de colecistoquinina (CCK) e peptídeo YY, que fazem você ficar menos propensa a comer demais. Quando você come uma refeição que tem mais proteínas que carboidratos, o açúcar do sangue estabiliza e a insulina melhora a resposta.

As proteínas também aumentam a taxa de metabolismo basal (TMB), que é o número de calorias que seu corpo queima em repouso para manter as funções corporais. Quanto mais calorias você queima, maior seu nível de energia.

As proteínas são componentes fundamentais da vida celular, o que significa muita coisa. Cada parte e sistema do corpo precisam de proteínas para funcionar. Além disso, as proteínas participam da construção, reparação e substituição de tecidos, e ajudam a estabilizar o açúcar no sangue, possibilitando a queima de mais açúcar entre as refeições.

O caminho mais fácil para determinar qual alimento tem mais proteína é lembrar que, se rasteja, anda ou nada, é proteína. Ao contrário de gorduras e carboidratos, não há proteína ruim. Se você comer mais proteína que o necessário (nós falaremos em quantidades adequadas mais tarde), o excesso é eliminado pelos rins. O corpo não estoca proteína assim como estoca gordura.

Os melhores alimentos para ingerir proteínas não são necessariamente aqueles com mais gramas de proteína, mas aqueles com mais qualidade. Em geral, as proteínas animais são consideradas altamente digestíveis e com qualidade superior que as fontes vegetais de proteína. Em parte porque as plantas também têm mais fibras, que não são digeridas. O problema com as proteínas vegetais é que você precisa comer muito para ter a mesma quantidade de proteína que você encontra num pedaço pequeno de frango ou bife.

Veja algumas dicas para escolher proteínas de qualidade:

- **Não tenha medo da carne vermelha:** ela tem muita vitamina B, especialmente a B12 (necessária para o funcionamento normal dos genes, produção de energia e formação das células sanguíneas). Os outros tipos de carne, como peixe e frango, não têm. Os vegetarianos devem ser extremamente cuidadosos para verificar se estão recebendo vitamina B suficiente em sua dieta, pois o complexo B é a vitamina mais importante em termos de produção de energia. A vitamina B1 (tiamina) é necessária para o funcionamento das adrenais e do sistema imunológico, além da síntese de neurotransmissores. A vitamina B2 (riboflavina) é necessária para a produção de energia e utilização do oxigênio. As vitaminas B3 e B5 também são necessárias para a produção de energia. Algumas das minhas pacientes me dizem que não querem comer carne vermelha por causa do colesterol e dos hormônios que o gado recebe, mas se você comprar carne orgânica magra, não terá essas preocupações.

Escolha os cortes de carne que você pode encontrar. Procure pelas palavras *lombo* ou *músculo*. Se você comprar carne moída, procure por contrafilé ou músculo e prefira os pacotes escritos *carne magra*. É claro que esses tipos de cortes são mais caros, especialmente se você comprar orgânico. Portanto, compre o melhor corte que você puder pagar.

- **Para variar, experimente frango e peru:** São fontes saudáveis do aminoácido tirosina, que estimula os níveis de dopamina e norepinefrina, produtos químicos do cérebro que ajudam você a ficar mais alerta e focado. Não se esqueça que há muitas maneiras de preparar aves. Você pode desfiar um peito de frango ou de peru para uma alternativa saudável em relação aos hambúrgueres, bolos de carne ou molhos de carne. O frango e o peru podem ser usados em *chillis*, tacos e na maioria de outros pratos tradicionalmente feitos com carne. Para deixar essas aves mais saudáveis, retire o excesso de gordura e remova a pele.

- **Coma peixe, mas não exagere:** É uma carne naturalmente magra e fonte de proteína. Os peixes contém ômega 3. Porém, há algumas preocupações em relação a eles, principalmente sobre a sobrecarga de mercúrio, razão pela qual a administração de alimentos e medicamentos dos EUA (FDA) recomenda que você evite os grandes peixes predadores, incluindo o tubarão, o peixe espada e o cavala por conterem altos níveis de mercúrio.

- **Leguminosas:** São fonte de proteína e a escolha principal da dieta vegetariana (contém fibras valiosas). As lentilhas são uma boa escolha porque um copo contém 17 gramas de proteína e somente 0,75 gramas de gordura. Dois contrafilés magros têm a mesma quantidade de proteína, mas seis vezes mais gordura. Outros tipos de leguminosas também são saudáveis, como o feijão preto, o grão-de-bico, o feijão carioquinha e outros. Deixe o feijão de molho durante à noite para prepará-lo no dia seguinte, pois pode causar problemas digestivos. A boa notícia é que existem muitos produtos no mercado que podem ajudar a prevenir os gases.

- **Descubra a quinua:** É um grão da América do Sul que tem um sabor ligeiramente parecido com a noz. É um dos poucos alimentos vegetais completos em proteína. Embora seja caracterizado como grão, tecnicamente é uma semente rica em gorduras essenciais, vitaminas, minerais e uma excelente fonte de cálcio, ferro e vitaminas A e B. Mais e mais pacientes estão descobrindo essa proteína particular. Eu nunca tinha ouvido falar dessa proteína há uns dois anos. As primeiras vezes que algumas pacientes me falavam sobre a quinua, eu ficava envergonhada de perguntar o que era, então não se sinta mal se nunca ouviu falar dela – apenas experimente. Para prepará-la, é preciso cozinhá-la como o arroz: são dois copos de água para um copo de quinua. Tampe e deixe em fogo baixo por 14-18 minutos ou até o gérmen se separar da semente. O gérmen cozido parece um bastãozinho encurvado e deve ser saboreado com consistência firme (como macarrão *al dente*).

- **Castanhas:** Contém muitas proteínas, fibras, minerais e são ótimas fontes de energia. As castanhas também apresentam a coenzima Q10 (CoQ10), um nutriente que ajuda nossas células a produzir energia. Elas também são uma boa fonte de ômega 3, um tipo de gordura insaturada que fornece energia para os músculos e o organismo. As castanhas também contêm magnésio, um mineral que desempenha um papel vital na conversão de açúcar em energia. As pesquisas sugerem que a deficiência de magnésio pode reduzir a energia (o magnésio também é encontrado em todos os grãos, principalmente nos cereais, e em alguns tipos de peixe, incluindo o linguado). As nozes, as pecãs, as macadâmias, os amendoins, as avelãs, as castanhas-de-caju, as castanhas-do-pará e as amêndoas são ótimos petiscos ricos em magnésio ou selênio. Pegue um punhado para ter uma saborosa e eficiente alternativa aos petiscos industrializados, como doces ou salgadinhos. Ainda melhor, asse-os um pouco para aumentar o sabor e fazer seus nutrientes mais bioutilizáveis.

A ideia é comer a maior variedade de proteínas que você puder. Se você come somente uma fonte de proteína, acaba limitando o número de aminoácidos que você deve consumir. Se você quer ter um ótimo funcionamento do corpo e uma alta produção de energia, você precisa ingerir uma grade completa de aminoácidos.

O incrível ovo

Os ovos são ricos em nutrientes, aminoácidos e vitaminas essenciais. Os ovos brancos são quase pura proteína e contém uma enzima que bloqueia a gema, por isso você não está aumentando o colesterol. Muitas pessoas desistiram de comer os ovos inteiros com medo do colesterol, e eles têm muito colesterol. Contudo, somente uma pequena parte do colesterol do alimento passa para o sangue. Atualmente, as gorduras saturadas e trans causam muito mais danos que o colesterol. As pesquisas mostram que o colesterol dos ovos aumenta o colesterol do corpo, mas aumenta o colesterol HDL (bom), que é um colesterol cardioprotetor. Não há motivo para temer o colesterol alto se a elevação é do HDL.

Os ovos contêm uma abundância de nutrientes que produzem energia. A gema tem colina (um membro da família da vitamina B), necessária para a síntese de acetilcolina, um dos principais neurotransmissores que mantém a saúde do cérebro e a eficiência cognitiva. Os ovos são um superalimento energético. No programa de solução da fadiga, você pode comer seis ovos por semana. Consulte seu médico sobre um número específico de ovos. Se você tem colesterol alto ou problemas cardíacos, seu profissional de saúde pode recomendar menos ovos.

Você precisa comprar ovos orgânicos? Há discordância sobre essa questão. Alguns estudos mostram que os ovos orgânicos têm, em média, um terço a menos de colesterol que os ovos comuns, quatro a seis vezes mais vitamina D, um quarto a menos de gordura saturada, o dobro de ômega 3 e o triplo de vitamina E. Contudo, um estudo feito em 2010 pelo Departamento de Agricultura dos Estados Unidos (USDA) revelou que praticamente não há nenhuma diferença. Os cientistas desse departamento mediram a quantidade de albumina espessa (uma parte do ovo branco) em vários ovos. Quanto maior a quantidade de albumina espessa, mais nutritivo é o ovo. Os pesquisadores não encontraram nenhuma diferença entre os ovos orgânicos e os comuns. Desta maneira, se os ovos orgânicos estão acima do seu orçamento ou não são encontrados em sua região, não se preocupe. Somente aproveite seus ovos mexidos, *pochés*, moles, cozidos ou faça sua omelete favorita com temperos frescos e vegetais como espinafre ou aspargo.

Lembre que os ovos devem ser sempre cozidos, pois os ovos crus são ótimos locais para a reprodução da salmonella (uma bactéria perigosa e mortal). As pesquisas estimam que mais de 130.000 pessoas ficam doentes a cada ano e 30 morrem por ingestão de ovos contaminados.

CARBOIDRATOS E ENERGIA

Décadas atrás, quando eu estava no time de esqui da escola, costumávamos tomar mel direto da garrafa antes de competir para termos "energia instantânea". Essa energia dá a você disposição imediata que se vai num instante. O que eu aprendi desde então foi que você não pode contar com a energia instantânea obtida dos carboidratos para ajudar você nas atividades do dia inteiro.

Assim mesmo, o que são os carboidratos? Eles são os principais açúcares, amidos e féculas, e um dos três tipos principais de nutrientes utilizados pelo corpo como fonte de energia. Os carboidratos são constituídos por cadeias de moléculas de açúcar. Mesmo os carboidratos que não parecem açucarados – como os pães, *bagels* e massas – são feitos de moléculas de açúcar.

Os carboidratos suprem cada célula de energia ao se transformar em glicose (açúcar). O corpo usa a glicose necessária para ter combustível imediato. A porção não usada é convertida em glicogênio e estocada no fígado e nas células musculares. Se houver qualquer glicose sobrando, haverá formação de gordura. Se você precisa de uma carga rápida de energia para falar, pegar ônibus, escapar de um prédio pegando fogo ou qualquer situação de emergência, o corpo liberará o glicogênio. Se você precisa de energia para um longo período, como jogar futebol ou fazer uma caminhada longa numa trilha montanhosa, o corpo transforma a gordura em combustível.

Um dos problemas que temos nos tempos modernos é que muitas de nós parecemos estar em estresse constante. É o que aconteceu quando Phoebe tinha 25 anos. Ela me procurou depois de ter engordado 20 quilos em aproximadamente seis meses. "Eu não sei o que está acontecendo comigo", ela disse. "Especialmente porque ultimamente eu vivo apenas com duas latas de refrigerante, alguns biscoitos e queijo". Quando eu perguntei por que ela estava fazendo aquilo, Phoebe explicou que nunca comia quando estava estressada e que recentemente seu nível de estresse tinha disparado. Parecia que ela só tinha ganhado novas responsabilidades no trabalho, mas estava tendo dificuldade em lidar com as novas tecnologias que teve que aprender. Além disso, sua mãe tinha sido diagnosticada com Alzheimer e seu filho tinha acabado de contar que havia largado a faculdade e estava indo morar com ela. Adicionando a tudo isso, Phoebe achava que seu peso era inexplicável, as roupas não lhe cabiam mais e ela não tinha nenhuma vestimenta para trabalhar. Foi quando gastou todo seu salário em roupas novas, o que não a deixou mais feliz.

Nesse caso, seu trabalho e seu relacionamento faziam parte da "geração sanduíche" ou havia pouco tempo para tantas exigências (todas as mulheres podem ter), ou, ainda, as glândulas adrenais estavam sobrecarregadas. Isso leva a um estado constante de produção de cortisol em excesso, o que estimula a produção de glicose. O excesso de glicose termina como gordura armazenada no corpo.

Quando a adrenalina circula pelo nosso corpo, é sinal que as células estão liberando energia, mas quando há muita adrenalina (devido a estresse constante), as células começam a não responder mais a esses sinais. Ao mesmo tempo, os altos níveis de cortisol aumentam a gordura estocada, o que leva à obesidade, resistência à insulina, síndrome metabólica, diabetes, doenças cardíacas e fadiga, o que aciona um influxo de insulina para prevenir o excesso de açúcar no sangue. Essa descarga de insulina pode ser a causa da queda dramática de açúcar no sangue poucas horas depois, o que significa que sua energia acabou e você tem aquela sensação de esgotamento. O corpo sente a baixa quantidade de açúcar no sangue e reduz a energia, produzindo uma onda de hormônios que causam o estresse adrenal, incluindo adrenalina e cortisol, e o ciclo vicioso recomeça.

Ao contrário de algumas dietas populares, nós precisamos incluir alguns carboidratos na nossa rotina alimentar. Nós não vivemos muito bem sem nenhum carboidrato. O que você precisa saber é que nem todos carboidratos são ruins e tirá-los completamente da dieta não é a melhor coisa para o seu corpo. Os carboidratos fornecem fibras, antioxidantes, combustível para o cérebro e aumentam os níveis de serotonina, que faz você se sentir menos deprimida e mais energizada. Por outro lado, eles também aumentam os níveis de insulina. Muita insulina reduz o açúcar no sangue, diminuindo sua energia. Além disso, comer muito doce pode levar você a desenvolver diabetes, o que já é outra questão.

Alguns carboidratos fornecem fibras, que são importantes para a digestão, pois promovem o movimento mais rápido do alimento no intestino, reduzindo o risco de desordens do aparelho digestório, incluindo a constipação, causada frequentemente pelo baixo consumo de fibras. Elas também ajudam a evitar os excessos na hora de comer e reduzem a tendência que temos de tomar um lanche antes de dormir.

Os vegetais ricos em fibras incluem os verdes, tais como espinafre, agrião, alface e couve, e além desses acrescente tomate, cenoura, vagem, aspargo, abobrinha, pimentão, rabanete e pepino. Os vegetais cozidos incluem brócolis, couve-flor, repolho e couve-de-bruxelas. Ao comer esses carboidratos, a sua ingestão de fibras estará mais que adequada.

As frutas e vegetais estão entre as melhores fontes de carboidratos que você pode comer. Tente incluir as frutas ricas em antioxidantes naturais (substância química que protege as células de danos) e vitamina C. As frutas vermelhas, por exemplo, além de serem ricas em antioxidantes, têm ação anti-inflamatória e afinam o sangue.

Todas as frutas e vegetais fazem bem. Mesmo se forem congelados, secos ou em conserva (quando escolher frutas em conserva, verifique se "não contém açúcar"). Você pode comê-los de várias maneiras: assados, cozidos, preparados no micro-ondas ou refogados. A melhor ideia é ter uma variedade de frutas e vegetais, com cores diferentes (amarelo, verde e vermelho).

Por que ficar sem sobremesa?

Uma das diferenças observadas nos ocidentais é que quando eles viajam para o extremo oriente ou para regiões do oriente médio, a sobremesa geralmente não faz parte da cultura. Eles podem ter frutas de sobremesa, mas não há biscoitos, bolos de

> chocolate ou doces. Não existem alimentos como os saquinhos de salgadinhos do tipo batatinha ou de queijo. Nos países como o Afeganistão e o Paquistão, eles servem cordeiro, vitela ou carne de porco juntamente com uvas-passas e tâmaras.

Os carboidratos controversos: milho e trigo

Dois dos mais controversos carboidratos na dieta americana são o milho e o trigo. Nenhum deles é totalmente ruim. O problema é a maneira como são usados – em demasia ou na produção de alimentos nada saudáveis.

Vamos começar pelo milho. A maioria das pessoas acha que servir milho é uma boa opção de vegetal. Porém, ele não é um vegetal completo, é um cereal. Ele também é tentador para um piquenique no jardim. Nas últimas décadas, alguma coisa aconteceu com nossa deliciosa espiga de milho, que se transformou no perigo da sociedade.

Primeiramente, falarei sobre o xarope de milho rico em frutose (HFCS), um adoçante e conservante muito comum, feito a partir da alteração do açúcar (glicose) do amido de milho para frutose – outra forma de açúcar. O produto final faz os alimentos processados durarem mais tempo e é mais barato que o açúcar. Atualmente, é encontrado em muitos produtos alimentares: doces, bebidas, cereais, pães, biscoitos doces e salgados, iogurtes, sorvetes, molhos em geral, *ketchup*, sopas enlatadas, sucos, refrigerantes e até em xarope para tosse. Infelizmente, as pesquisas indicam que, diferentemente da glicose, a frutose é imediatamente convertida em gordura pelo fígado, levando a uma excessiva concentração de gorduras e lipoproteínas (compostos proteicos do sangue que contém gorduras e substâncias gordurosas como o colesterol). Eventualmente, isso pode levar à formação de placas de gordura nos vasos sanguíneos, gota, pedra nos rins, obesidade e diabetes tipo 2. Tudo isso devido à pressão para a produção de energia.

O segundo problema do milho está ligado às vacas (galinhas também) e o fato desse cereal entrar em todos os elos da cadeia alimentar. Pegue um bife bovino, por exemplo. Ele vem do gado, que é alimentado principalmente com milho. As vacas não são destinadas a viver comendo só milho, elas precisam de gramíneas. Contudo, uma das maneiras mais rápidas de engordar o gado é dar milho. Por isso, o problema dos bifes, que vêm do gado alimentado com milho, é que eles têm muita gordura saturada, responsável por entupir as artérias. Toda gordura saturada mais os antibióticos dados ao gado estão nos deixando doentes.

O que fazer? Nós queremos vitamina B encontrada na carne vermelha para a produção de energia, mas não queremos gorduras saturadas e antibióticos. A resposta é a carne orgânica. Eu sei que é mais caro, mas pense que algum tempo atrás era muito mais difícil encontrar esse produto. Atualmente, contudo, essa carne está se expandindo nos grandes centros urbanos a preços mais baixos. Meus pais moram no subúrbio, há 25 km de Nova York. Quando eles vieram me visitar, eu ajudei minha mãe a perder peso (ela perdeu mais de 10 quilos em 30 dias!) e nós sabíamos que quando ela fosse embora, ela não encontraria os mesmos supermercados e lojas que encontrou aqui. Lá onde mora, o supermercado mais próximo tem somente uma seção pequena de orgânicos. Aos finais de semana, ela comprava numa fazenda, mas não era orgânico. Dessa maneira, se esforce para encontrar alimentos saudáveis, você não acha que vale a pena por você e por sua família?

Os orgânicos são sempre necessários?

Nem tudo que você compra precisa ser orgânico. Há algumas regras simples para saber se deve comprar orgânico ou não.

Compre orgânico quando a casca é fina: As frutas e vegetais com casca fina, que é difícil de tirar, ou aqueles que você geralmente come, devem ser orgânicos, pois os de casca fina não têm barreira contra os agrotóxicos, já as frutas e vegetais de casca grossa têm. São exemplos de casca fina: maçãs, morangos, pêssegos, framboesas, mirtilos, uvas, peras, cerejas, nectarinas, aipos, batatas e cenouras. De casca grossa são: abacates, bananas, berinjelas, milhos, kiwis, mamões, mangas, laranjas e mexericas.

Os vegetais folhosos devem ser orgânicos: Todos os vegetais como a alface devem ser orgânicos porque não dá para lavar perfeitamente cada folha. São exemplos desses vegetais: todos os tipos de alface, couve, espinafre, mostarda e acelga. Dentre os vegetais que não precisam ser orgânicos estão: brócolis, repolho, aspargo, couve-flor e batata-doce.

Os laticínios devem ser orgânicos: As indústrias usam muitos hormônios e antibióticos. Por isso, os produtos como leite, queijo e iogurte devem ser orgânicos sempre que possível. Além disso, o leite orgânico tem um alto nível de ômega 3, excelente para sua saúde.

Carnes bovinas e aves devem ser orgânicas: A advertência sobre hormônios e antibióticos se aplica a essas carnes também.

Os peixes e frutos do mar não precisam ser orgânicos: Os peixes vivem no mar, onde não há (tomara) muitos pesticidas e toxinas, exceto o mercúrio, como explicado na p. 57.

Outro carboidrato controverso: o trigo

O segundo cereal "problema" da dieta americana é o trigo e, mais uma vez, ele não é prejudicial por si só – o problema é o *superconsumo* de trigo. De fato, o trigo está profundamente enraizado na cultura alimentar da América do Norte e de quase o mundo todo. Veja alguns alimentos feitos com trigo: pães, massas, pizzas, *bagels*, cereais matinais, biscoitos e bolos.

Assim como o milho, individualmente o trigo é bom para você. Ele é rico em fibras, manganês e magnésio. Contudo, o nutriente mais importante do trigo (sem mencionar as fibras) vem da sua casca, chamado farelo, e do gérmen, a parte interna do trigo. Tanto a casca quanto o gérmen são removidos quando os grãos são moídos para a produção da farinha branca.

Um dos maiores problemas de comer trigo é o glúten, uma proteína grudenta que ocorre em grãos de cereais como trigo, centeio, cevada e milho. Um pouco de glúten não faz mal à maioria das pessoas. Porém, a ingestão de glúten está sendo bem maior que "um pouco". De fato, a maioria de nós não tem idéia da quantidade de glúten que comemos diariamente.

Eu tenho uma paciente chamada Gloria que me procurou porque estava extremamente cansada – ela trabalhava na seção feminina de uma loja de departamentos, onde tirava um cochilo rápido todas as tardes. Ela tinha engordado, seu estômago estava inchado e ela estava incrivelmente deprimida. Esses são alguns dos sintomas da sensibilidade ao glúten. Eu pedi a ela que me dissesse o que ela tinha comido no dia anterior à consulta. A primeira refeição de Gloria era uma tigela de cereal pela manhã. No trabalho, ela comeu alguns *pretzels* de uma máquina de venda automática (melhor que uma barra de chocolate, certo?). Ela teve uma reunião na hora do almoço e seu chefe pediu para que comprasse pizza para todos, pois não podiam parar de trabalhar. Mais tarde, Gloria beliscou uma barra de cereais e tinha planejado jantar com os amigos num restaurante chinês. Ela decidiu pedir alguma coisa *light*, por isso escolheu macarrão com molho de gergelim e rolinho primavera. Revendo: trigo no café da manhã, trigo para petiscar, trigo no almoço, trigo no lanche da tarde e trigo no jantar. É uma sobrecarga de glúten para qualquer pessoa, não é?

Mas espere. Como se não fosse difícil o suficiente evitar o glúten na sua dieta, ele também é usado como agente espessante ou estabilizante em produtos tais como sorvetes, sopas enlatadas, recheios de tortas, molhos para salada e *ketchup*. De fato, se você encontrar alguma das seguintes palavras nas etiquetas dos produtos, significa que contém glúten:

- Estabilizante
- Amido modificado (proeminente nos doces)
- Aromatizante
- Emulsificante
- Proteína vegetal hidrolizada
- Proteína vegetal
- Corante caramelo

O corpo humano não tem capacidade de digerir essa quantidade de glúten. Por isso, o glúten causa tantos tipos de problemas e desordens, como infecções auditivas, dores no estômago, problemas de gases, inchaço, constipação e, por último, mas não menos importante, letargia.

Eu testei a Gloria para sensibilidade ao glúten, mas enquanto esperávamos o resultado, disse para ela manter um registro dos alimentos de sua dieta por uma semana com o intuito de mostrar o quanto ela consumia de glúten. Seus resultados foram positivos para sensibilidade ao glúten. Em seguida, eu disse a ela para reduzir o trigo e adicionar mais proteínas, frutas e vegetais em suas refeições. Eu disse que ela não precisava cortar totalmente o trigo, apenas tomar o cuidado para não comer trigo o dia inteiro. Em dois meses, quando Gloria voltou ao meu consultório, ela tinha perdido 5 quilos e meio e seus sintomas tinham desaparecido. Ela disse que ocasionalmente ainda comia pizza no almoço e que era sua massa favorita para o jantar – mas não no mesmo dia.

A boa notícia é que vem aumentando o número de produtos sem glúten nos supermercados, incluindo pães e massas. Porém, é importante perceber que *sem trigo* não significa necessariamente *sem glúten*. Os produtos podem ainda conter centeio, cevada ou espelta (trigo-vermelho), que também contém glúten. Muitos produtos que têm a informação *sem glúten* possuem muito açúcar, gordura, calorias e carboidratos, sendo similares aos produtos com glúten.

Eu e o Tigre

Durante a trajetória desse livro, eu tive meu primeiro cachorro! Um dia, o Tigre (nome dele) e eu estávamos revendo alguns comandos no parque. Eu queria que ele fosse bem comportado, mas o único petisco que eu tinha era uma barra de cereais. *Bem*, eu pensei. *Ele está sendo um bom cachorro e eu tenho que recompensá-lo.* Quando a dona de outro cão me viu quebrar uma barra de cereais e começar a ajoelhar, ela correu em minha direção e disse: "Não faça isso, os cães não digerem o glúten, pois não têm enzimas para isso. Você poderá deixá-lo

> doente". É claro, ela estava certa e eu me senti terrivelmente culpada. Um pouco depois, eu queria ir até ela para dizer-lhe que eu era novata e me desculpar por não ter nenhum petisco canino, quando a vi com biscoitos de chocolate e refrigerante para seu próprio lanche. Se a dieta do cão era a preocupação da dona, por que a dieta da dona não era uma preocupação a mais? Por que devemos dar mais importância para nossos animais de estimação do que para nós mesmas? Registrando: Agora eu só dou para o Tigre comida feita para cães. Vivendo e aprendendo.

O glúten também causa problemas nas pessoas que são alérgicas a ele, o que se chama doença celíaca, uma desordem digestiva que interfere na absorção de nutrientes dos alimentos. Alguns sintomas mais comuns são diarreia, perda de apetite, dor e inchaço no estômago, pouco crescimento e perda de peso. É uma doença grave que requer o cumprimento rigoroso de dieta sem glúten.

Muitas pessoas não são verdadeiramente alérgicas ao glúten, elas apenas são sensíveis (como a Gloria). Esses casos não requerem eliminação completa do trigo. Se você é sensível ao glúten, pode consumir moderadamente trigo e derivados. Mas tome o cuidado de monitorar as quantidades, julgando exatamente o quanto você pode consumir até encontrar o que é bom para seu corpo.

Talvez seu médico faça testes para saber se você é alérgica ao glúten e os resultados podem ser negativos. Isto não significa que o médico testou sua sensibilidade, o que pode ser feito com um teste de alérgenos. Porém, mesmo sem fazer o teste dá para saber se você é sensível ao glúten apenas desistindo dele por uma ou duas semanas. Se você tem sensibilidade, irá se sentir muito melhor, perderá peso, dormirá melhor e terá um aumento visível da sua energia.

GORDURA E ENERGIA

O que sempre me espanta é que quando eu pergunto às minhas pacientes sobre o que elas comem, elas dão todos os tipos de resposta que abrange um amplo leque de categorias. Algumas pacientes têm hábitos alimentares melhores que outras. Porém, a maioria delas tem uma coisa em comum, que é incluir um grande número de alimentos sem gordura em sua dieta. Isso quase sempre significa que elas têm medo de engordar. Minhas pacientes, juntamente com grande parte do mundo ocidental, tiveram uma lavagem cerebral em acreditar que as gorduras são suas inimigas e devem ser evitadas a qualquer custo. Elas tendem a me olhar estranhamente quando eu digo que devem trazer a gordura de volta para suas dietas. De fato, o ideal é consumir uma pequena quantidade de gordura saudável em cada refeição ou lanche.

Gorduras saudáveis x não saudáveis

O importante para você é compreender primeiramente que a gordura não é inimiga. Por muito tempo, os americanos e – muito mais prejudicial – os produtores tinham a premissa de que os alimentos sem gordura ou com pouca gordura eram a resposta final para o emagrecimento e a saúde do coração. Porém, Gary Taubes, colaborador do jornal *The New York Times*, escreveu um artigo chamado "E se for tudo mentira sobre as gorduras?", declarando: "As autoridades da saúde pública disseram involuntariamente, mas com a melhor das intenções, que comer aqueles alimentos iriam nos deixar gordos, e nós aceitamos. Comemos mais carboidratos sem gordura, que, por sua vez, nos deixaram mais famintos e, em seguida, mais pesados". Os produtores de alimentos frequentemente substituem a gordura por xarope de milho rico em frutose, que acaba sendo bem pior do que a gordura. Como sociedade, estamos tão preocupados com a gordura em nossa alimentação que ninguém quer colocar gordura em nada ou muito menos comê-la.

Felizmente, os últimos anos trouxeram uma nova compreensão sobre o papel das gorduras na nossa dieta. O que descobrimos foi que certas classes de gordura são muito importantes para a saúde humana. Elas são essenciais para o funcionamento cerebral, a saúde das articulações, a reconstrução dos ossos, a manutenção da pele saudável e a absorção de nutrientes. As gorduras ajudam o corpo a liberar o hormônio colecistoquinina (CCK), como aprendemos anteriormente, que ativa os sinais da saciedade. O que sabemos também atualmente é que não são as gorduras em geral que causam nossos problemas, mas a ingestão de muitos tipos errados de gordura e a pouca ingestão dos tipos certos. A melhor coisa que podemos fazer é aprender a diferença.

Uma das razões do tema relacionado às gorduras ser tão confuso é que há muitos termos diferentes quando se discute sobre o assunto. Veja os nomes mais comuns:

- **Ácidos graxos essenciais (AGE):** Esses ácidos, que incluem o ômega 3 e o ômega 6, são blocos de construção do corpo necessários para a saúde humana. O corpo não produz AGEs, por isso nós temos que comê-los. Além de ajudar a diminuir a taxa de glicose na corrente sanguínea, os AGEs aumentam a taxa de metabolismo basal e auxiliam a queimar gordura.

- **Gorduras saturadas:** O termo *gorduras saturadas* refere-se à gordura que tem uma grande quantidade de hidrogênio naturalmente ligada a ela – isto é, *saturada* de hidrogênio. Essa estrutura molecular indica um tipo de gordura que normalmente é sólido à temperatura ambiente. As gorduras saturadas são encontradas em gorduras animais e em alguns óleos tropicais, como o óleo de coco e o azeite de dendê.

- **Gorduras insaturadas:** Esse tipo de gordura tem poucos átomos de hidrogênio ligados a ela (razão pela qual é "*insaturada*"). É derivada de plantas e algumas fontes animais, especialmente peixes. É líquida à temperatura ambiente. Há dois tipos: as monoinsaturadas e as poli-insaturadas. As gorduras monoinsaturadas incluem os óleos de oliva, de amendoim, de linhaça e de gergelim. Todos são líquidos à temperatura ambiente e tornam-se sólidos quando refrigerados. As gorduras poli-insaturadas permanecem líquidas mesmo quando estão geladas.

- **Gordura Hidrogenada:** Outro tipo de gordura saturada de hidrogênio. Contudo, essa forma de gordura tem hidrogênio artificialmente aderido a ela. Geralmente, esse processo é feito com óleos a altas temperaturas para solidificá-los e prolongar suas vidas. Provavelmente, a margarina é o produto hidrogenado mais conhecido.

- **Gorduras trans:** O processo de hidrogenação causa mudança na estrutura molecular da gordura, que passa a ser chamada de gordura trans. É encontrada em muitos produtos embalados comercialmente, como as batatas fritas de algumas cadeias de lanchonete, as pipocas de micro-ondas, as gorduras vegetais e algumas margarinas. Se no produto estiver escrito "óleos vegetais parcialmente hidrogenados," "óleos vegetais hidrogenados" ou "óleos vegetais", é mais provável que o produto contenha gordura trans. Tanto as gorduras trans quanto as hidrogenadas podem interferir na habilidade do corpo em metabolizar as gorduras boas. Embora existam muitos alimentos no mercado que são etiquetados com "zero gordura trans", elas ainda estão presentes em grande número nas prateleiras e nos restaurantes. Não é possível eliminar completamente as gorduras trans da sua dieta. A melhor estratégia é tentar aumentar a proporção de ácidos graxos essenciais e de gorduras insaturadas que a de gorduras trans.

Agora você sabe quais são as gorduras boas e as ruins, quais retiram e quais produzem energia. As gorduras "boas" são as menos saturadas. Quando você vir as palavras ácidos graxos essenciais, ômega 3, ômega 6, monoinsaturadas e poli-insaturadas, você pode ter certeza que está no caminho certo. As piores gorduras são as mais saturadas: hidrogenadas, parcialmente hidrogenadas e as gorduras trans.

Ômega-3 e ômega-6

Eu quero falar um pouco mais sobre os ácidos graxos ômega-3 e ômega-6 porque eles são muito importantes para a nossa saúde. Ambos são gorduras poli-insaturadas e fornecem energia para os músculos e os órgãos. Eles também desempenham um papel importante no funcionamento do cérebro e ajudam a reduzir as inflamações do corpo, diminuindo o risco de doenças cardíacas, câncer, artrite e outras condições crônicas. O ômega-6 estimula a queima de gordura do tecido adiposo pelo corpo, incentivando a queima de calorias para fornecer energia ao invés de estocar gordura.

Em fevereiro de 2009, a Associação Americana do Coração declarou que o ácido graxo ômega-6 faz parte do plano de alimentação saudável e recomenda que as pessoas tenham no mínimo entre 5-10% por cento de suas calorias vindas do ácido graxo ômega-6. Eles também disseram que a maioria dos americanos já se farta de alimentos com ômega-6 como castanhas, óleos de cozinha e molhos para saladas.

O objetivo é equilibrar o consumo de ômega-3 e ômega-6. Antes do advento de tantos alimentos processados, as pessoas consumiam esses dois ácidos graxos aproximadamente em proporções iguais. Contudo, a maioria da civilização ocidental obtém ômega-6 em demasia e não o suficiente de ômega-3. Esse desequilíbrio pode ser explicado pelo fato de que doenças como asma, doenças cardíacas, muitos tipos de câncer, doenças autoimunes e neurodegenerativas são causadas por inflamações no corpo, sendo que o ômega-6 é pró-inflamatório. Isso também contribui para a obesidade e a depressão, dois fatores que afetam a energia. A melhor maneira de reduzir os níveis de ômega-6 é diminuir o consumo de alimentos processados, fast-foods e óleos vegetais poli-insaturados, como os óleos de milho, de girassol, de cártamo, de algodão e até o de soja.

As melhores fontes de ômega-3 são os peixes gordurosos, mas também há muitas fontes excelentes à base de vegetais. O ômega-6 é encontrado em folhas verdes, mas a melhor fonte é o óleo de certas plantas. A lista seguinte contém os alimentos que ajudarão você a ter a quantia necessária dos ácidos graxos essenciais ômega-3 e ômega-6.

As melhores fontes de ômega-3 são:

Anchova
Cavala
Arenque
Salmão

Sardinha
Robalo
Truta
Atum

Outros alimentos que contém ômega-3:

Abacate
Brócolis
Couve de Bruxelas
Repolho
Couve-flor
Cravo
Couve-tronchuda
Linhaça
Feijão verde
Couve-manteiga

Semente de mostarda
Orégano
Semente de abóbora
Alface
Espinafre
Morango
Abobrinha
Semente de chia
Nozes
Abóbora

As melhores fontes de ômega-6 são:

Óleo de milho	Óleo de girassol
Óleo de algodão	Sementes de girassol
Óleo de uva	Óleo vegetal
Azeite	Óleo de nozes
Pinhão	Óleo de gérmen de trigo
Pistache	

Tente comer com as mãos

Muitos pratos da cozinha africana, incluindo o churrasco de frango ou de carne bovina, são destinados a serem comidos com as mãos e não com garfo e faca, pois os africanos acham que comer com as mãos dá mais satisfação e prazer. Eles usam óleos saborosos ao invés de temperos e acreditam que o aroma da comida vai para o hipotálamo (região do cérebro), fazendo a pessoa se sentir saciada sem ter comido muito (além do fato de que os óleos contêm ácidos graxos essenciais, indispensáveis para nossa saúde).

O que fazemos a nós mesmos

Quando vamos ao supermercado comprar carne, devemos verificar qual o tipo de alimento que o gado está comendo e as condições onde esses animais vivem. Nós não queremos que o solo em que vivem esteja contaminado com substâncias químicas ou metais pesados. Também não queremos que os animais sejam tratados com hormônios ou tenham uma condição de vida estressante. Nós sabemos que isso não faz bem à nossa saúde. Porém, existem muitas pessoas que se tratam do mesmo jeito que nós não gostaríamos que o gado fosse tratado.

Quando minha filha estava fazendo 10 anos, eu decidi dar-lhe uma festa, convidando várias amigas dela juntamente com seus pais. Antes eu sabia que a festa era por minha conta, mas no dia eu me senti completamente despreparada. Eu precisava fazer compras de manhã e a festa seria à tarde. Eu estava correndo descontrolada e comprando coisas que quase nunca comíamos em casa por várias razões – salgadinhos, refrigerantes, docinhos, biscoitos etc. Eu não tinha muito tempo e essas guloseimas são fáceis de achar. Além disso, eu estava tentando reduzir o custo da festa e essas coisas são relativamente baratas. Eu sabia que esse era o tipo de comida que todos esperam encontrar numa festa de aniversário, mas acho que estava sendo apenas um pouco preguiçosa e descuidada no que estava servindo. Embora eu tenha me divertido na festa (um espetáculo dessas delícias nada saudáveis), eu não pude deixar de pensar: *O que aconteceria se extraterrestres inimigos viessem à Terra procurar alimento e nos vissem encher o estômago com todo esse açúcar, gordura e toxinas? Será que eles ainda considerariam nos comer no jantar?*

Os alimentos que comemos todos os dias são ruins para o intestino e muitas pessoas estão sofrendo com isso. No próximo capítulo, você verá como uma dieta pobre pode causar problemas estomacais graves e o que você pode fazer.

Coma alimentos energéticos
DICAS DE REVITALIZAÇÃO

1. **Tome leite integral:** Atualmente, muitas pessoas têm medo de engordar e tomam apenas leite desnatado (se é que tomam leite). Porém, com poucas exceções, eu sugiro o leite integral. Ele tem menos carboidratos em relação à gordura do que o leite desnatado. É a proporção de carboidratos em relação às proteínas e gorduras que fazem do leite integral a melhor opção. Ele contém mais gordura, por isso consulte seu médico para saber se você tem, por exemplo, alguma doença cardíaca, mas, em relação à energia e à perda de peso, o leite integral é a melhor escolha. O leite é um tipo de alimento que contém vários nutrientes de que o nosso corpo precisa, tais como proteínas, gorduras, carboidratos, vitaminas e minerais. É claro que você pode ter isso de outras fontes, mas o leite já tem tudo junto, empacotado para você. Um copo de leite contém: os três nutrientes energéticos (proteínas, carboidratos e gorduras), cálcio, potássio e vitaminas A, D e B12.

2. **Reduza a soja:** A indústria de soja convenceu os americanos dos benefícios desse produto. Contudo, a soja pode ter uma poderosa influência na produção de hormônios, especialmente estrogênios. As pesquisas mostram que os bebês alimentados somente com leite de soja têm 22.000

vezes mais estrogênios no corpo do que os bebês que são amamentados no peito. É como se os bebês tivessem tomado cinco pílulas anticoncepcionais por dia. Se um adulto toma essa quantidade de pílulas diariamente, há consequências como vômito, dores abdominais, dores de cabeça, sangramento uterino e coágulos sanguíneos. Um pouco de soja não faz mal e pode ser difícil de evitar devido ao seu uso como enchimento em muitos produtos. Porém, eu não sugiro que você tome leite de soja todos os dias, principalmente se você também come tofu e edamame (soja verde, que minhas filhas adoram, mas eu limito seu consumo para uma porção pequena uma vez por semana).

Uma grande porcentagem de soja é geneticamente modificada, além de também ter uma das maiores quantidades de pesticidas. Por anos, muitas mulheres se convenceram dos benefícios da soja, devido às baixas taxas de câncer de mama em muitos países da Ásia, pois nesses lugares o consumo de soja é mais alto do que nos Estados Unidos. No entanto, as taxas estão subindo rapidamente. Um estudo feito em Shangai, em 2009, mostrou que mais de 5.000 mulheres diagnosticadas com câncer de mama descobriram que o alto consumo de soja reduziu o risco de recorrência e morte por câncer de mama. Porém, a soja que essas mulheres comem na China é sob a forma de alimentos integrais levemente transformados. A soja que a maioria dos americanos come é na forma de leite, suplementos e alimentos alta mente processados como soja torrada, cereais e barras de proteína. A maioria dos cientistas suspeita que a proteção contra câncer por meio do consumo desses produtos não é a mesma.

3. **Sempre tome café da manhã:** Essa é a refeição mais importante do dia, pois define a produção de energia para o resto do dia. Os estudos mostram que as pessoas que comem pela manhã desfrutam de mais energia e têm mais humor durante o dia todo. Você deveria tomar café da manhã num prazo de uma hora, incluindo proteína e gordura, com no máximo 30% de carboidratos, que ajudam a manter o nível de glicose constante, diminuem a produção de insulina e dão menos fome durante o resto do dia. Se você viajar para o exterior e ficar num grande hotel, provavelmente lhe oferecerão um café da manhã "americano". Logo você perceberá que é um pouco mesquinho: pão com geleia, *muffins* e café, ou seja, basicamente carboidratos. Essa *não* é a maneira como o resto do mundo toma café. Na zona rural, em locais menos turísticos dos países europeus, na América do Sul, Ásia e África, você terá no café da manhã uma oferta mais energética como ovos, queijo, iogurte e variedade de frios. Isso pode ser uma escolha mais saudável, se você não abusar. Porém, se você está correndo e não tem tempo para tomar um café da manhã completo, faça uma vitamina de proteína (os *shakes*), que existem em vários sabores e muitas marcas de qualidade disponíveis em lojas de produtos naturais ou em grandes supermercados.

4. **Coma mais devagar:** Se você come muito rápido, não dá tempo para seu cérebro enviar sinais de saciedade, que dizem que você está satisfeito. Tenha uma atitude mais "Zen" em relação ao alimento – enquanto você come, sente, dê um tempo, honre sua comida e deixe-a nutri-la. Se for possível, não coma em movimento. Acomode-se na sala de jantar ou na cozinha para que sinta o ritual de uma verdadeira refeição. Abaixe as mãos a cada garfada e mastigue completamente os alimentos.

5. **Deixe sua comida bonita:** Ao longo dos séculos, muitas culturas apreciavam tigelas bonitas, copos e utensílios. Uma das minhas pacientes me disse que colocava as bebidas em jarras. Isso a fazia lembrar o quanto a vida é bela e como cada dia pode ser agradável. Ela também tenta colocar flores perto dos pratos ou copos. Se ela não pode comprar flores, usa outro arranjo natural para relembrá-la da sua relação com a natureza. É mais atraente e prazeroso comer em locais bonitos. Esse prazer libera hormônios que satisfazem o cérebro e permitem que você se sinta satisfeita mais cedo.

6. **Coma com pauzinhos (*hashis*) e em pratos pequenos:** Quando eu e minha família viajamos pela China, nós comíamos em restaurantes de várias cidades. É claro que nós comíamos com pauzinhos, que eu recomendo. Ninguém da minha família é perito no seu uso, por isso comíamos devagar e com pequenas quantidades na boca.

Isso deixava a refeição mais demorada e a comida era mais facilmente digerida. Nós também aprendemos uma lição de como a comida era servida. No nosso primeiro jantar na China, o garçom trouxe xícaras de chá e pratinhos. Primeiramente, nós achamos que os pratinhos eram os pires das xícaras, mas não eram. A comida era servida de um jeito diferente: os pratos com os alimentos eram colocados numa bandeja rotatória e cada um pegava sua porção. Quando a nossa comida veio, nós não começamos a comer imediatamente, pois estávamos esperando os pratos maiores para nos servirmos. Porém, a comida deveria ser servida nos pratinhos. No início da nossa viagem, todos nós enchíamos muito os nossos pratinhos, mas com o passar do tempo, nós percebemos que o uso dos pratinhos nos acostumou a comer menos. Atualmente, quando eu faço um jantar em casa, eu sirvo em pratos menores de salada ao invés de pratos grandes de jantar, e minha família aprendeu a comer menos.

7. **Adicione uma variedade de cereais sem glúten a sua dieta:** Se você tem sensibilidade ao glúten ou se limita seu consumo, você não tem que desistir de todos os cereais. De fato, você deve incluir cereais na sua dieta porque eles são uma fonte excelente de fibras. Veja alguns que você pode usar:

   • Amaranto em grãos
   • Amaranto em flocos

- Arroz integral
- Farinha de arroz
- Painço
- Quinua em grãos
- Quinua em flocos

Você vai adorar se sentir melhor e com muito mais energia apenas fazendo simples mudanças na sua dieta. Contudo, provavelmente você tem uma longa história de comer inapropriadamente, o que significa que seu sistema digestório pode não estar respondendo tão bem quanto você queria. Agora que você tem mais clareza a respeito do que e quando comer pra aumentar sua energia, o próximo capítulo ajudará muito a manter seu sistema digestório em forma.

Mesmo melhorando seus hábitos alimentares e cuidando da saúde do seu sistema gastrointestinal, ainda não se sente 100%? Sua energia ainda não está como você gostaria que estivesse? Cada sistema do corpo é influenciado por outro sistema. Se você faz melhoras numa área e ainda não sente os resultados que gostaria, é porque ainda precisa olhar outros sistemas. Há muitos fatores que afetam seu sistema digestório, além dos alimentos que você come (ou não come). Se você não está descansado o suficiente ou se está superestressado, seu intestino não trabalhará apropriadamente. No próximo capítulo, você descobrirá várias maneiras de melhorar seus hábitos de sono e reduzir o estresse cotidiano.

3

Passo 2

Mantenha o intestino em forma

—◆—

M*uitas vezes você se sente inexplicavelmente cansada e atropelada?*
Você fica facilmente irritada ou deprimida?
O seu pensamento é embaçado ou pouco claro?
Você sofre de constipação?
Você tem erupções na pele e obstrução dos poros?

Seu estômago deixa você cansada? Essa pode parecer uma pergunta estranha, mas se sua resposta foi "sim" para duas ou mais das questões acima, você pode estar com sobrecarga tóxica, uma condição que eu considero como a mais frequente, e menos diagnosticada, causa de fadiga. Diariamente, nós somos bombardeados com toxinas ambientais (incluindo agrotóxicos, baixa qualidade do ar, produtos químicos artificiais e alimentos com hormônios) que se acumulam e criam uma carga tóxica no corpo. Se essa carga é mantida no corpo, pode começar a secar os nossos recursos energéticos.

Você pode se surpreender ao ver que a energia se concentra em seu sistema gastrointestinal, limpando as toxinas do seu corpo, o que ajuda a rejuvenescer internamente seu sistema. Atualmente, mais de 75% da população sofre de algum tipo de problema gastrointestinal, que, geralmente, pode ser causado por sensibilidade ao alimento ou baixa atividade enzimática, o que inibe a digestão. Em geral, os alimentos que você come e seu estilo de vida podem ser a causa do seu grande estresse.

DIETA POBRE, INTESTINO PREGUIÇOSO

Você sabia que ao longo da vida pode consumir algo em torno de 30 a 50 toneladas de comida? O que seria melhor para a saúde intestinal, 50 toneladas de nutrientes, fibras e antioxidantes ou 50 toneladas de carboidratos refinados, aditivos, conservantes, gorduras hidrogenadas, açúcar e mais açúcar? Infelizmente, a dieta americana padrão (SAD) consiste na segunda opção. Quando consumimos todas essas substâncias artificiais – conhecidas por porcarias (*junk food*) –, elas permanecem no estômago, pois não somos geneticamente programados para digerir facilmente esse tipo de comida. Isso coloca uma carga significativa em seu sistema digestório e o tempo de trânsito intestinal é consideravelmente reduzido. Dessa forma, seu intestino se torna um caldo de cultura para bactérias "ruins", com sensibilidades, alergias alimentares e inflamações.

PROBLEMAS INTESTINAIS

Os problemas gastrointestinais (GI) são as causas mais comuns das pessoas procurarem serviços médicos. Contudo, o que a maioria não percebe é que essas "dores de barriga" e a sensação de desconforto podem ser fontes subjacentes de fadiga.

Eu tenho uma colega, que também é médica (mas não é endocrinologista), que veio me procurar para discutir seus problemas de fadiga. Eu perguntei sobre questões de rotina que eu costumo fazer a cada paciente novo, mas quando eu a abordei sobre um assunto que ela chamou de "problemas de banheiro", ela ficou envergonhada e tentou mudar de assunto. "Eu estou aqui para descobrir por que estou tão cansada", ela disse. "Não há razão para discutirmos esses tipos de funções corporais." E ela é médica!

Eu sempre me surpreendo em saber que minhas pacientes sabem tão pouco sobre o processo de digestão. Eu entendo que as situações relacionadas ao intestino sejam um pouco embaraçosas e até nojentas. Muitas pessoas, principalmente os americanos, ficam com vergonha de falar sobre essa parte de sua anatomia. Eles não querem saber sobre isso e certamente não querem conversar sobre isso.

Em muitas outras culturas, as pessoas são curiosas sobre suas fezes. Na África, eles reconhecem as várias formas de fezes, o que torna possível suas caminhadas pela floresta ou através das planícies sem se perderem. Quando eu fui à Alemanha, fiquei surpresa ao ver as descargas duplas. Elas têm dois botões, um deles é para um fluxo de água menor e é usado quando você urina, o outro é para a descarga completa, quando você evacua. A intenção é poupar água. Muitos alemães e outros europeus olham suas fezes toda vez que evacuam. Eles observam a textura, a cor e a quantidade para diagnosticar como está sua saúde.

Muitas vezes, os problemas intestinais são causados por estresse. Enquanto algumas pessoas têm mais movimentação intestinal quando estão sob estresse, outras se encontram constipadas. Por isso, algumas culturas se esforçam para tornar o ato de ir ao banheiro uma experiência bem confortável e relaxante. Quando eu fui ao Japão, por exemplo, eu entrei num banheiro público e a iluminação era fraca, havia um som suave de cravo tocando, tudo era feito de bambu e havia bonsai ao redor. O ambiente era suave e calmo.

Às vezes, nós temos problemas digestórios quando realmente não gerenciamos o tempo. Por isso, eu tenho uma rotina básica pela manhã. Esse é um problema que parece afetar mais as mulheres do que os homens – pois eles simplesmente pegam seus jornais e se trancam no banheiro por meia hora. No entanto, muitas mulheres têm uma manhã agitada, em que preparam seus filhos para irem à escola e saem para trabalhar. Você pode levantar mais cedo ou esperar até que cada um deles saia de casa, mas certifique-se de dar um tempo para o seu corpo funcionar como deve.

Como o intestino trabalha

É muito importante você entender como o intestino funciona para que você arrume o que está errado e, com isso, muitas outras coisas – incluindo a fadiga – podem ser ajeitadas também.

Primeiramente, veja a anatomia básica: o aparelho digestório de um adulto tem aproximadamente 9 metros de comprimento e é um tubo que começa na boca, por onde a comida entra e desce percorrendo um longo caminho até formar as fezes que saem pelo ânus. Há músculos nas paredes do sistema digestório (incluindo o esôfago, o estômago e o intestino) que empurram a comida ao longo do tubo, onde ela é transformada em nutrientes que serão absorvidos pelo corpo. Há outros órgãos, como o fígado e o pâncreas, que também fazem parte do processo digestório.

A digestão é o processo no qual o alimento é transformado em compostos químicos mais simples, que podem ser absorvidos e usados como nutrientes ou eliminados pelo corpo. Esse processo é o que mais consome energia do corpo humano. O alimento é quebrado em moléculas individuais para poderem ser usadas. Nossas células não conseguem absorver nenhum nutriente antes do alimento ser "digerido", ou seja, ser convertido em energia e outros compostos que serão usados. Os nutrientes podem ser absorvidos, caindo na circulação sanguínea, que os distribui pelo corpo. Nós temos muita energia disponível se eliminamos as toxinas. Quando há qualquer tipo de distúrbio no sistema digestório, também há distúrbio na produção de energia.

Quando as pacientes vêm ao meu consultório reclamando de fadiga, eu as surpreendo quando pergunto se elas têm algum problema estomacal. "Sim, eu tenho!", elas dizem. "Como você sabe?". Eu sei porque os problemas estomacais, especialmente os três mais comuns descritos abaixo, podem ser a causa da fadiga.

Disbiose

O intestino humano possui milhares de bactérias, algumas benéficas e outras prejudiciais. A quantidade desses tipos de bactérias pode causar um grande impacto e deixar a pessoa bem ou doente. Quando o intestino está saudável e equilibrado, tudo funciona tranquilamente, há o que se chama *simbiose*. Porém, quando há desequilíbrio entre os tipos de bactérias no trato digestivo, como um supercrescimento de leveduras ou a presença de vírus e parasitas, há o que se chama *disbiose*. Eu descrevo essa situação mostrando que o intestino pode ter visita o tempo todo. Algumas são bem-vindas, outras não. Quando há muitos visitantes indesejáveis, nós temos disbiose.

Alguns sintomas ou avisos de disbiose são:

- Fadiga crônica inexplicável
- Síndrome do intestino gotejante
- Síndrome do intestino irritável
- Acne, eczema e outros problemas de pele
- Mau hálito e gengivite
- Problemas crônicos de levedura e de supercrescimento de cândida (candidíase)
- Refluxo ácido
- Infecções, gripes e resfriados constantes

O desequilíbrio da flora intestinal pode ocorrer devido a várias fontes. Muitos desses microrganismos simplesmente morrem com a idade. O estresse, as doenças e certas medicações diminuem a população dos "caras legais" que vivem dentro de nós. O mesmo acontece com uma dieta pobre.

O primeiro passo para tratar a disbiose é consultar seu médico ou profissional da saúde para determinar quais organismos estão causando o problema, e qual é o melhor tratamento. Para algumas pessoas pode ser necessária a mudança da dieta e do estilo de vida.

Disbiose no Yangtze

Eu e minha família fizemos uma viagem de um mês através de vários países da Ásia oriental. Infelizmente, meu marido passou mal devido a uma intoxicação alimentar no Cazaquistão, perto da fronteira com o Uzbequistão. Eu tentei tratá-lo com antibióticos e técnicas da medicina oriental, mas após muitos dias, ele ainda não estava bem. Nós continuamos a viagem mesmo assim e quando estávamos num barco no rio Yangtze, eu sugeri que ele fosse ver um médico chinês para tentar acupuntura. Meu marido era cético, mas estava tão fraco (ele perdeu quase 15 quilos em um pouco mais de uma semana) que se dispôs a tentar qualquer coisa. Quando o acupunturista enfiou duas agulhas em seus joelhos, meu marido tentou comunicar ao médico, que não falava inglês, que ele estava cometendo um erro, pois ele não tinha problema nos joelhos. De alguma forma, o médico foi capaz de persuadir o meu marido para que ele se acalmasse. O médico inseriu mais duas agulhas na parte inferior do abdômen e, em alguns minutos, a gastroenterite (irritação do sistema gastrointestinal) desapareceu. Na verdade, a infecção do meu marido tinha sido curada pelo antibiótico que eu havia dado, mas uma vez que esse tipo de diarreia começa, o sistema elétrico do corpo fica maluco e você tem uma interrupção da homeostase (equilíbrio) no intestino. A acupuntura apenas consertou a corrente elétrica. Meu marido, que ficou num estado lastimável por mais de uma semana, agora estava curado, se sentindo energizado e rejuvenescido. Eu sempre defendi a acupuntura, mas agora eu sou devota (e meu marido também).

Cândida

Sempre me espanta quando uma paciente com infecções vaginais recorrentes fica surpresa ao descobrir que ela também tem levedura em seu intestino. Se você olhar as causas dessas infecções vaginais, isto fará sentido para você – causas como muita cafeína, sono insuficiente, excesso de consumo de álcool, cigarro, contaminação por metais pesados e muita acidez na dieta, ou seja, uma vida desregrada. Por que essa pequena levedura quer viver somente na vagina quando tem todo o intestino?

Uma forma específica de disbiose é a candidíase, um supercrescimento de fungo que se multiplica no trato intestinal, boca, pele e vagina. Há uma ampla variedade de sintomas que podem incluir fadiga, problemas de concentração, eczema e psoríase. A *Candida albicans* e outras espécies de levedura são normalmente encontradas no corpo, mas começam a se tornar um problema quando há supercrescimento. Nesse caso, o equilíbrio normal de organismos no intestino é interrompido, porque há muitos tipos desses organismos vivendo uns sobre os outros na mesma região. É como nos lugares em que o planejamento urbano é ruim: muitos prédios e nenhum parque.

Em alguns casos, o crescimento de cândida é tanto que pode penetrar na parede do intestino, causando a absorção da levedura e de outras partículas indesejáveis pelo corpo. Isso ativa o sistema imunológico, resultando em fadiga, dor de cabeça, mudanças no humor, memória e concentração fracas, e desejo por doces.

A cândida causa desejo por doces porque essa levedura se multiplica em carboidratos, ou seja, o açúcar mantém a cândida viva e por isso a mensagem enviada ao cérebro é: "Coma-me!", exigindo cada vez mais açúcar. O alto consumo de doces, farinha de trigo e todo tipo de porcarias fazem com que haja um supercrescimento de cândida. Se você já teve infecção de pele – frieira, por exemplo, é uma infecção por levedura – você sabe como é desconfortável. Primeiro começa a inflamar e você quer coçar o tempo todo. O mesmo ocorre dentro do seu corpo quando você tem infecção por levedura.

A cândida também pode ocorrer devido ao uso prolongado de antibióticos, muito consumo de álcool e estresse crônico, os quais suprimem o sistema imunológico. De fato, toda vez que você fica doente, seu sistema imune permanece temporariamente comprometido e a cândida pode facilmente proliferar.

Às vezes, é difícil de diagnosticar a infecção intestinal por cândida. Enquanto a infecção vaginal é de detecção fácil, o supercrescimento no trato gastrointestinal é muitas vezes não reconhecido, pois nem sempre causa inchaço ou diarreia. Quando um paciente tem sintomas como fadiga e confusão mental, o médico não pensa imediatamente em cândida. Porém, há exames que seu médico pode fazer (veja o capítulo 9) para medir a quantidade de cândida no intestino, detectando se os níveis estão elevados.

Se você tem cândida, é provável que tenha de novo. A melhor defesa contra o crescimento de cândida é mudar sua dieta, reduzindo o açúcar. Isso significa limitar bebidas, sucos, pães, massas, doces, bolos, sorvetes etc. Seja cuidadosa ao ler as embalagens dos alimentos, pois muitas vezes há açúcar escondido como em molhos para salada e *ketchup*.

Sua dieta deve incluir proteínas magras e muita fibra, como também temperos que têm ação antifúngica como orégano, tomilho, alho, cebola, alecrim, sálvia e camomila.

Arquivo da Dra. Eva

A Wendy veio até mim por causa de angústia no peito e fadiga. Eu pensei que ela poderia estar na pré-menopausa. Nos meus exames pude observar que ela estava inchada e perguntei sobre seu funcionamento intestinal. Ela me disse que muitas vezes ficava constipada. Todos esses sintomas começaram a me fazer pensar que podia ser cândida. Quando saíram os resultados dos exames, eu pude ver que ela não só estava com candidíase, mas tinha se intoxicado com mercúrio. Na realidade, as pesquisas mostram que há ligação entre intoxicação por metais e infecção por cândida, e que 80% dos indivíduos que apresentam cândida também têm altos níveis de mercúrio no corpo. Quando há sobrecarga de metal tóxico no intestino, há produção extra de muco para bloquear sua absorção pela corrente sanguínea. O problema é que o muco cria um ambiente sem oxigênio, encorajando o aparecimento de bactérias e fungos, como a cândida, que se multiplica sem controle.

A Wendy, nascida em Cingapura, me disse que teve uma severa infecção por cândida há alguns anos, mas nunca fez desintoxicação. Ela comia muito peixe, mas nunca associou seu consumo de peixe com a candidíase. Eu dei a ela uma terapia de quelação oral, usando compostos de aminoácidos para que se ligassem nos metais pesados e os transportassem para fora do corpo, geralmente através da urina. Dei-lhe, também, uma dieta anticândida e suplementos por seis semanas. Todos os seus sintomas melhoraram e a angústia no peito desapareceu.

Síndrome do intestino gotejante

Essa síndrome ocorre quando o revestimento intestinal está enfraquecido ao ponto de seu conteúdo vazar e entrar na corrente sanguínea, causando uma variedade de problemas de saúde, desde fadiga e sensibilidade aos alimentos até erupções na pele e enxaqueca. Embora a causa dessa síndrome não seja realmente conhecida, às vezes tem sido atribuída a alergias, exposição a toxinas (causando a intoxicação do sangue) e dieta pobre.

Os sintomas da síndrome do intestino gotejante podem incluir dor abdominal, azia, fadiga, insônia, inchaço, ansiedade, intolerância ao glúten, desnutrição, cãibras musculares, baixa resistência à atividade física e alergias alimentares. Há muitas recomendações de estilos de vida e dietas, que podem ajudar a melhorar, incluindo:

- Elimine o consumo de álcool durante a fase de cicatrização gastrointestinal.
- Evite completamente o uso de aspirina e de anti-inflamatório.

- Evite constipação – coma muitos alimentos ricos em fibras e beba oito copos de água por dia.
- Controle o estresse (você pode usar *biofeedback* – método que permite à pessoa voluntariamente regular suas reações fisiológicas e emocionais –, respiração profunda, yoga, meditação, dormir bem etc).
- Evite o consumo excessivo de café, chá cafeinado (mate, verde, preto) e refrigerante.
- Consuma frutas orgânicas, legumes, carne bovina e de aves sempre que possível.
- Coma de cinco a nove porções de frutas e legumes diariamente.
- Evite açúcar e adoçantes artificiais. Substitua o açúcar por stevia ou xilitol.
- Coma peixes e alimentos com grandes quantidades de ômega-3, como salmão, cavala e sardinha.

Nem sempre é fácil perceber a relação de várias doenças com seu corpo. A Bonnie, nos seus 45 anos, estava tão fatigada que mal podia se arrastar até meu consultório. Nas últimas duas décadas, ela teve quatro sinusites (inflamação do revestimento interior do nariz) por ano. Constantemente, sentia pressão como, ela mesma disse, "um caminhão sentado em mim". Aquilo significava que ela estava tomando antibióticos por, pelo menos, quatro vezes ao ano. Ela tinha que limpar seu nariz, mas com isso destruiu completamente sua homeostase intestinal. Os antibióticos mataram tanto as bactérias boas quanto as ruins. Sem as bactérias boas, as ruins simplesmente se moveram e assumiram o controle. Por causa disso, ela estava destruindo a parede do seu intestino e desenvolveu a síndrome do intestino gotejante. Nós queríamos encontrar, em primeiro lugar, o que causou a sinusite, então nós testamos vários alimentos para saber se ela era sensível a algum deles. Esses tipos de sensibilidades não causam inflamação no intestino, mas causam inflamação ao longo de toda mucosa – incluindo o nariz e a garganta.

Foi diagnosticado que Bonnie tinha sensibilidade a vários alimentos, principalmente ao Aspergillus, um tipo de fungo encontrado nos vinhos, o que contribuía para o seu inchaço e fadiga. Ela eliminou o vinho e outros alimentos aos quais era sensível, seguindo as recomendações de mudança de estilo de vida e de dieta para a restauração do seu intestino. Ela não está mais fatigada e ocasionalmente sofre de sinusite.

Síndrome do intestino irritável

A melhor descrição de inchaço, um dos sintomas mais comuns da síndrome do intestino irritável (SII), veio de uma paciente minha que disse: "Quando eu ando, sinto como se meu estômago andasse primeiro". Quando as pessoas estão inchadas, qualquer pressão contra o diafragma inibe que elas respirem profundamente, pressionando seus pulmões. Elas sentem como se estivessem carregando um peso morto, o que é exaustivo. Essa síndrome não é fatal, mas pode causar muita fadiga e impacto negativo na qualidade de vida.

Estima-se que a síndrome do intestino irritável afeta entre 10 e 20% da população americana, acometendo, em sua maioria, mulheres entre 20 e 40 anos. Essa é uma das síndromes gastrointestinais mais comuns nos consultórios médicos. Cerca de 12% das visitas aos consultórios, que requerem cuidados primários, são devidas à síndrome do intestino irritável. Ela também é uma das principais causas de faltas ao trabalho nos Estados Unidos, perdendo apenas para o resfriado comum.

A SII é considerada uma síndrome e não uma doença, portanto não há nenhum teste específico para sua detecção, sendo geralmente diagnosticada após outras desordens terem sido descartadas. Os sintomas incluem fadiga, dores abdominais crônicas ou cólicas, grande perturbação no funcionamento do intestino, episódios urgentes de diarreia, episódios urgentes de constipação ou um padrão de alternância entre os dois episódios. Às vezes, você não tem nenhum dos dois e tem somente inchaço.

Um dos maiores gatilhos para o início e exacerbação da SII é o estresse. De fato, acredita-se que essa síndrome é uma interação entre cérebro e trato gastrointestinal. Pense nas vezes em que você enfrentou situações estressantes – falar com um grande número de pessoas, por exemplo, ou antes de um trabalho importante – e de repente teve uma urgência de ir ao banheiro. Frequentemente, as pessoas com SII também sofrem de ansiedade ou depressão. As infecções do trato gastrointestinal, como o crescimento de levedura e/ou esgotamento da flora intestinal benéfica, podem levar à SII.

É necessário compreender que o diagnóstico atual da SII é feito por exclusão. O que significa que, quando todas as outras fontes de dor crônica abdominal, inchaço ou alteração dos hábitos intestinais forem excluídas, então o diagnóstico é de SII.

SII e cálculos biliares

Um estudo particularmente preocupante mostrou que a taxa desnecessária de remoção de cálculos biliares é significativamente alta entre pacientes de SII. Muitos desses pacientes têm cálculos biliares (pequenas pedras que se formam dentro da vesícula). Muitas vezes, esses pacientes – e seus médicos –

assumem que as dores abdominais vêm dessas pedras. Por isso, resolvem removê-las e, só depois que as dores voltam, percebem que não eram as pedras que causavam dor.

Eu tive uma paciente que sofria de dores abdominais crônicas há alguns meses. Ela era jovem e magra, no entanto estava sempre reclamando de cansaço. Ela tinha um trabalho de ritmo acelerado e tinha bastante contato social. Em um esforço para resolver seu desconforto, elas fez uma ultrassonografia. O radiologista disse que ela tinha pedras na vesícula e pediu que ela consultasse o cirurgião. Ao olhar o resultado da ultrassonografia, o médico recomendou que ela fizesse uma cirurgia para remover a fonte das suas dores. Após a operação, o cirurgião chamou-me perplexo e disse que a paciente tinha agenesia da vesícula biliar – ou seja, não havia vesícula. Aparentemente, ela nasceu sem a vesícula, o que ocorre numa pequena minoria da população. Ambos, radiologista e cirurgião, tinham dado um diagnóstico errado da situação. O que eles tinham visto no raio-x dela eram fezes calcificadas que pareciam pedras. A chance de nascer sem vesícula é rara, o que nem passou pela cabeça do médico, colocando em perspectiva o quanto a SII disfarça um grande número de coisas.

As recomendações para tratar a SII são similares ao tratamento da síndrome do intestino gotejante. Contudo, devido à não especificidade da causa, o foco do tratamento é aliviar os sintomas para que você possa viver normalmente, na medida do possível. Em muitos casos, você pode aprender a controlar o estresse, fazer mudanças na sua dieta e no seu estilo de vida para, sucessivamente, controlar os sintomas e sinais da síndrome do intestino irritável. Se seus problemas são mais severos, você pode precisar mais que uma mudança no estilo de vida. Você pode tentar:

- **Elimine alimentos que causam gases:** Se você tem incômodos de estufamento ou muitos gases, seu médico pode sugerir que você corte bebidas gaseificadas, saladas, frutas e legumes crus, principalmente repolho, brócolis e couve-flor.

- **Medicações anticolinérgicas:** Algumas pessoas precisam de remédios que afetam certas atividades do sistema nervoso autônomo (os anticolinérgicos) para aliviar espasmos intestinais dolorosos. Essa medicação pode ser útil às pessoas que têm crises de diarreia e constipação.

- **Medicamentos para constipação:** Há dois remédios, Zelnorm e Amitiza, usados no tratamento de SII, sendo a constipação o problema principal. Esses dois medicamentos são usados para acalmar o estômago, da mesma maneira como o Prozac é usado para tratar depressão e outras condições do cérebro.

- **Medicações antidepressivas:** Se seus sintomas incluem dor ou depressão, seu médico pode recomendar um antidepressivo tricíclico ou um inibidor seletivo de recaptação de serotonina (ISRS). Esses remédios ajudam a aliviar a depressão, assim como inibem a atividade dos neurônios que controlam o intestino.

Uma última razão da SII causar fadiga tem a ver com algo chamado ácido glutâmico, um neurotransmissor excitatório que aumenta o disparo dos neurônios do sistema nervoso central. O ácido glutâmico é convertido em glutamina ou ácido gama-aminobutírico (GABA), dois outros aminoácidos que ajudam a passar mensagens pelo cérebro. O GABA é um calmante natural do cérebro, que é fabricado com aminoácidos e glicose. Muitas vezes, é chamado de "Valium natural", pois quando há muitos neurotransmissores excitatórios acionando o cérebro, o GABA é enviado para acalmar as coisas. Muitos sedativos e tranquilizantes agem reforçando os efeitos do GABA. Quando o intestino torna-se irritado e inflamado, há menos ácido glutâmico disponível, o que significa que a produção de GABA é menor, levando a ânsias dos alimentos, insônia, estresse, inquietação, fome e fadiga. Isso pode ser testado por exame de fezes, sangue ou urina.

TOXINAS EM TODOS OS LUGARES

Pense nos eletrodomésticos, aparelhos e carros que você já teve. Se teve um ar condicionado, já limpou ou trocou o filtro de vez em quando. Também já trocou o óleo do carro para que não fundisse o motor. Manteve seu computador funcionando perfeitamente, sem poeira. Você está constantemente removendo a sujeira, o pó e a lama para manter estas máquinas mais eficientes.

As toxinas são a sujeira, o pó e a lama do seu corpo e podem danificá-lo de várias maneiras. Elas são veneno para as células, perturbando seu metabolismo e interferindo no processo de digestão, e, como a sujeira dentro das máquinas, fazem seu corpo gastar mais energia apenas para funcionar corretamente. Em outras palavras, as toxinas deixam você cansada.

Há três tipos de toxinas que podem causar fadiga:

- **Toxinas internas:** Aparecem do supercrescimento de organismos que estão dentro de nós, como bactérias, leveduras e fungos. As bactérias multiplicam-se com os alimentos que você dá a elas. Se você as alimenta com alimentos frescos e integrais, as bactérias boas crescem. Se você as alimenta com porcarias, as bactérias ruins prosperam e começam a produzir toxinas desagradáveis. As toxinas podem vir das reações metabólicas do corpo (que produzem dióxido de carbono, amônia e hormônios), de alimentos não digeridos e de estresse físico e emocional, incluindo trauma, abuso e relacionamentos amorosos ou amigáveis.

- **Toxinas ambientais:** Nesse ponto, se você vive na Terra, come e respira, está suscetível a ser exposta à variedade de toxinas ambientais. Contudo, você terá maior exposição a essas toxinas se vive nas grandes cidades ou perto de fábricas, se você está exposta aos gases que saem dos escapamentos dos carros, se trabalha numa lavanderia, se mexe muito com produtos de limpeza, se trabalha como pintora e se expõe a solventes, se é jardineira ou paisagista e tem pesticidas ao redor o tempo todo, ou se está exposta a metais pesados como chumbo, mercúrio, arsênico ou cádmio.

- **Toxinas do estilo de vida:** Essas toxinas representam o estilo de vida que escolhemos. Isso inclui nicotina, cafeína, álcool, remédios, drogas, comidas que contêm aditivos, conservantes, hormônios, antibióticos e comidas processadas e refinadas.

O problema não é somente que somos expostos a todas essas toxinas, mas também que as toxinas permanecem no corpo por muitos anos. Muitas invadem o nosso corpo e são solúveis em gordura, o que significa que elas não são eliminadas pelo nosso sistema urinário. Ao invés disso, elas se acumulam nos nossos tecidos e nosso corpo não tem como eliminá-las.

Eu tento explicar às minhas pacientes que dizem, "eu só fumo quando bebo" ou "eu não bebo muito álcool" ou "eu só consumo bebidas cafeinadas antes das três da tarde" que ainda seria muito pouco se elas eliminassem completamente essas opções de estilo de vida. Também é importante lembrar que a idade avançada acumula mais e mais toxinas e que o corpo tem que trabalhar duro para se livrar delas.

Mais razões para comer proteína a cada refeição

Há outra razão para comer mais proteína: ela é rica em uma enzima chamada glutationa, um poderoso antioxidante e um nutriente essencial para o processo de desintoxicação. A glutationa é produzida pelo corpo com os aminoácidos glicina, cisteína e ácido glutâmico, obtidos dos alimentos proteicos.

A glutationa também é encontrada em algumas frutas e legumes, como laranja, morango, tomate, melão, melancia, brócolis, espinafre, aspargo e abobrinha. A alcachofra e o agrião são excelentes, pois oferecem suporte hepático e promovem o processo de desintoxicação.

A DESINTOXICAÇÃO

Quando a Robyn veio ao meu consultório, eu fiquei impressionada com sua beleza – embora ela parecesse um pouco abatida e pálida. Nós conversamos e ela revelou que tinha 27 anos, era modelo e que a profissão possibilitou que conhecesse o mundo. Ela ficou exausta por vários anos, mas acreditava que a causa dos seus problemas era a descompensação horária e as longas horas em frente às câmeras. Ela decidiu ir mais devagar e ficou numa única cidade enquanto se recuperava da fadiga. Apesar da mudança do estilo de vida, não estava melhorando e suas reservas energéticas estavam caindo. Ela começou a ficar preocupada e foi ver seu médico, que a examinou e o resultado dos exames de rotina estava normal.

Porém, ela não estava se sentindo bem e resolveu me ver. Ficou surpresa quando formulei algumas questões e eu me surpreendi com suas respostas. Ela achava normal ir ao banheiro uma vez por semana e se sentir estufada o tempo todo. Havia erupções atrás dos braços, que ela achava normais por ter a pele seca e por viajar muito de avião. Por fim, ela achava normal beber aproximadamente 15 refrigerantes *diet* por dia para deixá-la magra. Ela disse que seu peso tinha subido lentamente, apesar de continuar contando as calorias. Assim, ela compensava tomando mais refrigerante em sua dieta diária.

Quando peguei os resultados do exame de fezes da Robyn, parecia que seu equilíbrio intestinal estava de cabeça para baixo. Ela tinha supercrescimento de organismos no intestino que não deveriam estar lá e não tinha aqueles que deveriam estar. Ela não tinha percebido o caos que todo aquele adoçante artificial dos refrigerantes tinha causado. Eu disse que tinha uma cura simples para ela – desistir dos refrigerantes. Depois de um mês sem refrigerantes *diet* e regime de desintoxicação estrita, as erupções diminuíram, o movimento intestinal aumentou (embora tenha demorado vários meses para tê-lo diariamente), o peso normalizou, o inchaço desapareceu e sua energia começou a aumentar. Ela voltou a trabalhar, a voar por todo o planeta, a *não* beber refrigerante *diet* e a ter contatos de agências como nunca.

Doce mas sem açúcar

A maioria das pessoas do ocidente adora açúcar. Nos países orientais não se usa a quantidade de açúcar que os americanos usam. As pessoas da Ásia não apreciam muito doce, exceto em frutas. No entanto, nos Estados Unidos, as pessoas adoram alimentos e bebidas doces, apesar de saberem que açúcar não faz bem. Portanto, os americanos estão sempre procurando um substituto mágico para o açúcar. Um dos mais difundidos é o aspartame, encontrado em mais de 6.000 alimentos e bebidas. Contudo, estudos recentes mostram que o aspartame causa efeitos colaterais incluindo dor de cabeça, insônia, alteração do humor e problemas gastrointestinais. De fato, um estudo publicado em 2008 no *European Journal of Clinical Nutrition* mostrou que o aspartame podia inibir as enzimas do cérebro de funcionar normalmente e podia levar à neurodegeneração (perda das funções neuronais).

O que faz um amante de doces? Há duas alternativas que podem salvá-lo. Um é a stevia, uma planta da família do crisântemo que cresce como um pequeno arbusto no Paraguai e no Brasil. Não é só um adoçante sem calorias, também é um

> antioxidante. Contudo, o meu adoçante favorito é o xilitol. Ele previne as cáries, por isso é um dos mais usados em chicletes sem açúcar e também em produtos de higiene oral como pastas, comprimidos de flúor e enxaguantes bucais. Os estudos mostram que o xilitol também pode ajudar a controlar as infecções orais por cândida. O xilitol é derivado da casca da árvore de bétula e tem menos calorias que o açúcar. São 9,6 calorias de xilitol para cada colher de chá, contra 15 calorias de açúcar na mesma colher.

O propósito da desintoxicação é limpar o corpo das impurezas internas, que, se prosperarem, podem causar deterioração e doenças. A desintoxicação do corpo restaura a energia física e emocional, aumenta a resistência mental, melhora a digestão, auxilia a perder peso e ajuda a ter uma aparência saudável.

A desintoxicação é o processo metabólico que transforma as toxinas em compostos menos tóxicos ou em substâncias mais facilmente excretáveis. Esse é o método pelo qual o corpo se livra da lama e dos resíduos, que se fossem deixados no corpo, nos tornariam desacelerados e cansados, além de nos fazer mal.

O corpo tem sistemas de filtração, como o intestino, os rins e a pele. Porém, o sistema mais importante é o fígado, que filtra e transforma as toxinas que entraram na circulação sanguínea como substâncias inofensivas, eliminando-as através da urina. Quando há abundância de toxinas, o fígado e os outros sistemas de filtração do corpo têm dificuldade em fazer o trabalho e você acaba tendo indigestão, inchaço estomacal e muitos outros problemas de saúde. O excesso de toxinas também pode causar mudanças hormonais. Você pode terminar tendo um agravamento da

TPM e mesmo uma menopausa prematura. Isso ocorre porque o fígado produz proteínas chamadas globulinas, que são lançadas na corrente sanguínea. Imagine essas proteínas como táxis minúsculos que transportam hormônios aos seus destinos finais. Quando o fígado fica cheio de toxinas, ele as corta para ligá-las nas globulinas, impedindo que os hormônios circulem para onde devem ir. O fígado tenta eliminar as toxinas, que perturbam a ação hormonal, gerando fadiga, energia reduzida, mudanças de humor e enfraquecimento do sistema imunológico.

A melhor maneira para começar a ter seu intestino em forma é através da desintoxicação, um processo que elimina o acúmulo de resíduos e as toxinas do corpo. Muitas pessoas acreditam que o jejum é o melhor método para desintoxicar o corpo. Contudo, os estudos mostram que o jejum esgota os nutrientes essenciais e pode ter muitos efeitos adversos para a saúde, incluindo a diminuição da produção de energia. Outros estudos mostram que o funcionamento eficiente do processo de desintoxicação feito pelo fígado requer proteínas adequadas. Parece, também, que a ingestão de muito carboidrato reduz a eficiência de certas enzimas de desintoxicação. Assim, a maneira de reforçar seu sistema natural de desintoxicação não é parar de comer, mas seguir o programa de solução da fadiga, consumindo mais proteínas e focando em carboidratos saudáveis.

QUESTIONÁRIO DE TOXICIDADE E INFLAMAÇÃO: SINAIS E SINTOMAS GERAIS

A inflamação é a resposta do sistema imunológico contra invasores ou o que ele acha que são invasores. Quanto mais toxinas e substâncias artificiais você colocar no seu sistema digestório, mais inflamação será introduzida.

Uma vez que existem tantos tipos de doenças estomacais, você deveria visitar seu médico, se está com problemas desse tipo, para descartar qualquer distúrbio mais grave. Este questionário identifica os sinais e sintomas que podem ajudar seu médico a tratar a causa subjacente da sua doença relacionada ao sistema gastrointestinal. Responda antes de ir ao médico para que possa descrever melhor seus sintomas durante a consulta (este questionário é usado com a permissão do *Pillars of G.I. Health: Physician Road Map – Pilares da saúde gastrointestinal: roteiro médico,* Produtos Ortomoleculares).

Escala de pontos:
0 = nunca ou quase nunca tem os sintomas
1 = tem ocasionalmente, o efeito não é grave
2 = tem ocasionalmente, o efeito é grave
3 = tem frequentemente, o efeito não é grave
4 = tem frequentemente, o efeito é grave

CABEÇA
___ Dor de cabeça
___ Tonturas
___ Insônia
___ Desmaio
___ TOTAL

OUVIDOS
___ Coceira
___ Zumbido/perda de audição
___ Dor/infecção
___ Secreção
___ TOTAL

OLHOS
___ Bolsas ou manchas escuras sob os olhos
___ Coceira com secreção
___ Pálpebras inchadas, avermelhadas ou pegajosas
___ Visão desfocada ou truncada (excluindo visão de perto ou de longe)
___ TOTAL

NARIZ
___ Entupido
___ Sinusite
___ Espirros constantes
___ Alergias
___ Excesso de muco
___ TOTAL

BOCA/GARGANTA
___ Tosse crônica
___ Dor de garganta, rouquidão, perda da voz
___ Pigarro, necessidade de limpar a garganta
___ Língua, gengivas ou lábios inchados
___ Aftas ou feridas na boca
___ TOTAL

CORAÇÃO
___ Dor no peito
___ Batimentos cardíacos irregulares ou com falhas
___ Batimentos cardíacos acelerados
___ TOTAL

PULMÕES
___ Asma, bronquite
___ Peito congestionado
___ Falta de ar
___ Dificuldade de respirar
___ TOTAL

PELE
___ Acne ou manchas marrons "da idade"
___ Urticárias, erupções, cistos, furúnculos
___ Eczema ou psoríase
___ Odor corporal
___ Excesso de suor
___ TOTAL

ARTICULAÇÕES/MÚSCULOS
___ Dor ou dores nas articulações ou parte inferior das costas
___ Rigidez ou limitação dos movimentos
___ Artrite
___ Dores musculares
___ TOTAL

MENTAL/EMOCIONAL
___ Memória fraca
___ Dificuldade de concentração
___ Mudanças de humor
___ Depressão
___ Ansiedade, medo ou nervosismo
___ Raiva, irritabilidade ou agressividade
___ Insônia
___ TOTAL

NÍVEL DE ENERGIA
___ Fadiga/pouca energia
___ Inquietação
___ Hiperatividade
___ Sensação de fraqueza
___ TOTAL

PESO
___ Abaixo
___ Acima
___ Dificuldade de perder peso
___ Desejo por certos alimentos
___ TOTAL

TRATO DIGESTÓRIO
___ Náusea, vômito
___ Diarreia
___ Constipação
___ Sensação de estufamento
___ Gases
___ Azia
___ Dor intestinal/estomacal
___ TOTAL

OUTROS
___ TPM
___ Resfriados e gripes constantes
___ Sensibilidade a produtos químicos ou ambientais
___ Alergia/sensibilidade a alimentos
___ TOTAL

Por favor, marque o número correspondente a cada item e some o total no espaço indicado. Depois, some todos os totais e marque o resultado no espaço abaixo.

___ TOTAL GERAL

Interpretação do total geral

15 ou menos: Você tem um nível baixo de inflamação
16 a 49: Você tem um nível moderado de inflamação
50 ou mais: Você tem um nível alto de inflamação

PROBIÓTICOS: AS BACTÉRIAS AMIGAS

Uma maneira de ajudar a resolver os problemas intestinais é manter a flora saudável, usando os probióticos, que literalmente significam "pela vida". A Organização Mundial da Saúde (OMS) define os probióticos como "microrganismos vivos, que em doses corretas conferem benefícios à saúde intestinal". Em outras palavras, os probióticos são bactérias vivas parecidas com as bactérias boas encontradas no intestino. Elas vivem em simbiose no intestino, ou seja, têm uma relação de ajuda mútua, em que contribuem na luta contra as bactérias ruins e, em troca, têm um local quente para viver. Há alguns probióticos comuns, como o *Saccharomyces boulardii*, que é uma levedura, ou seja, diferente de bactéria.

Os probióticos trabalham constantemente para ajustar o ambiente intestinal, mantendo o equilíbrio entre as bactérias benéficas e as prejudiciais, com o intuito de prevenir doenças causadas por bactérias que se multiplicam no intestino. Eles restringem o crescimento das bactérias prejudiciais e promovem o crescimento das benéficas, que, por sua vez, melhoram a digestão e absorção de nutrientes.

Frequentemente, existem dois grupos dessas bactérias: *Lactobacillus* ou *Bifidobacterium*. Em cada grupo, há várias espécies, por exemplo, *Lactobacillus acidophilus* (simplesmente conhecida por lactobacilos) e *Bifidobacterium bifidus*. Cada espécie possui variedades diferentes. Alguns probióticos são colônias de bactérias, ou seja, são muito pegajosas e grudam na parede do intestino. Outros, como os da espécie *bulgarica*, são transitórios, ou seja, movem-se através do intestino, varrendo alguns patógenos que podem ser prejudiciais, deixando o cólon saudável. Se você tem qualquer uma dessas bactérias no exame de fezes, isso pode mostrar as diferentes espécies e as quantidades. Dessa forma, você pode substituir exatamente o que você precisa.

Sobre os exames de fezes: há vários tipos de testes. Muitas vezes, as pacientes me dizem que fizeram um "exame completo" com seus médicos. Contudo, o que elas não percebem é que a maioria dos médicos faz o teste padrão, ou seja, eles procuram manifestações de doenças e bactérias, como salmonella, shigella e *Helicobacter pylori* (*H. pylori*), que causam gastrite. Eles não buscam por um largo espectro de microrganismos – bactérias, leveduras e parasitas – que podem viver no nosso corpo. As pacientes vão ao médico e saem de lá sem saber o que realmente há com elas. Eu recomendo fazer um exame de fezes mais abrangente, que detecte um largo espectro. É assim que detectamos organismos que não são letais, mas que afetam nossa qualidade de vida. Assim, quando uma paciente me diz que fez exame de fezes, ela quer dizer que fez o exame padrão.

Existe uma grande variedade de bactérias que habita as diferentes regiões do trato gastrointestinal. Certas espécies digerem açúcar, gorduras ou proteínas. Outras, quebram os carboidratos. Há, ainda, espécies que fabricam vitaminas B e K. As bactérias benéficas ajudam a prevenir o inchaço, os gases e o supercrescimento de leveduras, controlando o pH do intestino. Os probióticos ajudam a equilibrar os hormônios e também a aliviar os sintomas da TPM, da pré-menopausa e da menopausa. É praticamente impossível fazer mal quando se toma muito desse suplemento. De fato, eu recomendo os probióticos como parte do dia a dia e da rotina indefinida. É melhor você tomar probióticos todos os dias do que uma supervitamina.

Como você pode ver, na lista de sintomas para a disbiose, a fadiga está lá em cima. O uso de probióticos é um modo de manter o processo digestivo saudável e eficiente, levando ao combate da fadiga. Qualquer dano causado ao trato digestório afetará visivelmente sua energia, pois você não é capaz de absorver nutrientes importantes dos alimentos, que são seu combustível. Num artigo de 2009, publicado no *Nutrition Journal* (Jornal de Nutrição), até os pacientes com síndrome de fadiga crônica relataram que os probióticos diminuíram os níveis de fadiga.

Os antibióticos e os probióticos

Os antibióticos são usados para matar as bactérias nocivas que causam danos ao corpo. Infelizmente, eles também matam as bactérias benéficas do intestino. Frequentemente, os antibióticos causam diarreia e desequilibram a quantidade de bactérias em seu intestino, causando a multiplicação excessiva de certas bactérias. A diarreia causada pelos antibióticos afeta uma em cinco pessoas que recebem essa medicação. As pesquisas começam a defender o uso de probióticos para restaurar a flora intestinal durante e depois do uso de antibióticos. De fato, em 2008, pesquisas feitas na Faculdade de Medicina Albert Einstein recomendavam que os médicos prescrevessem probióticos junto com antibióticos. Também divulgaram que os efeitos dos probióticos são de curta duração, por isso devem ser tomados ao longo do tratamento com antibióticos. Eles recomendam doses de até 10 bilhões de unidades formadoras de colônia (UFC) por dia, em adultos.

Como escolher um probiótico

Escolher um probiótico pode ser complicado, pois há muitos tipos e muitas dosagens diferentes. Para ter certeza de que está escolhendo um bom probiótico, leia as informações no rótulo do produto, que deve especificar o tipo e a quantidade, ou UFC, de bactérias que existem no produto.

Há dois tipos mais comuns, *Lactobacillus* e *Bifodabacterium*, incluindo a espécie *L. acidophilus*. Um bom lugar para encontrar pesquisas feitas com probióticos é o site www.pubmed.gov.

Existem vários tipos de probióticos, incluindo tabletes para mastigar, cápsulas, pós, líquidos e alimentos como iogurte e bebidas lácteas. A maioria dos especialistas concorda que o tipo não importa, desde que haja organismos vivos o suficiente para começar a se multiplicar no intestino. Infelizmente, os especialistas não concordam na dosagem eficaz e os números variam de 50 milhões a mais de um trilhão de células vivas por dose. A não ser que você esteja com diarréia ou dor abdominal, eu acredito que tomar probiótico a mais é mais benéfico do que tomar a menos. De acordo com a Organização Mundial da Saúde, as embalagens de probióticos devem conter as seguintes informações:

- Linhagem – Qual é o tipo de organismo em cada porção
- UFC – Quantos microrganismos vivos há em cada porção
- Data de validade – Os probióticos não são muito eficientes se o prazo de validade expirou
- Sugestão do tamanho das porções – quanto tomar
- Condições adequadas de armazenamento – precisa de refrigeração? Manter à temperatura ambiente?
- Contato do fabricante – onde você pode obter mais informações

Não há nenhuma norma para facilitar sua escolha de probiótico. A palavra *probiótico* no rótulo não é suficiente para saber se o produto será eficaz para um problema de saúde específico. Não há nenhuma maneira consistente para dizer se você está comprando o produto mais eficaz para o problema que está querendo resolver. A melhor resposta é consultar seu médico ou profissional da saúde para encontrar qual produto é mais recomendado para você. Ou consulte um livro, que pode ser o *NutriSearch Comparative Guide to Nutritional Supplements*, de Lyle MacWilliam, que classifica os suplementos numa escala de zero a cinco de eficácia e de benefícios.

Os probióticos e o iogurte

Uma questão que confunde muitos consumidores diz respeito aos probióticos e ao iogurte. Ao contrário do que é mostrado na TV e na propaganda impressa, que diz que todo iogurte contém culturas ativas vivas, os produtores de iogurtes "probióticos" afirmam que as bactérias dos seus produtos são mais propensas a sobreviver à digestão e permanecerem vivas no cólon. Muitas dessas companhias têm a marca registrada das bactérias que utilizam e acreditam que seus estudos justificam suas reivindicações de superioridade sobre o iogurte regular.

Os especialistas se dividem sobre a questão de saber se o iogurte probiótico é mais eficaz que o iogurte regular, e é preciso mais estudo para comparar os dois. Enquanto isso, a verdade é que qualquer iogurte com culturas vivas pode aliviar alguns incômodos digestivos, o que não significa necessariamente que os produtos rotulados como iogurtes probióticos são superiores. Esses produtos também podem conter outros ingredientes, tais como altos níveis de adoçantes como xarope de milho com muita frutose/ou açúcar. Geralmente, os iogurtes mais comerciais e as bebidas de iogurte têm mais açúcar, por isso você pode preferir o iogurte natural sem adoçante.

Se você já toma suplementos diariamente, pode não querer mais um. Porém, a adição de iogurte na sua dieta pode ser a solução, pois promovem um delicioso café da manhã, especialmente se você não tem muito tempo pela manhã. Adicione um pouco de iogurte sobre algumas frutas ou tente coalhada seca. Você não pode ter uma overdose de probióticos, portanto acrescente só um pouco de suplemento probiótico ao iogurte.

Se você quer se livrar da palavra "F", a melhor coisa é cuidar da saúde do seu intestino. Quando eu explico isso às minhas pacientes, elas muitas vezes querem que eu diga as coisas boas que elas podem comer para manter a saúde. O que eu digo é: "Fique com a abordagem antiga. Pergunte a sua avó o que ela comia e você ficará em forma. Qualquer coisa que foi considerada alimento há 150 anos, geralmente é bom para o nosso corpo hoje em dia".

Mantenha o intestino em forma
DICAS DE REVITALIZAÇÃO

1. **Beba suco de romã:** A romã contém ácido elágico, que protege o organismo de alguns metais tóxicos, promovendo sua excreção. Beba o suco sempre com uma proteína para contrabalançar o açúcar que ele contém.

2. **Aumente a ingestão de fibras:** As fibras promovem a remoção de toxinas excretadas pelo fígado através da bile, além de diminuir a absorção de algumas toxinas. Os alimentos ricos em fibras incluem folhas como espinafre, couve, alface, aspargo, cenoura, abobrinha, brócolis, couve-flor, repolho, couve-de-bruxelas e frutas como maçãs e frutas vermelhas.

3. **Hidrate-se:** A regra básica é beber de seis a oito copos de água por dia. Se você quer algo mais específico, multiplique seu peso por 0,6 e terá a quantidade de água que você precisa diariamente (se você é atleta, multiplique seu peso por 0,75). Não beba tudo de uma vez –

distribua ao longo do dia. Muitos otorrinolaringologistas dizem que beber muita água de uma só vez pode produzir corrimento nasal e faringite (inflamação da garganta, entre as tonsilas e a laringe). Além disso, os estudos mostram que se você beber toda a água de uma vez, não terá o mesmo benefício. Deixe água na mesa, no carro, próximo de você quando estiver vendo TV. Os atletas devem saber que a água é importante para manter os níveis de energia e, sem ela, o desempenho é negativamente afetado. Os estudos mostram que uma pessoa que está menos de 2% desidratada pode ter um declínio de 10% do seu desempenho.

Outra maneira de se manter hidratada e energizada é comer alimentos com alto teor de água, como frutas e legumes. Ignore petiscos secos como *pretzels* e escolha fatias de maçã ou talos de aipo.

4. **Beba chá verde:** O chá verde contém nutrientes à base de plantas chamadas catequinas, um tipo de flavonoide (potente antioxidante produzido por plantas para protegê-las de bactérias, parasitas e danos celulares). Além disso, as catequinas ativam certas enzimas de desintoxicação, sendo inibidoras de câncer. O chá verde também promove o equilíbrio da flora intestinal e do pH, mantendo o bom funcionamento do intestino e ajudando o corpo no processo de desintoxicação. Você não precisa tomar grandes quantidades de chá verde para ter seus benefícios – um copo contém entre 100

e 200 mg de catequinas, o suficiente para contabilizar aproximadamente 90% de seus efeitos benéficos. Não se esqueça da ingestão de água. Tente fazer o que as pessoas fazem na Ásia – elas levam chá quente para onde quer que vão e bebem tudo ao longo do dia.

5. **Frequente uma sauna:** As saunas têm sido usadas ao redor do mundo por séculos para desintoxicar e relaxar. A sauna (um pequeno espaço onde as pessoas sentam ou deitam, em altas temperaturas, para suar) livra seu corpo de toxinas e ajuda a melhorar a circulação. Para ter mais efeito, você deve permanecer na sauna por não mais que 45 minutos. O objetivo é aquecer suficientemente suas células de gordura para que as toxinas estocadas nessas células sejam liberadas através das suas glândulas sudoríparas.

6. **Comece uma dieta anti-inflamatória:** A boa notícia é que a inflamação pode ser reduzida com uma dieta anti-inflamatória.

> Segue abaixo uma lista de alimentos inflamatórios, que devem ser evitados ou pouco escolhidos:

Batatinhas fritas
Biscoitos, bolos etc.
Fast foods
Carnes processadas

Milho
Frituras
Produtos que contém glúten

Esta lista contém os alimentos anti-inflamatórios, que devem ser escolhidos mais vezes:

amêndoas	erva-doce	truta
maçã	linhaça	framboesa
abacate	alho	ruibarbo
manjericão	feijão-verde	alecrim
pimentão	cebola	salmão
groselha-negra	chá verde	sardinha
mirtilos	avelãs	pargo
acelga-chinesa	arenque	espinafre
brócolis	couve-tronchuda	morango
couve-de-bruxelas	kiwi	robalo
repolho	alho-poró	semente de girassol
couve-flor	limão	batata doce
pimenta-de-caiena	hortelã	tomilho
acelga	amora	tomate
pimenta-rosa	azeitona	atum
canela	laranja	açafrão
cravo	orégano	nozes
bacalhau	mamão	peixe branco
couve	salsa	chocolate amargo (com pelo menos 70% de cacau*
abacaxi	abacaxi	
azeite extravirgem		

*O cacau é o fruto do cacaueiro e deve ser processado (fermentado e seco) para a produção de chocolate.

4

Passo 3

Melhore o sono e reduza o estresse

—•◆•—

Várias vezes, eu já tive problemas para dormir e por causa disso aprendi vários truques para meu sono melhorar. Talvez, a lição mais importante foi um lema que aprendi: dar uma chance ao sono. Simplesmente, eu comecei a dar condições para meu corpo dormir. Somos uma nação impaciente, não queremos somente deitar e esperar. Porém, é justamente isso que devemos fazer. Pode até ser clichê, mas tente contar ovelhas ou sapatos ou trevos – conte qualquer coisa que lhe dê prazer. Pessoalmente, eu uso números e conto de trás para frente até 100, repetindo várias vezes até dormir. Esse processo impede que eu pense nas coisas que aconteceram durante o dia ou que poderão acontecer amanhã.

Você nunca teve uma noite agitada, incapaz de dormir, preocupada sobre a falta de sono, perambulando pelo quarto ou tendo somente sonhos em que você está dirigindo um carro sem freio? Você acorda exausta e despreparada para enfrentar o dia? Na noite seguinte, mesmo que você esteja cansada, ainda não consegue se desligar das preocupações?

É o que eu chamo de sono/estresse contínuo, em que o estresse causa a falta de sono e a falta de sono multiplica o estresse. Isso pode ocorrer com todo mundo e, se está acontecendo com você, é um dos piores sugadores de energia que você pode encontrar.

Não fique brava quando as pessoas dizem: "A solução é fácil. Durma mais e evite as situações estressantes". Certo, isso significa que tenho que me demitir, parar de ser mãe, ter clareza nos relacionamentos, nunca pegar trânsito e desistir de qualquer obrigação. Eu poderia ser tentada a fazer isso. Em outras palavras, pare de viver. Francamente, evitar o estresse é impossível. Felizmente, você pode aprender a reduzir o estresse ou a mudar o modo como encara as situações estressantes. Além disso, você pode aprender a melhorar a qualidade e a quantidade de sono, para ter mais energia e conseguir lidar com as surpresas da vida.

MELHORE SEUS HÁBITOS DE SONO

São três da tarde, você está no trabalho, seus pensamentos começam a divagar, seus olhos ficam pesados, suas mãos caem ao lado do corpo e você se sente muito pesada para levantar. Ainda está longe de terminar o serviço e tudo o que você quer é dormir.

O senso comum lhe dirá que todos os conselhos do mundo para você ficar desperta e energizada não vão ajudá-la se você não dormir o suficiente. A verdade é que muitas pessoas não dormem o que precisam. A privação de sono é epidêmica em nossa sociedade. Estudos feitos com animais mostram que isso pode ser fatal e não é diferente com os seres humanos. Há evidências que indicam que a quantidade de sono é o fator mais importante para a produção de energia, a longevidade e a manutenção do peso.

Atualmente, há mais estudos que mostram que não dormir o suficiente aumenta o risco de uma série de doenças, incluindo câncer, doenças cardíacas, diabetes e obesidade. As pessoas que são privadas de sono têm altos níveis de inflamação e alteram seu relógio interno, prejudicando os sistemas endócrino, imunológico e metabólico. O sono melhora o bem-estar, mantendo o funcionamento das glândulas adrenais, que equilibram o peso e as emoções, e reduzem o desejo por doces. Se você não tem, em média, pelo menos, sete horas de sono por dia, está colocando sua saúde em risco.

Estatísticas sobre o sono

Estima-se que entre 50 e 70 milhões de americanos sofrem de desordem crônica de sono. As mulheres têm o dobro de chances dos homens de ter insônia. De acordo com o Centro Nacional de Pesquisa de Desordens do Sono, do Instituto Nacional de Saúde, cerca de 30 a 40% dos adultos dizem ter sintomas de insônia durante o ano, e cerca de 10 a 15% dizem ter insônia crônica. Se você precisa de mais provas sobre o quanto os problemas de sono são comuns, veja uma enquete sobre o *Sono na América* feita em 2009 pela Fundação Nacional do Sono, em que as probabilidades de um adulto ter dificuldade para dormir, pelo menos algumas noites por semana, são de um em 3,45, e um a cada 6,25 adultos tem dificuldade de dormir todas as noites ou quase toda noite.

Responda às questões a seguir e descubra se você está privada de sono:

- Você leva mais de 15 minutos para pegar no sono à noite?
- Você acorda durante a noite?
- Você precisa de despertador para acordar?
- Você dorme menos de oito horas por dia?

- Você acorda grogue e mal-humorada, ao invés de renovada e alerta?
- Há dias em que você não consegue sair da cama?
- Às vezes, você não consegue se concentrar?
- A letargia arruína sua capacidade de trabalhar?

Se você respondeu "sim" às questões, a fadiga pode ser a condição debilitante. Isso pode resultar em perda do apetite e da resistência imunológica, contribuindo para a baixa auto-estima. Você pode estar com alterações de energia, que foram atribuídas ao trabalho excessivo ou à idade.

Dormir é essencial para manter a saúde e a vitalidade, restaurando e rejuvenescendo seu corpo. Bastam apenas algumas noites sem qualidade de sono para você ficar cansada, confusa, letárgica e mal-humorada. Quando não dormimos bem, o mundo fica embaçado. Por outro lado, um sono reparador configura o cérebro de energia e otimismo.

AS GLÂNDULAS ADRENAIS, O CORTISOL, O SONO E O ESTRESSE

Antes de dar mais sugestões para melhorar seu sono e reduzir seu estresse, eu quero que você compreenda um pouco da biologia que comanda nossa resposta ao estresse e nossa habilidade para ter uma boa noite de sono. Quando há estresse e sono, muitos fatores podem estar envolvidos, tanto externos quanto internos.

A Francine veio ao meu consultório dizendo que estava com problemas hormonais. "Eu acho que estou na pré-menopausa", ela disse. "Eu tenho muita dificuldade para dormir e acho que preciso fazer reposição hormonal." Ela tinha sido minha paciente por quase um ano e eu tinha certeza de que não era esse o problema. Perguntei a ela se tinha acontecido alguma coisa diferente em sua vida nos últimos meses e se ela, de alguma forma, tinha mudado sua rotina. A única coisa que ela falou foi que estava num grande projeto no trabalho e, para aliviar o estresse, ela entrou numa academia para se exercitar por uma hora todos os dias. O único horário que ela poderia fazer era por volta das 8 da noite.

Felizmente para a Francine, isso foi fácil. Eu recomendei a forma natural de terapia hormonal: sugeri que ela dormisse cedo, acordasse cedo e fosse à academia antes do trabalho. Isso daria mais energia para seu projeto e ela não estimularia os hormônios relacionados à produção de energia antes de dormir. A Francine seguiu o meu conselho e agora ela vai à academia às 6 da manhã, para a cama por volta das 10 da noite todos os dias e dorme igual a um bebê. Esperamos que nas próximas páginas você compreenda como uma simples mudança de horário pode trazer efeitos drásticos.

Os fatores externos como comer ou exercitar-se muito tarde da noite podem ser alterados facilmente. Basta um pouco mais de esforço e algumas mudanças no estilo de vida para afetar os fatores internos. O fator interno mais importante se origina nas glândulas adrenais, que produzem um hormônio chamado cortisol. Alterar os fatores externos de sono e estresse (dieta, comportamento e ambiente) pode ter um impacto profundo na função dos fatores internos.

As adrenais são glândulas endócrinas com a forma triangular, que se localizam em cima dos rins. No centro de cada glândula fica a medula, que é rodeada pelo córtex. A medula secreta epinefrina (adrenalina) e norepinefrina (noradrenalina), dois hormônios que estão envolvidos na resposta de luta ou fuga, que aumentam imediatamente os batimentos cardíacos, produzem energia para liberar glicose e aumentam o fluxo sanguíneo para a musculatura esquelética. O córtex produz hormônios (incluindo o cortisol) que regulam o metabolismo, o sistema imunológico e as funções sexuais. A glândula adrenal também libera DHEA-S, um precursor de testosterona.

Quando as adrenais não estão funcionando bem, você pode ter o que se chama de fadiga adrenal, uma condição que se desenvolve após períodos de estresse físico ou emocional muito intenso ou prolongado, quando a superestimulação das glândulas as deixa incapazes de entender as necessidades do corpo.

Alguns dos sintomas da fadiga adrenal incluem:

- Fadiga excessiva ou exaustão
- Acordar cansada mesmo dormindo o suficiente
- Estar sobrecarregada por não lidar com o estresse
- Desejo de comer alimentos salgados e doces
- Sentir-se mais energizada à noite
- Baixa resistência
- Lentidão para se recuperar de lesões, doenças ou estresse
- Dificuldade de concentração
- Má digestão
- Hipotensão consistente
- Extrema sensibilidade ao frio

A conexão de cortisol

Uma das funções mais importantes das adrenais é a produção de cortisol, um hormônio que está envolvido em várias atividades corporais. Dentre outras coisas, o cortisol:

- Regula o metabolismo dos carboidratos, das gorduras e das proteínas
- Regula a pressão sanguínea
- Converte os aminoácidos em glicose (açúcar)
- Promove a liberação de insulina para manter constantes os níveis de açúcar no sangue
- Promove a transformação das gorduras em ácido graxo e glicerol

A finalidade principal do cortisol é quebrar os tecidos do corpo para serem usados como fonte de energia. O cortisol também é chamado de "hormônio do estresse", pois em situações estressantes, ele é lançado no corpo em níveis mais altos. É nessa hora que começa a resposta de luta ou fuga – seu coração começa a bater mais rápido, você tem uma súbita explosão de energia, sua pressão arterial aumenta e seus sentidos parecem de repente mais nítidos do que um minuto antes. Se houver perigo à espreita, você precisa de toda a ajuda que pode ter. Você precisa principalmente de uma oferta prontamente disponível de energia, e esse é o trabalho do cortisol: torná-la disponível para você.

O lançamento de cortisol é projetado para ser uma solução de curto prazo, somente nas situações em que você precisa urgentemente de energia. No entanto, quando os níveis desse hormônio continuam altos por um período de tempo, isso pode causar vários problemas à saúde. Por exemplo, ao invés de nitidez mental, o cortisol elevado por muito tempo pode resultar em um desempenho cognitivo prejudicado. Durante a minha residência (antes dos anos 80), foi padronizada uma mudança para 36 horas. Algumas vezes, eu realmente não dormia durante 48 ou 72 horas. Se fosse uma noite ocupada, não havia tempo para descansar. Eu estava constantemente no limite. As situações de vida e morte eram constantes e, com isso, meu cérebro e meu corpo estavam cheios de adrenalina. Desde então, trabalhar por muitas horas tem sido proibido devido a muitos incidentes e muitos equívocos. Mas, naquelas circunstâncias, mesmo acordada e ativa, como se estivesse no topo da situação, o cérebro não trabalhava mais da maneira que devia. O corpo estava com muita adrenalina, mas os neurotransmissores e outros hormônios não poderiam manter-se e eu me tornava um zumbi. O cortisol elevado também pode resultar em níveis altos de açúcar no sangue, ou hiperglicemia. Outras consequências negativas incluem diminuição da massa muscular e óssea, enfraquecimento do sistema imunológico, aumento da gordura abdominal e, é claro, insônia.

Naturalmente, os picos e quedas de cortisol ocorrem num período de 24 horas, o que faz parte do nosso ritmo circadiano, que é um relógio interno associado com os ciclos externos como dia, noite e mudanças de estação. O hormônio adrenocorticotrófico (ACTH), produzido pela hipófise, atua nas glândulas adrenais e estas liberam cortisol. Quando você está dormindo, o sinal de lançamento está praticamente desativado e normalmente só volta a funcionar entre sete e oito da manhã. Nesse momento, ocorre um forte aumento de cortisol, permanecendo assim a maior parte do dia. Em seguida, no final da tarde, os níveis de cortisol têm um pico novamente e quando você vai dormir, há um decréscimo, atingindo seu ponto mais baixo entre meia-noite e quatro da manhã. Durante esse tempo, o corpo está se recuperando do trabalho duro do dia. Se você não dorme corretamente, o sinal de liberação fica ligado, interrompendo a rotina natural do cortisol, e suas adrenais não têm a chance de se recuperar. É como ter usado cocaína a noite inteira, pois o cortisol é um estimulante, mantendo-a acordada. Quando você dorme pouco, ao acordar o cortisol está abaixo do que deveria e você permanece cansada o dia inteiro.

O cortisol e a quedade açúcar no sangue

Como já mencionei, o cortisol ajuda a regular os níveis de açúcar no sangue. No capítulo 2, eu sugeri que, ao invés de fazer três refeições por dia, nós deveríamos comer a cada três ou quatro horas. Uma das razões para isso é manter o cortisol em seus níveis adequados. Ficar muito tempo sem comer reduz os níveis de açúcar no sangue, estimulando a hipófise a produzir ACTH, que estimula a liberação de cortisol e este faz os níveis de açúcar no sangue voltarem a subir. Quando você tem um padrão de longos intervalos entre as refeições, as adrenais acabam trabalhando mais do que deveriam para acompanhar a demanda do corpo. Outra consequência de ficar muito tempo sem comer é que você tende a consumir mais açúcar e mais carboidrato, hiperestimulando a produção de insulina. Dessa maneira, os níveis de açúcar do sangue têm oscilações entre altos e baixos, acionando novamente o lançamento de cortisol.

Nesse ponto, suas adrenais vão entrar em greve. A "chefe" hipófise grita com elas por dias: "Acelerem a produção. Não, recuem. Não, desliguem. Não, voltem ao trabalho. Mais, mais, nós precisamos mais. Não, esperem, é muito! É muito!" As glândulas adrenais não têm tempo de se recuperar do excesso de trabalho e não podem funcionar eficientemente como deveriam.

Uma das mais sérias consequências da fadiga das adrenais e da queda do açúcar no sangue é que isso pode impedi-la de ter uma boa noite de sono. Quando o açúcar está abaixo do normal durante a noite, o sinal de alarme da hipófise está desligado e você acorda para reabastecer o fornecimento de açúcar.

A boa notícia é que se você seguir a regra de comer a cada três ou quatro horas alimentos que tenham proteína, gorduras e carboidratos complexos, você não experimentará esses altos e baixos níveis de açúcar no sangue, pois as adrenais terão tempo de se recuperar e a produção de cortisol entra no seu ritmo natural. Se você tem problemas para dormir, um lanche saudável antes de deitar pode ajudar. Experimente uma fatia de pão integral com manteiga de amêndoa ou alguns biscoitos integrais com queijo. Isso pode ajudar no que você precisa.

Se você suspeita que tem desequilíbrio nas adrenais ou de cortisol, fale para seu médico sobre o índice de estresse adrenal (IEA), um exame de saliva que mede a produção de vários hormônios adrenais, incluindo o cortisol e o DHE-S, num período de 24 horas. Você pode saber mais sobre esse exame no capítulo 9.

O sono e o hormônio de crescimento

Outro hormônio importante para os padrões de sono é o hormônio de crescimento (HGH), produzido pela hipófise quando somos muito jovens. Ele tem um papel significante na produção de energia, no crescimento dos músculos e tecidos, na função cerebral, no fortalecimento dos ossos, no desenvolvimento metabólico, na comunicação intracelular e na capacidade de cura. Os níveis do hormônio de crescimento aumentam quando dormimos, atingindo um pico durante as primeiras horas. A produção desse hormônio cai drasticamente aos 30 e 40 anos de idade, o que pode ser um fator contribuinte para os distúrbios do sono enquanto envelhecemos. Por outro lado, se nós não dormimos, não liberamos nenhum hormônio de crescimento para fazer os trabalhos de reparação necessários para nos manter saudáveis e energizados.

COMO TER MAIS E MELHOR SONO

Há muitas razões para não dormir. Algumas, como nós vimos, são biológicas e outras são comportamentais. Não presuma que há algo errado com você se não consegue cair no sono imediatamente. Se você tem problemas para dormir, tente algumas dessas dicas e veja se resolvem:

- **Reserve o quarto para sexo e sono:** Você quer que sua mente registre seu quarto como um lugar para somente duas atividades: dormir e fazer amor. Se seu quarto também é para malhar (você tem uma esteira no seu quarto?) ou para trabalhar, será difícil separar as duas atividades quando for hora de dormir. Uma das minhas pacientes, a filha de uma famosa cantora de rock, que morava numa suíte na casa de seu pai, não entendia por que ela estava tendo tantos problemas para dormir. Quando eu disse para ela descrever seu quarto, me disse que tinha instalado recentemente uma barra de *pole dance* e que muitas vezes entretinha seus amigos lá, usando-a para diversão e exercícios. Ela não percebia que, ao fazer isso, estava associando seu quarto com um lugar de atividade, e não com um local para relaxar e deixar o dia para trás. Ela transferiu sua barra para o quarto de baixo e logo estava voltando a desfrutar uma noite repousante de sono.

- **Evite a ingestão de álcool, especialmente antes de dormir:** Embora o álcool possa ajudar você a relaxar, ele interrompe o padrão natural de sono, fazendo você acordar depois de quatro horas de sono, quando o álcool está sendo metabolizado e o efeito sedativo desaparece.

- **Pare de ingerir líquidos duas horas antes de ir dormir:** A ingestão de líquidos pode fazer você querer ir ao banheiro poucas horas depois de deitar e outras vezes durante a madrugada.

- **Limite o consumo de cafeína e açúcar:** Você pode ter vontade de ingerir essas substâncias durante o dia para mantê-la desperta, mas estará derrotando seu propósito, pois a cafeína e o açúcar destroem o ritmo circadiano e deixam você alerta a noite inteira.

- **Evite atividades estimulantes antes de dormir:** De acordo com uma pesquisa feita em 2008 pela Fundação Nacional do Sono, muitas pessoas que fazem atividades estimulantes antes de ir para a cama têm problemas para dormir algumas noites. Verificou-se que 43% dos entrevistados faziam tarefas domésticas, como limpar ou lavar pratos, 33% ficava na internet e 90% assistia à TV (que é uma atividade passiva, mas não é se você assistir a programas violentos ou mesmo ao noticiário). A televisão não é relaxante como dizem. Afinal, ela é projetada para mantê-la acordada assistindo aos programas. Por isso, eu não tenho TV no quarto e nem minhas pacientes. Eu tenho três andares em casa e os quartos ficam no terceiro piso, sem TV. Contudo, minhas filhas transferem os programas da TV para seus computadores e eu tenho que vigiá-las para garantir que tudo esteja desligado antes de deitarem.

- **Se você não consegue dormir, levante:** Não fique se mexendo na cama por mais de 20 ou 30 minutos. Levante e saia do quarto para fazer alguma coisa relaxante, como ouvir música ou ler, até que você sinta sono e volte para o quarto, tentando dormir novamente. Eu tenho pacientes que entram em pânico toda noite porque acham que vão demorar horas para dormir e a sensação de ficar rolando na cama por duas horas gera muita ansiedade. Por isso, é melhor levantar para relaxar e só voltar ao quarto quando estiver com sono.

- **Recupere-se da privação de sono aos finais de semana:** O que fazer se você perde uma hora ou duas de sono? Você pode dormir até tarde aos sábados e domingos, certo? Nem todos concordam com as respostas, mas em 2010 um estudo publicado na revista *Sleep* mostrou que dormir algumas horas extras para "recuperar o sono" faz bem e pode desfazer alguns danos causados pela privação de sono. Por cinco noites seguidas, os participantes do estudo dormiram apenas quatro horas por noite. Em seguida, os estados de alerta e neurocomportamental (o modo como o cérebro afeta as emoções, o comportamento e o aprendizado) foram medidos durante o dia. Todos os participantes sofreram de fadiga e perda da velocidade motora e cognitiva. No sexto dia, cada participante ganhou um período de cerca de dez horas para se recuperar do cansaço. O resultado mostrou que esse sono extra restaurou o neurocomportamento dos participantes, incluindo o estado de alerta e a capacidade de concentração. Contudo, o estudo também mostrou que a maioria dos participantes levou mais de uma noite de dez horas de sono para se recuperar totalmente.

- **Cuide de você:** Muitas vezes, as mulheres cuidam de todos antes de cuidarem de si mesmas, ou seja, elas acordam cedo e dormem tarde. Dê um passo para trás e veja seu estilo de vida. Você pode mudar alguma coisa? Você está se sobrecarregando ao invés de compartilhar as atividades com os membros da família? O que você está fazendo é essencial ou é só um hábito?

Arquivo da Dra. Eva

A Kathleen O. veio me ver dizendo que estava completamente exausta. Eu pedi que ela descrevesse como era um dia típico da sua vida. Ela disse: "Eu levanto aproximadamente às 6 da manhã, preparo o café e o almoço dos meus filhos e levo-os para a escola. Chego em casa entre 7h30 e 8h e volto a dormir por duas horas, depois me preparo para ir trabalhar meio-período."

Eu perguntei: "Por que você volta a dormir?". Ela explicou que só vai dormir bem depois da meia-noite. Eu perguntei por que ela não ia para a cama mais cedo e ela disse que ficava até tarde para se certificar que seu filho de 16 anos havia ido dormir.

Eu achei um pouco estranho seu filho de 16 anos não ter responsabilidade para ir para a cama sozinho. A Kathleen disse que ele fazia natação e não chegava em casa antes das sete da noite. Assim, quando ele chagava, ela ainda tinha que dar o jantar, ajudar na lição de casa e prepará-lo para as provas. Ele não tinha disciplina, por isso a mãe (que era sozinha) sentia que tinha que vigiá-lo, incluindo verificar seu sono. Ela sabia que estava deixando de lado o que precisava, mas seu filho era prioridade. Contudo, ela não percebia o quanto isso afetava seu filho. O que ela pensava ser um problema médico, acabou sendo um problema de gerenciamento de tempo com seu filho. Suas poucas horas de sono foram embaçando seu julgamento sobre o que era melhor para si e para seus filhos.

Muitas mulheres colocam seus filhos em primeiro lugar, mas elas não percebem que, ao fazê-lo, eles não podem amadurecer efetivamente – fazem isso para seus filhos, ou para si mesmas, ou para seu cônjuge, ou às pessoas para quem trabalham. Elas acham que estão fazendo a coisa certa dando tudo de si para seus filhos, mas estão machucando a si próprias e a cada um ao seu redor.

Juntas, a Kathleen e eu fizemos um planejamento para dar mais independência aos seus filhos – eles almoçam na escola e o de 16 anos tem um carro e pode levar o irmão para a escola – e dar-lhe mais tempo para restaurar o sono que precisava. Em poucas semanas, a Kathleen estava se sentindo muito mais energizada e capaz de cuidar melhor de sua família.

Você dorme e respira ao mesmo tempo?

Minha amiga Anna e eu fomos jantar uma noite. Naturalmente, nossa conversa era sobre nossos maridos. A Anna confessou que ela e seu marido tinham argumentado. "Sobre o que?" Eu perguntei. Ela corou, seu pescoço ficou manchado e ela parecia mal ao colocar as palavras para fora. Eu esperava algo terrível. "Aparentemente", ela disse, "Eu ronco."

Por alguma razão, as mulheres ficam muito envergonhadas em admitir que roncam. Talvez, nós vejamos isso como um traço masculino (os homens roncam mais que as mulheres). Roncar não é vergonhoso, mas pode ser um sinal de que você deve se preocupar com alguns dos seus padrões de sono.

Nunca ninguém falou que você ronca? Você dorme por oito horas ou mais e ainda acorda cansada? Alguém já viu você ofegante no meio da noite? Você cai no sono sentado, lendo, assistindo TV ou dirigindo? Você tem problemas crônicos de memória ou concentração? Se você respondeu sim em uma ou mais questões, você pode ter apneia do sono (OSA), uma condição na qual há interrupções repetidas da respiração durante o sono, causando queda nos níveis de oxigênio. A apneia do sono faz você acordar várias vezes à noite e você acaba não descansando o quanto deveria, ficando cansada durante o dia e não funcionando bem. As pessoas com apneia do sono param de respirar repetidamente enquanto dormem, às vezes centenas de vezes durante a noite e muitas vezes por um minuto ou mais. Quando isso acontece, o mecanismo de defesa do corpo se faz sentir e você acorda para pegar o oxigênio que precisa. Esse despertar é tão breve que você normalmente não se lembra. Muitas vezes, as pessoas com apneia do sono acham que dormem muito bem à noite.

Se você tem sono pesado, há uma grande chance de você ter apneia, que normalmente é diagnosticada em homens acima do peso e com pescoço largo. Porém, muitas mulheres sofrem desse mal. A apneia do sono também pode estar relacionada a muitas doenças, incluindo hipertensão, diabetes, doenças cardiovasculares, insuficiência cardíaca e até mesmo morte súbita. As pessoas com apneia do sono também estão sujeitas a doença do refluxo gastroesofágico (DRGE), uma desordem digestiva comumente chamada de azia e causada pelo fluxo de ácido gástrico do estômago para o esôfago. Frequentemente, a apneia do sono ocorre com a idade mais avançada e é muito comum, afetando mais de doze milhões de americanos de acordo com o Instituto Nacional de Saúde.

A apneia do sono ocorre quando os músculos atrás de sua garganta relaxam e restringem ou fecham as vias aéreas quando você respira.

Isso é muito sério e causa fadiga, mas felizmente é facilmente tratável.

Primeiro, você precisa ter o diagnóstico claro de apneia do sono. Isso normalmente é feito num centro especial do sono, onde você fica a noite toda ligada em equipamentos que monitoram as atividades do coração, pulmão e cérebro, os padrões de sono, os movimentos de braços e pernas e os níveis de oxigênio do sangue. Outra maneira de fazer o diagnóstico é através de um dispositivo portátil de monitoração, parecido com a máquina de fixação SNAP que prescrevo no consultório, que seu médico pode fornecer-lhe. Ela mede os batimentos cardíacos, os níveis de oxigênio, o fluxo de ar e os padrões de respiração. O paciente dorme em casa com essa máquina, ao contrário do exame formal de apneia do sono. Se os resultados forem anormais, seu médico pode prescrever um tratamento específico ou recomendar que você vá a algum centro especializado para uma nova avaliação.

Um dos tratamentos mais comuns de apneia do sono é emagrecer e essa é a primeira sugestão dos médicos. A obesidade expande o tórax com maior dificuldade, tornando a respiração mais difícil devido à gordura dificultar a movimentação do diafragma.

Se o paciente não pode perder peso, a prescrição pode ser uma máquina nasal de pressão de ar positiva e contínua (CPAP), que mede a pressão de ar através da máscara acoplada ao nariz enquanto você dorme, mantendo as vias aéreas superiores abertas. Isso é eficiente, mas o aparelho é pesado e algumas pessoas acham seu uso desconfortável. Há outros tipos de aparelhos que podem ser usados e dispositivos disponíveis com seu dentista. Pode ser que você tenha um pouco de trabalho para encontrar o aparelho adequado a você. Em muitos casos, a melhor opção é a cirurgia.

Muitas das minhas pacientes me dizem que querem tentar mudar de estilo de vida antes de usarem CPAP ou aparelhos dentários. Nesse caso, eu recomendo:

- **Evitar bebidas alcoólicas e tranquilizantes:** Essas substâncias relaxam a musculatura atrás da garganta, interferindo na respiração. Relaxar demais os músculos respiratórios aumenta o ronco e a possibilidade de paralisação da respiração.

- **Pare de fumar:** Outro motivo para você largar esse vício! O cigarro tende a congestionar as vias aéreas superiores, além de irritar o sistema respiratório.

- **Tente dormir de lado:** Deitar de costas pode fazer sua língua descansar no palato mole, contra a parte de trás da garganta, bloqueando a passagem de ar. Veja um bom truque: se você começar a dormir de lado, mas perceber que rolou e acabou de costas novamente no meio da noite, anexe uma bolinha de borracha na parte traseira do seu pijama ou camisola.

Os remédios para dormir

Quando eu estava passando pelo meu próprio ataque de fadiga, também não conseguia dormir. Meu padrão de sono estava completamente desligado. Após vários exames, descobri que tinha deficiência de magnésio e vitaminas B1, B2 e B12. Portanto, comecei a tomar suplementos para resolver o problema, mas até que eles fizessem efeito tive que ter ajuda para dormir. Eu escolhi um remédio para dormir chamado *Lunesta*, que não causa dependência e, segundo a FDA (agência americana que controla alimentos e medicamentos), pode ser tomado diariamente por um ano sem consequências. Na minha opinião, você não precisa ser um "herói" e não dormir até que a química do seu corpo volte ao normal. Muitas vezes, você entra num ciclo doentio que a impede de dormir e, se você consegue mudar isso tomando remédio, seu corpo conseguirá se redefinir e você lentamente poderá tirar o remédio, voltando a dormir naturalmente. Se o estilo de vida muda e os remédios naturais (como os listados na próxima seção) não funcionam, eu recomendo que minhas pacientes passem por um tratamento de curto prazo com remédios para dormir que eu prescrevo, como *Sonata*, *Lunesta* ou *Ambien*.

As vitaminas e os remédios naturais para dormir

Há uma variedade de vitaminas e suplementos naturais que não são tão eficientes quanto os remédios para dormir, mas podem – juntamente com as recomendações dadas anteriormente – ajudar você a ter uma boa noite de sono. Lembre-se, devido aos efeitos colaterais e interações com outros remédios, você deve consultar seu médico antes de tomar suplementos diários. Alguns suplementos são:

- **Suplementos para a fadiga adrenal:** Esses compostos desempenham um papel importante na saúde das glândulas adrenais. Os ingredientes incluem a esquisandra, uma planta adaptógena muito usada na medicina chinesa. Ela equilibra as adrenais e provoca uma sensação de bem-estar. A rhodiola também é considerada uma planta adaptógena e tem sido usada por séculos na Rússia para tratar fadiga e estresse, além de estimular o sistema imunológico. O ginseng siberiano é usado para aumentar os níveis de energia, diminuir a fadiga e melhorar a saúde do sistema imunológico. A raiz do alcaçuz tem uma longa história de uso, incluindo a saúde das adrenais, pois aumenta a meia-vida do cortisol endógeno.

- **Magnésio:** É um mineral antiestresse, pois tem efeito calmante no sistema nervoso. Embora algumas mulheres tenham tido diarreia como efeito colateral, o magnésio ajuda a maioria das minhas pacientes que reclamam de constipação. Os alimentos que têm alta concentração de magnésio incluem: alfafa, maçã, damasco, abacate, banana, feijão fradinho, melaço, arroz integral, melão, pimentão, figo, alho, toranja, vegetais folhosos, limão, feijão, castanhas, salsinha, pêssego e grãos integrais.

- **Inositol:** É um composto que promove o relaxamento, mantém o metabolismo da serotonina, promove o bem-estar cerebral e a produção do hormônio feminino, assegurando o bom funcionamento do fígado. Faz parte da família de vitaminas do complexo B e é usado no tratamento de ansiedade e síndrome do pânico.

- **Vitaminas B:** A insônia pode ser causada pela deficiência de vitaminas B e o que pode ajudar a reverter esse quadro é o consumo de alimentos ricos em vitaminas B6 (carnes vermelhas, fígado, peixe, leite e ovos), B12 (carnes vermelhas, fígado, peixe, leite e ovos) e B5 (também chamada de ácido pantotênico, pode ser encontrada em leite e derivados, carne bovina, frango etc).

- **5-HTP natural:** É um aminoácido natural e precursor de serotonina, um neurotransmissor cerebral de relaxamento. Um estudo norueguês mostrou que o 5-HTP pode afetar o padrão de sono devido ao aumento de serotonina, que é necessária para dormir, pois estimula a produção de melatonina, um hormônio que regula o ciclo sono-vigília. Os estudos também mostram que o 5-HTP, ao aumentar os níveis de serotonina, pode melhorar a qualidade do sono devido ao prolongamento dos estágios REM (um período mentalmente ativo em que sonhamos e mexemos rapidamente os olhos) e não REM sem aumentar o tempo total de sono.

- **Triptofano:** É um composto conhecido por nos deixar com sono após uma boa refeição. O peru é uma fonte excelente de triptofano. Ele é um aminoácido e sua principal função é produzir serotonina. É encontrado em alimentos como abacate, leite, queijo *cottage*, castanhas, banana, carne magra, atum, frutos do mar e, é claro, peru.

- **Melatonina:** Embora este seja um dos suplementos para dormir mais conhecidos, não é um dos meus favoritos. A melatonina é um hormônio secretado pela hipófise e que ajuda a regular outros hormônios, mantendo o ritmo circadiano do corpo (por isso, tem a reputação de reduzir a descompensação horária). Quando as luzes se apagam, começa a produção de melatonina. Contudo, se você acorda à noite para ir ao banheiro e acende a luz, você desliga o sinal de melatonina, o que explica por que, muitas vezes, é tão difícil voltar a dormir.

Por muitas razões, eu não recomendo a melatonina. Primeiro, a melatonina é um hormônio e pode afetar muitos processos internos de corpo. Segundo, atualmente há evidências de que tomar suplementos de melatonina ajuda a pegar no sono significativamente mais rápido e você pode dormir mais. Isso indica que esse suplemento só faz você dormir se seus níveis de melatonina estiverem baixos, o que significa que pode funcionar melhor se você for idosa, pois a melatonina diminui com a idade. Se você optar por tomar esse suplemento, os efeitos colaterais incluem sonolência durante o dia, tontura, dor de cabeça, desconforto abdominal, confusão, sonambulismo e pesadelos. A melatonina também pode interagir com vários medicamentos, incluindo:

- Anticoagulantes (medicações que afinam o sangue)
- Imunossupressores (remédios que diminuem a resposta imunológica normal do corpo, por exemplo, as medicações dadas após um transplante para evitar rejeição)
- Remédios para diabetes
- Pílulas anticoncepcionais

Meu argumento mais forte contra a melatonina é para as mulheres menstruadas. A melatonina pode afetar a prolactina, um hormônio que estimula as glândulas mamárias a produzir leite. A prolactina pode afetar a tireoide, assim como a produção de estrogênio e progesterona. É por isso que eu não sou fã de indicá-la às mulheres menstruadas. Eu não tenho tanta preocupação sobre isso em relação às mulheres que estão na menopausa.

Alguns estudos mostram que pode ser prejudicial tomar melatonina por períodos maiores que dois meses, e não há consenso sobre a melhor dose de melatonina. Se você toma esse suplemento, certifique-se de que é feito com ingredientes artificiais e não de animais. A melatonina animal pode conter vírus e outros contaminantes.

REDUZA SEU ESTRESSE

Está difícil para você se acalmar e relaxar?
Você está tensa e irritada a maior parte do tempo? Argumentativa?
Você tem indigestão, diarreia ou constipação?
Seu apetite diminuiu?
Você tem problemas para dormir?
Você tem pesadelos?
Você se sente dolorida, principalmente nas costas, pescoço e ombros?
Você tem batimentos rápidos ou irregulares? Ataques de ansiedade?
Seu peso está mudando repentinamente?
Você está com diminuição da libido?

Se você respondeu "sim" para essas questões, pode ser que esteja estressada. Tecnicamente, o estresse é uma interrupção da homeostase, que é a capacidade de manter as condições estáveis. Normalmente, o estresse é visto como uma coisa negativa, mas pode ser aplicado a situações positivas, por exemplo, as surpresas maravilhosas, paixão ou competições artísticas e atléticas. O estresse é qualquer coisa que perturba seu equilíbrio, e pode ser bom ou ruim.

Muitas vezes, o estresse é subjetivo, ou seja, o que é estressante para uma pessoa pode ser estimulante para outra. Eu adoro esquiar em alta velocidade montanha abaixo e para mim é muito emocionante. Para você, isso pode ser algo a ser evitado a qualquer custo.

Há o "bom" estresse e o "mal" estresse. O bom geralmente refere-se a experiências curtas que uma pessoa pode dominar, sendo carregado de alegria e realização (passar numa prova, andar numa montanha-russa). Algumas pessoas têm mais energia e adrenalina nessas situações, sentindo-se no limite e no topo de suas vidas. O mal estresse é muito longo e recorrente, emocionalmente cansativo e fisiologicamente perigoso (cuidar de alguém com doença crônica ou a despedida de um trabalho de anos). Não há controle e pode facilmente se tornar perigoso, chegando a ser destrutivo para a mente e o corpo.

Qualquer que seja o estresse, você pode ter muitas reações fisiológicas, que se desenvolveram evolutivamente como parte da nossa luta pela sobrevivência. Com isso, a resposta de lutar ou fugir parece tão familiar que nos ensinou geneticamente o medo de tigres dente-de-sabre e de ursos. Temos essa genética e vivemos no século XXI. O urso foi substituído pela carga de trabalho de 24 horas por dia e sete dias da semana, com muitas coisas ao mesmo tempo e sem um período de relaxamento ou sono. O estresse atual tornou-se mais complicado que antes. Nós não somos mais ameaçados por animais selvagens diariamente, mas somos inundados a cada momento pelo noticiário instantâneo de todo o mundo, preocupando-nos não apenas com a nossa sobrevivência e de nossa família, mas também com a sobrevivência do planeta.

Normalmente, se você está enfrentando uma situação estressante, seu corpo entra em estado de alerta e retorna ao normal assim que essa situação tenha acabado.

Porém, nosso corpo não sabe a diferença entre a ameaça de um animal selvagem e a ameaça do vencimento de um prazo. A resposta ao estresse é a mesma em ambas as situações. Desse modo, o que acontece com você quando enfrenta esse estresse moderno que nos acompanhará o dia todo e também à noite? Muitas vezes, o corpo gasta as reservas energéticas e se esgota.

Fontes de estresse crônico*

Mental e emocional	Dano tecidual/ inflamação/dor	Desequilíbrio glicêmico	Outros
raiva	cirurgia	pular refeições	privação do sono
preocupação	trauma	ingestão de muito carboidrato	temperaturas extremas
medo	lesão	dietas de baixas calorias	excesso de atividade física
luto	infecções	alcoolismo	doenças crônicas
amargura	alergias	deficiências nutricionais	poluição sonora
desesperança	sensibilidade a alimentos		cafeína ou abuso de drogas e medicamentos
culpa	doença de Crohn		
depressão	colites		
ansiedade	doença celíaca		
desempenho no trabalho	artrites		
pressão financeira	toxinas: metais pesados, mofos, substâncias químicas		
conflitos nos relacionamentos			

*Com a autorização de Physician Road Map: Interpretive Guide and Suggested Protocols for the A.R.K. Adrenal Stress Profile, Produtos ortomoleculares. (Roteiro médico: Guia interpretativo e protocolos sugeridos por A.R.K – kit de recuperação adrenal – perfil de estresse adrenal).

As glândulas adrenais voltam à ação

O estresse começa no cérebro. Se há algo "lá fora" que pode ser percebido como perigoso (é como ter uma tocha perto de combustível) ou excitante (como andar de moto pela primeira vez), seu cérebro sente a situação e envia um sinal para as adrenais liberarem o hormônio adrenalina, que estimula a liberação de glicose no sangue, aumentando os batimentos cardíacos e a pressão arterial (entre outras coisas). Ao mesmo tempo, o hipotálamo (centro de regulação hormonal) envia uma mensagem para a hipófise, que estimula o córtex adrenal a produzir cortisol.

Dessa forma, você tem adrenalina e cortisol circulando pelo seu cérebro, tentando ajudar você a lidar com situações de vida e morte – mesmo que na realidade você esteja tentando lidar com o computador que trava e destrói seu trabalho. Esses hormônios de estresse podem permanecer no seu sistema muito tempo após o término da situação estressante. Se o cérebro fica carregado com esses hormônios, ele pode literalmente excitar as células até a morte. Por isso, é tão importante aprender a lidar com o estresse em nossas vidas, sendo ele pequeno ou grande, físico ou emocional, para que não cheguemos ao ponto de ficar com fadiga crônica e muita exaustão.

Estresse x muito estresse
Encontre maneiras de aliviar o estresse

O estresse é diferente para cada pessoa e a mesma pessoa pode reagir ao estresse de diferentes maneiras em horários diversos. Você pode ficar calmo com um problema, mesmo que seu chefe esteja gritando com você por algo que não foi culpa sua, e cair aos prantos se seu filho estiver com o nariz sangrando. O estresse faz parte da vida. De fato, a resposta ao estresse (a reação de luta ou fuga e as mudanças fisiológicas mencionadas anteriormente) existe em todas as espécies, em todas as culturas e em todos os indivíduos. Você não pode fazer o estresse desaparecer, mas pode aprender a lidar com ele para amenizar as consequências prejudiciais.

Aliviar o estresse é um dos fatores mais importantes para ter uma vida longa, produtiva e saudável. O estresse pode causar ou agravar situações como obesidade, inflamação, pressão alta, redução do fluxo sanguíneo, alergias, sensibilidade a toxinas ambientais, problemas cognitivos e privação de sono. Também pode causar ou agravar sintomas como dor de cabeça, dores no pescoço, nas costas e no estômago, aceleração dos batimentos cardíacos, má circulação, disfunção sexual, pânico ou ansiedade, depressão e algumas formas de artrite. Além disso, o estresse pode prejudicar o estado geral de saúde, o sistema imunológico, a pele, o peso, o desempenho e os níveis de energia.

Simplesmente, o estresse pode fazer você ficar velho antes do tempo. Em 2004, foi feito um estudo em São Francisco para analisar profundamente o DNA de mães estressadas, que tinham filhos com doenças crônicas. Nesse estudo, o foco estava nos telômeros, região localizada nas extremidades do DNA que o protege de danos. Normalmente, o telômero encurta com a idade, até que a célula morre. Esse é um dos motivos da perda da acuidade visual, da visão e da força muscular quando envelhecemos. Pois então, o estudo de 2004 mostrou que o estresse tem um efeito parecido ao do envelhecimento natural, pois encurtou os telômeros das mães, deixando-as mais envelhecidas. As mulheres com altos níveis de estresse apresentam os telômeros mais curtos, o que equivale a pelo menos uma década de envelhecimento adicional em comparação às mulheres com baixos níveis de estresse. A boa notícia é que muitas mães que foram capazes de lidar melhor com o estresse – encontrando maneiras de manter uma atitude positiva – não tiveram os mesmos danos em seus telômeros.

Com a idade, os telômeros ficam mais curtos, mas esse processo pode ser acelerado de acordo com seu estilo de vida – estresse, medicamentos, falta de atividade física etc. Há uma predisposição genética para o tempo de encurtamento dos telômeros, mas, além disso, tem-se alguns fatores como hormônio de crescimento, estrogênio, testosterona e antioxidantes, que podem diminuir a taxa de encurtamento. Você não precisa deixar o estresse estragar sua saúde e seu fornecimento de energia. Enquanto você não pode sempre ser capaz de reduzir a quantidade de estresse, há inúmeras ferramentas disponíveis para mantê-lo sob controle:

- **Use a música para reduzir o estresse:** Um estudo feito no Centro Médico da Universidade de Maryland mostrou que a música é excelente para reduzir o estresse, seja tocando um instrumento ou simplesmente ouvindo um som. A música estimula a liberação de neurotransmissores no cérebro, que relaxam as paredes dos vasos sanguíneos, aumentando o fluxo de sangue e estabilizando a frequência cardíaca. A música também acalma sua mente devido à liberação de endorfina, hormônio que faz você se "sentir bem", deixando-a feliz e contente. Eu ficava brava com minha filha quando ela fazia lição ouvindo hip hop de fundo, mas não me importaria se fosse música clássica. Contudo, o estudo mostrou que não importa o tipo de música – rock, hip hop, country, pop ou clássico –, mas variar as seleções. Ouvir a mesma música repetidas vezes reduz o efeito calmante.

- **Medite:** A meditação é o caminho para "você mesma". Tente aquietar a mente e "pensar" no mais profundo estágio de relaxamento ou consciência. Você pode conseguir isso de muitas maneiras. Comece sentando no chão com as pernas cruzadas ou numa cadeira com os pés no chão, deixando a coluna reta, fechando os olhos e focando na sua respiração. A meditação transcendental envolve o uso do mantra, que é uma palavra ou frase, ou uma série de sons pronunciados ou cantados várias vezes. Simplesmente, você repete o mantra muitas vezes e deixa seus pensamentos de lado. Isso pode elevar o humor de muitas pessoas. Uma das razões da meditação é que ela redireciona o cérebro das preocupações e interrompe a resposta ao estresse.

- **Faça uma massagem:** Outro jeito de interromper a resposta ao estresse é desfrutar de uma massagem. De fato, alguns estudos mostram que a massagem diminui os níveis de cortisol. Há muitos tipos de massagens. As mais conhecidas são a sueca, tailandesa, do tecido conjuntivo, com pedras quentes e *shiatsu*.

  A massagem é um dos métodos mais antigos e simples de terapia, sendo um sistema de carícias, que pressiona e amassa várias áreas do corpo para aliviar a dor, relaxar e estimular o tônus muscular. Há estudos que mostram que a massagem é fundamental para as pessoas que estão sob muito estresse, pois diminui a ansiedade e acalma a respiração. Os bebês prematuros e os recém-nascidos que são massageados ganham mais peso e se desenvolvem mais rápido do que os bebês que não são. A massagem também causa efeitos no desempenho do sistema imunológico. As pesquisas mostram que as pessoas que trabalham em escritório, e que recebem massagens regularmente, ficam mais alertas e produzem mais do que as que não recebem. As massagens equilibram os batimentos cardíacos, diminuem a pressão sanguínea, relaxam os músculos, aumentam a amplitude dos movimentos, diminuem a ansiedade e aumentam a quantidade de endorfina (responsável por você se sentir tão bem depois da massagem). Quando eu estava no leste da Ásia, vi um tipo de massagem muito comum por lá, a massagem nos pés. As pessoas acreditavam que a fadiga vinha dos pés, a parte mais importante do corpo. Primeiro, eles colocam seus pés na água quente e depois começam a esfregá-los com óleos, encaixando os dedos dos pés por cerca de uma hora e meia. Mesmo que a massagem seja somente nos pés, você se sente ótima depois.

- **Faça uma lipomassagem:** Esse tipo de massagem é profundo e recomendado para suavizar celulite e reduzir centímetros. A máquina de lipomassagem usa rolos e vácuo para massagear profundamente as áreas afetadas e aumentar a circulação, estimulando as células de gordura e certos neurorreceptores para desencadear a liberação da gordura presa, tanto para baixo quanto para a terceira camada da pele. Também estimula o tecido conjuntivo, ajudando a restaurar a textura da pele, pois desmancha os grumos de gordura, suavizando a aparência da pele. Após a sessão de lipomassagem, você sentirá um aumento de energia e uma sensação geral de relaxamento. Pessoalmente, eu faço lipomassagem não somente para ficar esbelta e energizada, mas para encarar o esqui dos finais de semana. A primeira coisa que faço às segundas de manhã é minha lipomassagem, pois é a massagem de tecido profundo mais desintoxicante que eu já fiz.

- **Relaxe com acupuntura:** Pode parecer estranho relaxar enquanto alguém está furando agulhas em sua pele, mas é justamente isso o que acontece há mais de 5.000 anos na China. O meu marido aprendeu no Yangtze que a acupuntura estimula a capacidade do corpo de se curar. A medicina tradicional chinesa é holística e trata a pessoa como um todo – mentalmente, fisicamente e emocionalmente. Ela vê o corpo humano como um complexo circuito elétrico, que deve manter-se em bom estado para funcionar de uma forma eficaz. Se o circuito se parte, o resultado é a doença. Essa desagregação leva ao bloqueio no fluxo do *chi* (que significa energia vital) ao longo de percursos conhecidos como meridianos, e inserir as agulhas de acupuntura permite que o *chi* flua novamente. A visão da medicina oriental é que a acupuntura produz seus efeitos principalmente pela regulação do sistema nervoso, ajudando o corpo a liberar endorfina e outros neurotransmissores e neuro-hormônios. Isso afeta as partes do sistema nervoso central relacionadas com as sensações e as funções involuntárias do corpo, como as reações imunológicas, os processos que regulam a pressão sanguínea, o fluxo de sangue e a temperatura. A Organização Mundial da Saúde identificou mais de 40 doenças tratadas com sucesso com acupuntura, incluindo eczema, dor de cabeça, TPM, desordens imunológicas, dor nas costas, constipação, síndrome do intestino irritável, ansiedade, depressão, insônia e estresse.

- **Visite um quiropraxista:** A quiropraxia é a restauração e a estabilidade da coluna vertebral. Ao relaxar a tensão da coluna, os músculos podem ficar relaxados, aliviando a dor associada a um problema nas costas ou no pescoço. O propósito da quiropraxia é reduzir o estresse e restaurar os percursos do nervo danificado, fazendo seu cérebro "falar" com todas as partes do seu corpo, ajudando você a atingir o seu potencial máximo. O termo *quiropraxia* significa literalmente "através das mãos", que é, provavelmente, sua função mais importante, de acordo com a quiropraxista de Los Angeles Shelly Bosten: "porque é com as mãos. Nós todos precisamos do toque humano de alguém em quem confiamos". Parte do trabalho dela é formar relações de confiança com seus pacientes. "Você tem que aprender a confiar em pessoas adequadas", ela disse. "Quando você não confia, seu cérebro é constantemente estimulado e você não consegue relaxar ou ter paz interior. As glândulas adrenais e todo o sistema endócrino ficam sobrecarregados e seu corpo se fecha, criando interferência com seus nervos e sistema circulatório. Seu corpo não funciona apropriadamente a menos que você relaxe."

- **Revigore-se com aromaterapia:** Essa técnica usa óleos essenciais concentrados de várias plantas terapêuticas, principalmente para aliviar dores, estresse, náuseas e ansiedade. Você pode adicionar algumas gotas de óleo no banho ou em queimadores em anel para lâmpadas (um recipiente de cerâmica ou metal em forma de anel para ser acoplado a uma lâmpada). Você pode comprar vaporizadores elétricos, que dispersam uma névoa fina do perfume por todo o quarto, ou você pode pingar algumas gotas num borrifador com água e fazer seu próprio vaporizador. Embora existam muitos óleos essenciais que podem ser usados para ajudar a relaxar ou fazer você dormir mais facilmente, há poucos que realmente são bons para essas finalidades. Dentre os bons incluem-se lavanda, camomila, mexerica, sândalo e limão. Se você procurar por perfumes que ajudem a energizar, tente eucalipto, hortelã, alecrim, jasmim ou canela.

Estressada e comendo

Quando você está sob estresse, sempre se confronta em debate com ovos e frango e chega à conclusão: o estresse influencia o tipo de alimento que você come e vice-versa. Você já deve ter ficado com mais apetite em momentos estressantes e quando isso ocorre pode ser uma indicação de que você está com hiperglicemia, o mesmo que muito açúcar no sangue. Nesse caso, os níveis de cortisol podem estar altos e o corpo queima o combustível disponível no alimento que está sendo ingerido, ao invés de acessar corretamente a gordura armazenada. Quando isso ocorre, você tenta manter-se energizada comendo açúcar e carboidrato.

Por outro lado, o estresse pode fazer você comer com menos frequência, mas com refeições maiores. Isso é um sinal de que o estresse está deixando a tireoide e as adrenais lentas, diminuindo sua atividade metabólica. Dessa maneira, você pode querer consumir açúcar e café para se manter disposta.

Qualquer que seja sua reação, o estresse, baseado em comida ou não, causa distúrbios nas taxas do hormônio colecistoquinina (CCK), responsável por enviar sinais para o cérebro, fazendo você se sentir satisfeita. Porém, quando você está estressada, tende a comer mais rápido, fazendo o CCK não ter tempo de avisar o cérebro. Com isso, você se conforta e continua comendo – principalmente alimentos ricos em gordura e/ou carboidratos, devorando-os em poucos minutos. O seu sistema de parar está desregulado e você come até passar do ponto de se sentir satisfeito e passa a se sentir estufado.

Os carboidratos também aumentam o nível de serotonina, o que, normalmente, é bom, pois a serotonina nos faz sentir bem e nos ajuda a lidar com o estresse. Dessa maneira, muitas pessoas consomem muito carboidrato para ter essa sensação boa (principalmente doces, massas, batatinhas fritas, que são alimentos ricos em carboidratos e gorduras). Infelizmente, esse superconsumo engorda, causando estresse, que causa fome... Por isso, ocorre o debate com frango e ovos. Seguindo o planejamento alimentar do Apêndice I, você poderá equilibrar as proporções de proteínas, carboidratos e gorduras, ajudando a manter os níveis saudáveis de serotonina.

Como chegar à raiz do problema

Há outra situação: muitas mulheres que estão sob estresse constante acham que estão perdendo cabelo. É verdade, o estresse pode causar isso – e a preocupação e o constrangimento podem causar mais estresse! Muitos médicos ignoram essa reclamação e dizem para suas pacientes não verem isso como vital. Pode até não ser uma situação de vida ou morte, mas a maioria das mulheres fica aterrorizada com a possibilidade de ficar careca. Muitas mulheres têm mais medo de perder os cabelos do que de engordar, aumentar as rugas ou precisar de plástica nos seios ou no rosto. Elas ficam deprimidas com a qualidade e a quantidade dos seus cabelos não ser mais a mesma. Uma maneira de ajudar a parar a queda é a ingestão de ácido fólico, pois estimula a produção de queratina, uma proteína existente no cabelo. Você pode combinar sua dieta saudável com suplementos que contém 100% dos valores diários de ácido fólico, zinco, biotina e ferro – nutrientes pró-crescimento. Contudo, para mudar a quantidade, você pode aumentar a ingestão de proteína e nunca pular o café da manhã. Nesse horário, sua energia está baixa e seu cabelo precisa de energia para crescer. Veja como está seu nível de estresse e tente usar alguma das sugestões listadas anteriormente para aliviar essa situação, que deixa o sistema digestório lento e interrompe a absorção de nutrientes pelos folículos capilares.

O crescimento e a perda de cabelo são situações complicadas. Se você está preocupada com seu cabelo, fale para um tricologista – profissional especializado em couro cabeludo. Isso pode ser uma indicação de tantos outros problemas subjacentes de saúde.

Plantas que aliviam o estresse

Assim como os remédios para dormir, há uma variedade de vitaminas e suplementos à base de plantas que podem ajudar a aliviar o estresse. Alguns desses suplementos incluem:

- **Ashwagandha:** Essa substância é tradicionalmente usada na medicina ayurvédica (antiga ciência hindu) e contém antioxidantes com propriedades antiestresse e rejuvenescedoras, promovendo a calma e a satisfação.

- **L-teanina:** É um aminoácido encontrado no chá, que aumenta a produção de serotonina e dopamina no cérebro. Também é responsável por aumentar a atividade das ondas alfa, um sinal de relaxamento. Além disso, a L-teanina influencia os sinais de saciedade, ou seja, quanto mais chá você tomar, mais forte é a mensagem do seu cérebro, que diz: "Eu não estou com fome." Isso pode ajudar você a parar de comer guloseimas ou muito carboidrato.

- **Rhodiola:** É uma planta tradicionalmente utilizada na Rússia, em algumas regiões do leste europeu e em países da Ásia. A rhodiola é considerada uma planta adaptógena, que ajuda o corpo a ter resistência ao estresse. Esse suplemento é rotineiramente usado para estimular o sistema nervoso, diminuir a depressão, melhorar o desempenho no trabalho e eliminar a fadiga. Ela também pode ajudar a lutar contra a fadiga, estimulando o desempenho mental das pessoas que estão sob estresse induzido por esgotamento.

- **Raiz do alcaçuz:** A raiz do alcaçuz age nas adrenais e ajuda a bloquear a desagregação do cortisol, tornando-o disponível para o corpo. Ela também contém muitos compostos antidepressivos e aumenta a resistência ao estresse, o que pode ser muito útil quando as situações estressantes forem longas, tanto emocionais quanto físicas, após uma cirurgia e durante a recuperação, ou quando se sente cansada e para baixo.

É importante perceber que o que menos importa são os suplementos ou métodos que você usa para diminuir o estresse, o mais importante é encontrar tempo para você. Muitas vezes, quando você está trabalhando em negócios importantes ou somente na correria do dia a dia, você só precisa se desligar de tudo, fechar as cortinas, tirar o telefone do gancho, sair do computador e relaxar. É importante encontrar um espaço calmo para expor seus pensamentos e deixar sua mente ir para onde quiser. Tente fazer os exercícios de respiração profunda, inspirando profundamente pelo nariz e soltando devagar, contando até dez. Concentre-se na respiração. A contagem ajuda a aquietar a mente e aliviar a tensão. Repita esse exercício por cinco vezes e sempre que se sentir estressada. A escritora Elisabeth Kubler-Ross disse uma vez: "Não é necessário ir à Índia ou a qualquer lugar para encontrar paz. Você a encontrará no silêncio do seu quarto, do seu jardim ou na hora do banho".

O sono e o estresse
DICAS DE REVITALIZAÇÃO

1. **Recolha-se mais cedo:** Tente trabalhar até as 18 horas, porque depois disso você estará carregando seu corpo com adrenalina, que é estimulante e mantém você acordada.

2. **Mantenha a tranquilidade no quarto:** É sempre bom manter o quarto aconchegante e quentinho. Porém, é a temperatura mais baixa que ajuda a acalmar o cérebro e o corpo para ter uma boa noite de descanso. É como

seu computador estar no modo de espera, conservando a energia que estará disponível quando precisar. Os estudos mostram que a insônia está associada a temperaturas elevadas, especialmente em mulheres mais velhas.

3. **Estabeleça um horário para dormir:** Vá para a cama à noite e levante de manhã todos os dias, inclusive aos finais de semana e feriados. Tente fazer um pequeno ritual à noite. É o que ajuda as crianças a caírem no sono – elas ouvem uma história e ganham um beijo todas as noites. Isso conforta e é o sinal para o corpo dormir. Seu ritual antes de ir para a cama pode ser um banho quente, uma música calma ou uma leitura tranquila.

4. **Durma no escuro:** Um estudo publicado na revista *Proceedings of the National Academy of Sciences* (Procedimentos da Academia Nacional de Ciências), em 2010, mostrou que a escuridão não somente ajuda você a dormir como também previne o aumento de peso e a depressão. Os ratos expostos à luz, o que é equivalente à TV, computador ou similares, engordaram 50% mais do que os ratos que ficaram totalmente no escuro. Os *hamsters* submetidos à luz na hora de dormir tiveram um aumento do quadro depressivo. Por isso, é melhor deixar o quarto escuro na hora de deitar. Mesmo a luz emitida por abajures pode interromper o padrão das adrenais e do sono REM.

Desta forma, é bom ter cortinas nas janelas e/ou usar uma máscara de olhos para dormir.

5. **Faça yoga:** Essa arte milenar indiana, que tem mais de 5.000 anos, começou como uma maneira de alcançar a iluminação espiritual através do treinamento físico e mental. Atualmente, há diferentes tipos de yoga, que são ótimos para tonificar e alongar os músculos, ao mesmo tempo em que relaxam a mente. Essa prática pode ser benéfica para o tratamento de vários sintomas associados ao estresse, como dor de cabeça, asma, pressão alta e ansiedade, além de ter um efeito saudável nas adrenais. Uma explicação para a yoga ter um efeito calmante foi mostrado num estudo em 2007, em que uma hora dessa prática produziu bastante GABA, o neurotransmissor que ajuda a acalmar. Uma das melhores coisas sobre a yoga é que ela é boa para todo mundo, não importando sua idade ou seu peso.

Existem várias posições ou *asanas* de yoga, que são as posturas confortáveis e não o exercício em si, que trabalham com ausência de tensão. De acordo com Nirmala Heriza, praticante de yoga e escritora do livro *Dr. Yoga: A Complete Guide to the Medical Benefits of Yoga*, "Um dos princípios da tradicional Hatha Yoga é a ausência de tensão na aplicação e execução das posições, sendo muito eficaz para as adrenais e para o gerenciamento do cortisol. Além disso, a Hatha Yoga incorpora um componente de relaxamento profundo, essencial para estabilizar e reforçar os sistemas cardiovascular e imunológico, e equilibrar o sistema endócrino". Heriza recomenda várias *asanas* como:

- **Pranayama – Respiração profunda:** Sente-se e expire todo o ar pelo nariz, inspirando lentamente. Ao expirar novamente, faça uma contração rápida no abdômen. Repita o processo. Depois, faça mais rápido umas sete ou oito vezes. Descanse um pouco e comece uma segunda rodada, repetindo três vezes. Com a prática, sua capacidade aumenta, melhorando a digestão, descongestionando as vias respiratórias e auxiliando no tratamento da asma e outras doenças do sistema respiratório, além de acelerar a circulação e energizar o corpo rapidamente. Essa prática também pode ajudar no tratamento de depressão.

- **Pranayama – Respiração alternada:** Sente-se confortavelmente com as pernas cruzadas. Deixe seu braço esquerdo ao lado do corpo e feche a narina direita com o polegar da mão direita. Expire todo o ar com a narina esquerda e inspire, ainda tampando o lado direito. Com o dedo anular da mesma mão, bloqueie a narina esquerda e expire pela narina direita. A cada inspiração, mantenha seu tórax expandido para permitir a entrada de ar o tanto quanto for possível. Ao expirar, esvazie completamente seus pulmões. Repita algumas vezes esse exercício de alternar as narinas. Por último, expire pela narina direita e deixe sua respiração voltar ao normal. Fique sentada por um momento, observando a paz e a calma que essa prática proporciona ao seu corpo e mente.

- **Cabeça no joelho:** Sente-se ereta com as pernas esticadas para frente. Erga os braços sobre sua cabeça e, se estiver confortável, entrelace os dedos. Vá descendo o tronco para frente sobre suas pernas tanto quanto você puder ir confortavelmente. Segure as pernas na altura que você conseguir – tornozelos, joelhos ou coxas. Se não for dolorido, relaxe seu rosto sobre os joelhos. Caso contrário, suba mais o tronco. Fique nessa posição, respirando normalmente, por dez segundos. Não dobre seus joelhos. Para sair dessa posição, entrelace os dedos das mãos, estique-se e suba o tronco até a posição vertical. Traga as mãos para o colo e deite de barriga para cima. Essa posição afeta o sistema nervoso, promove uma melhor circulação do sangue e relaxa a parede dos vasos, o que pode ajudar a reduzir coágulos. Além disso, durante o exercício há redução do estresse que afeta as adrenais.

- **Posição do gafanhoto**: Deite-se de barriga para baixo, com o queixo no chão. Ponha seus braços embaixo do corpo com as palmas das mãos apoiadas nas coxas. Não dobre os cotovelos. Mantenha as pontas dos dedos dos pés encostadas no chão. Eleve sua perna direita sem dobrar o joelho. Permita que todo o seu peso fique apoiado em seu peito e braços. Volte a perna lentamente. Relaxe. Faça o mesmo com a perna esquerda. Vire a cabeça para um lado e descanse. Mantenha seus braços no lugar e volte a encostar o queixo no chão. Repita o exercício duas vezes com cada perna. Essa posição afeta a atividade dos nervos, acalma, ajuda a dar apoio ao funcionamento das adrenais e estabiliza a pressão diastólica do sangue.

6. **Faça orações:** Quaisquer que sejam suas crenças religiosas ou espirituais, uma maneira de lidar com o estresse é através da oração, que não precisa ser necessariamente religiosa. Orar pode ser uma forma de estar presente e sentindo-se parte da natureza. Realmente, não importa o que você "reza", para quem você reza ou onde você faz isso.

    Eu tenho minha própria forma de rezar. Minha família e eu temos uma casa de férias há seis horas de carro (se não tiver trânsito) de onde moramos em Los Angeles. Muitas vezes eu vou sem meu marido para esquiar e as pessoas me perguntam por que eu faço isso. Para mim, os poucos minutos que eu gasto antes de esquiar são o meu tempo de meditação e oração. É quando eu encontro minha paz. Muitas pessoas acham que rezar as ajuda a passar pelos tempos difíceis, pois sentem que há um poder superior sobre elas. Recentemente, eu tive uma paciente que me disse que o único momento que ela sentia o estresse se afastar, era quando ela ia à igreja aos domingos, pois tinha uma sensação de comunhão e a energia fluía ao redor, através de uma congregação cheia de gente que se preocupava com ela e vice-versa. Ela também disse que isso lhe dava conforto, pois ela poderia entrar na igreja de sua fé, mesmo estando a quilômetros de distância da sua casa, e ainda sentir que há um objetivo comum e um respeito entre os fiéis, mesmo que eles não sejam da mesma etnia e não falem a mesma língua. Ela também se sentia em casa e amparada. "Orar sozinha acalma", ela me disse, "enquanto orar em conjunto energiza".

7. **Tenha animais de estimação:** Os gatos e os cachorros podem não vir imediatamente à mente quando se pensa em aliviar o estresse, mas os estudos mostram que atualmente as pessoas diminuem o estresse quando seus animais de estimação estão com elas ou quando têm o suporte de um amigo ou mesmo quando seu cônjuge está presente! A menos que você odeie animais, é muito difícil ficar de mau-humor quando se brinca com um bichinho de estimação. É claro que esses animais trazem responsabilidades – que para algumas pessoas podem aumentar ainda mais o estresse. Porém, para a maioria, os benefícios de ter um animal de estimação superam as desvantagens. Ter um amigo peludo pode reduzir o estresse em sua vida e trazer apoio quando ficar difícil, pois eles não nos julgam – eles só nos amam incondicionalmente.

Ninguém vive uma vida livre de estresse, mas, seguindo as dicas deste capítulo você poderá lidar melhor com os desafios que a vida apresenta. Há uma situação em particular que geralmente não é vista como uma fonte de estresse: manter o desejo e a energia sexual. Eu vejo inúmeras mulheres que começam a ficar estressadas só pela simples menção de ter que ter relações sexuais com seus parceiros. Muitas mulheres acham que, à medida que envelhecem, o sexo diminui, não é mais uma prioridade. Com isso, apresentam uma fonte de estresse, pois se perguntam se há algo errado com elas e isso também se torna uma cobrança em seus relacionamentos. O sexo começa mais a estressar do que a aliviar. A libido parece estar desaparecendo e a energia sexual começa a ficar difícil de encontrar. Isso não é inevitável. Há alguns passos que você pode dar para ajudar a resgatar sua vitalidade sexual e para desfrutar novamente dessa parte da vida: o capítulo 5 (provavelmente o capítulo mais procurado do livro).

5

Passo 4

Explore sua sexualidade

Rachel é uma mãe muito bonita de 38 anos e ama seu marido, mas ainda tem receio de ter perdido sua capacidade para excitação e resposta sexual. "Agora que eu finalmente sei o que me excita e sinto-me confiante para pedir o que quero na cama, tenho zero de interesse em sexo", ela confidenciou. "Eu estou tão deprimida porque agora que a faísca sexual se apagou, sinto que a única coisa que segura meu marido e eu juntos são nossos dois filhos. É difícil para mim sair da cama de manhã por qualquer motivo que não seja alimentar e vestir meus filhos. Eu estou exausta. Sinto como se parte da minha vida tivesse acabado. O que há de errado comigo?".

Primeiro, deixe-me dizer que não há nada muito sério com a Rachel. Infelizmente, ela representa milhões de mulheres que se sentem da mesma maneira. Segundo, ela é apaixonada pelo marido e ainda o acha atraente, portanto, ele não é o problema. A libido da Rachel está em baixa e ela está passando por uma crise de energia sexual.

Muitas mulheres estão cansadas e estressadas, sentindo-se culpadas ou deprimidas por causa do distanciamento sexual que sentem dos seus parceiros. Elas não têm energia para as suas obrigações diárias de cuidar dos filhos, trabalhar e fazer as tarefas domésticas. Para muitas, o sexo está nessa última categoria.

Uma coisa que eu sempre digo às minhas pacientes: Você quer se energizar? Faça um bom sexo.

Mas ter um bom sexo nem sempre é tão fácil como parece. Pense sobre isso. Se você está como a maioria das mulheres, cozinhando, limpando a casa e lavando a roupa... Se você tem filhos e deve levá-los para todas as suas atividades pós-aula... Se, além disso, você tem que socializar com os seus amigos, com os amigos do seu parceiro e com os pais dos amigos dos seus filhos... Sem mencionar que você também pode estar começando uma carreira. Não é novidade você estar tão cansada no final do dia que prefere pegar um bom livro em vez de fazer amor com seu companheiro.

Eu nem sei ao certo quantas pacientes me dizem que elas tentam arrumar qualquer desculpa para evitar a intimidade com seus parceiros. Elas se sentem presas, pois sabem que se seu parceiro estiver acordado no momento que forem para a cama, ele vai querer sexo. Elas estão tão temerosas que vão se ocupar com qualquer coisa para adiar ao máximo entrar no quarto.

"Querido, eu vou em um minuto, só vou preparar o lanche das crianças para amanhã de manhã."

"Querido, eu vou em um minuto, só vou limpar a cozinha."

"Querido, eu vou em um minuto, só vou pagar essas contas."

"Querido, eu vou em um minuto, só... (coloque aqui sua desculpa favorita)."

Muitas vezes, a mulher é mais feliz quando finalmente vai para o quarto e vê seu marido roncando. Sejamos honestas. Ela fica aliviada de não ter que fazer sexo. Isso ocorre não porque ela não ama o parceiro, mas porque ela simplesmente não tem energia sobrando no final do dia.

As mulheres vêm de todo o mundo buscar ajuda para sua libido, hormônios e funcionamento sexual. Alguns problemas sexuais podem ser por questões médicas (a maioria hormonal) e alguns podem ser por questões de estilo de vida (muita coisa em pouco tempo). Porém, não importa qual seja o problema, eu sempre digo que é possível reenergizar sua vida sexual, reativar sua libido e recuperar sua satisfação sexual.

A verdade é que não se sabe muito sobre por que a libido das mulheres diminui. Não há muita pesquisa sobre esse assunto. Contudo, de acordo com um artigo de 2009 publicado no *The New York Times*, cerca de 30% das mulheres com idades entre 20 e 60 anos passaram por longos períodos com pouca vontade de ter relações sexuais, ou preferiam ficar sem sexo.

Felizmente, você leu os capítulos anteriores e começou a recuperar sua energia pessoal, trabalhando em seus hábitos alimentares e em sua rotina de sono. Agora é hora de revitalizar sua energia sexual. Nesse capítulo, você aprenderá como a medicina moderna e também as filosofias e técnicas milenares do oriente podem ajudá-la a ter sua vida sexual de volta. Aprenderá como as pequenas mudanças em seu estilo de vida podem trazer novamente a sensação de revitalização e saúde sexual. Você encontrará maneiras de reacender os seus centros de prazer (incluindo o cérebro, que é a zona erógena mais importante do corpo), resultando em mais energia para seu relacionamento amoroso.

Se você se sente inspirada para acender o fogo e esquentar sua vida sexual sem graça, há sete passos fáceis no final do capítulo, no box "Dicas de revitalização", que você pode seguir. Se você quer começar imediatamente, vá até a página 210 e comece a ler. Eu garanto que essas dicas trarão de volta o seu humor e você finalmente dirá: "Querido, vou em um minuto – e espero que você esteja acordado!"

O sexo e a estrela do rock

A Perla Hudson está casada por mais de uma década e disse que seu casamento e sua vida sexual são muito bons. Porém, ela também disse que, como em qualquer casamento, ela e seu marido têm altos e baixos e às vezes a casa cai. "Quando isso ocorre", ela disse, "você trabalha para colocar as coisas no lugar novamente".

Seu casamento não é diferente de outros milhões, apesar dela ser casada com um dos mais famosos guitarristas do mundo – Saul Hudson, mais conhecido por Slash, artista solo e ex-guitarrista do Guns N'Roses.

"Tempo, tempo, tempo é o tema recorrente no meu casamento", a Perla disse. "Você se pega com filhos, carreira, tarefas familiares, prioridades com seu marido e acha que vai cair num buraco que não inclui sexo. Eu sempre tenho boas intenções de ter relações com meu marido, mas nós somos constantemente interrompidos. Me ligam do escritório ou as crianças precisam de atenção. Finalmente, eu decidi que se nós queremos fazer sexo, temos que achar tempo."

Ela não tem uma "data" definida em seu calendário. Porém, de vez em quando, ela dá um passo atrás e percebe que não tem sexo já há algum tempo e que a leitura para eles no quarto do hotel é mais frequente. "A melhor parte disso é que, a menos que seja uma emergência, ninguém tem permissão de entrar em contato conosco enquanto estamos nos reconectando e nos reabastecendo."

Se não dá para fugir do hotel, a Perla tem seu próprio refúgio em casa. Ela transformou seu quarto num santuário sexual, com um espelho sobre a cama, que está fora dos limites das crianças. "Eu tenho um portão de ferro feito sob medida, que foi instalado no corredor que leva ao quarto", ela disse. "Eu quero um espaço onde eu possa ficar completamente à vontade e onde meus filhos não possam ficar batendo na porta. Por isso, tenho o portão."

A Perla também tem um mastro de *pole dance* instalado no quarto e muitas vezes ela dança para o seu marido. "Eu não conseguia perder peso depois que meus filhos nasceram", ela disse, "e embora meu marido ainda se interessasse por mim, eu não me sentia *sexy*. Por isso, comecei a fazer *pole dance*, não somente para emagrecer, mas também para reacender minha sexualidade".

A Perla tem vários outros segredos para apimentar sua vida sexual, incluindo lingerie *sexy*, que não é só para o seu marido, mas para ela também, pois se sente segura para vestir coisas sedutoras. É claro que o Slash também gosta, mas o seu principal segredo é a fantasia – não fantasiar com outros homens, mas sobre o que lhe atraiu num primeiro momento. "Eu volto ao passado e isso me excita. É claro que o mais importante é o momento presente, que nos permite chegar até o final", ela diz, "é por isso que ainda nos amamos".

POR QUE FAZER UM BOM SEXO É SAUDÁVEL

Na minha profissão, vejo muitas mulheres que dizem que seriam mais felizes se nunca fizessem sexo novamente. O que não quer dizer que elas não querem se relacionar ou ter um romance em suas vidas. Há uma diferença entre romance (que é mais do que atração) e sexo. As mulheres querem romance em suas vidas? Sim. Elas querem ter relações sexuais? Nem sempre.

É perfeitamente normal a mudança da resposta sexual ao longo da vida, dependendo dos níveis hormonais, do estilo de vida, das condições de saúde e do estresse. Além disso, a realização final da resposta sexual, o orgasmo feminino, é um evento físico, mental e emocional altamente complicado.

De fato, pesquisas mostram que 33 a 50% das mulheres chegam ao orgasmo com pouca frequência e estão insatisfeitas com isso. Além disso, entre 10 e 15% das americanas *nunca* tiveram orgasmo. Durante a relação sexual, somente 35% da população feminina chega ao clímax. Essas estatísticas mostram um pouco sobre o estado atual da sexualidade das mulheres.

Eu passei a vida estudando os efeitos do metabolismo e dos hormônios nas dimensões emocionais e espirituais da sexualidade feminina. Se você não estiver satisfeita com sua resposta sexual, poderá encontrar várias estratégias nas próximas páginas para começar a mudar. Talvez, você não esteja preocupada com sua falta de libido. Talvez, você simplesmente esteja disposta a aceitar isso como parte da vida de uma mãe ocupada ou apenas como consequência da velhice. Não caia nessa armadilha! Não desista de você, do seu prazer e da sua saúde. Talvez, o que você não saiba é que, por vários motivos, a atividade sexual é saudável. Vejamos algumas das principais razões dos benefícios do sexo seguro.

Os estudos mostram que a atividade sexual aumenta tanto a saúde feminina quanto a masculina. Você deve fazer sexo tanto quanto for possível, pois uma vida sexual ativa é uma forma de plano de saúde. Isso é totalmente verdadeiro, mesmo que você esteja se masturbando sozinha. Por quê? Porque a masturbação, chegando até o orgasmo, também proporciona vários benefícios à saúde. Enquanto algumas pessoas querem fazer mais sexo que outras, somente *você* pode definir qual é a frequência certa dentro do seu relacionamento (porém, *zero* não deve ser uma opção). A frequência é subjetiva e é importante ressaltar que, muitos médicos definem um casamento como assexuado quando não há sexo em menos de dez vezes nos últimos doze meses. No entanto, essa frequência pode ser a certa para você e seu parceiro. Porém, isso deve ser investigado e o resultado final deve levar em consideração a qualidade das relações e sua satisfação. Segue abaixo uma pequena lista dos benefícios do sexo para a saúde e o bem-estar:

- **O sexo queima calorias**: Fazer amor é como qualquer outra atividade física, quanto maior a frequência cardíaca, mais calorias você queima. De acordo com os estudos da publicação "Os benefícios da expressão sexual na saúde", de 2003, na revista *Planejamento Familiar*, a atividade sexual, incluindo a masturbação, ajuda a queimar calorias e gordura. Fazer sexo com uma frequência igual ou superior a três vezes por semana pode queimar de 200 a 600 calorias. Além disso, ajuda a manter o peso, melhora a circulação, aumenta o fluxo de oxigênio e libera hormônios. Enquanto a intensidade sexual é diferente de um indivíduo para outro, mesmo lento ou vagaroso, o sexo eleva os batimentos cardíacos por causa dos hormônios que são liberados durante a excitação. Manter a atividade sexual três vezes por semana durante um ano, equivale a correr cerca de 120 km. Porém, fazer amor é mais divertido que correr, não é?

- **O sexo aumenta a oxigenação**: As pesquisas mostram que o sexo, além de aumentar o ritmo cardíaco tanto quanto outras atividades físicas, também pode aumentar o fluxo sanguíneo e respiratório. O aumento da taxa sanguínea e respiratória corresponde a uma maior oferta de oxigênio para o corpo, o que é vital para a saúde dos órgãos e tecidos. Mais oxigênio no corpo significa que estamos menos suscetíveis a constipações, gripes, infecções por bactérias, vírus ou parasitas, e até mesmo menos suscetíveis ao câncer. Além disso, outro benefício da atividade sexual é a dilatação dos vasos sanguíneos, que envia mais sangue para a superfície da pele. Ao mesmo tempo, seu corpo bombeia muito oxigênio para seus glóbulos vermelhos. Muitas mulheres e alguns homens ficam ruborizados um pouco antes e durante o orgasmo e, como é constatado, mais sangue e oxigênio na pele deixam as pessoas mais atraentes. Um estudo recente feito pela Universidade de St. Andrews, na Escócia, mostrou que os homens achavam mais atraentes as fotos de mulheres que tinham um brilho rosado no rosto. Por isso, considere ter um pouco mais de prazer nesse dia de amor. Você não precisa de maquiagem se pode ter naturalmente aquele brilho rosado!

- **O sexo promove a saúde cardiovascular:** Fazer sexo regularmente pode proteger seu coração. De acordo com um estudo publicado na revista médica *Psychosomatic Medicine*, as mulheres que não chegam ao orgasmo são mais propensas a desenvolver doenças e ataques cardíacos do que as mulheres que chegam. Se as mulheres fizessem mais amor, certamente teríamos menos mortes por ataques cardíacos, além de menos doenças do coração, epidemia que assola os Estados Unidos.

- **O sexo aumenta a imunidade:** Estudantes universitários de Wilkes-Barre, na Pensilvânia, participaram de um estudo em que relataram a frequência sexual. Os estudantes que admitiram fazer sexo uma ou duas vezes por semana apresentavam 30% mais anticorpos chamados imunoglobulinas A, ou IgA, que podem proteger de resfriados e outras infecções.

- **O sexo alivia o estresse e a depressão:** A atividade sexual relaxa os sistemas nervoso, respiratório e circulatório. Um estudo conduzido por Roy J. Levin, da Universidade de Sheffield, na Inglaterra, mostrou que os hormônios do sêmen contêm substâncias que relaxam a mulher e é essa razão de nos sentirmos tão bem depois que o homem ejacula dentro da vagina. Outro estudo constatou que os participantes que tiveram relações sexuais foram mais capazes de lidar com o estresse (incluindo falar em público e fazer contas oralmente) do que aqueles que não tiveram. Um estudo feito em 2002 pelo psicólogo Gordon Gallup mostrou que as mulheres cujos parceiros não usam preservativos sofrem menos de depressão do que aquelas em que os parceiros usam. Obviamente, eu não defendo o sexo sem camisinha para curar depressão. No entanto, se você estiver num relacionamento monogâmico de longo prazo e ambos foram testados para doenças sexualmente transmissíveis, você pode experimentar fazer sexo sem preservativo para sentir a diferença. A teoria é que a prostaglandina, um hormônio encontrado no sêmen, é absorvido pelo trato genital da mulher, modulando os hormônios femininos. Por fim, nós sabemos que o sexo estimula o lançamento de endorfinas cerebrais, responsáveis por melhorar automaticamente o humor e por ajudar a aliviar o estresse.

- **O sexo melhora a fertilidade e ajuda a manter a juventude vaginal:** O depósito regular de líquido seminal na vagina faz a mulher ovular mais regularmente, otimizando sua fertilidade. Em mulheres que já entraram na menopausa, o sêmen ajuda na luta contra a atrofia vaginal, uma condição caracterizada por secagem e encolhimento do revestimento da vulva, que pode resultar em desconforto e dor durante a penetração do pênis.

- **O sexo alivia as cólicas menstruais:** Como você já deve saber por experiência própria, a atividade sexual pode ajudar a aliviar as cólicas menstruais. Isso foi relatado em vários estudos e também no relatório de 2003 da *Planejamento Familiar*, que mostrou que o orgasmo provoca um aumento de ocitocina, um hormônio calmante (uma substância natural que aparece antes e durante o clímax), e de hormônios que dão uma sensação de bem-estar, como as endorfinas, que podem ter ação sedativa. No relatório, também é citado um estudo que mostrou que 32% de 1.866 mulheres americanas se masturbavam nos últimos três meses com o objetivo de ajudá-las a dormir. Outro estudo relatou que 9% de 1.900 mulheres americanas que se masturbavam nos três meses anteriores à pesquisa tiveram alívio de cólicas menstruais.

- **A atividade sexual previne a endometriose:** Um estudo inovador realizado na Faculdade de Medicina de Yale sugere que a atividade sexual pode impedir a endometriose, uma condição dolorosa que afeta cerca de dez milhões de americanas e, muitas vezes, causa esterilidade. O endométrio é o revestimento do útero e normalmente aumenta de tamanho, saindo do corpo todo mês com a menstruação. Na endometriose, o endométrio cresce nas tubas uterinas, ovários e outras partes pélvicas, e, em casos raros, fora da pelve. É uma condição que normalmente afeta as mulheres que não têm filhos ou que têm filhos mais tarde. Uma pesquisa recente também mostrou que as mulheres com ciclos menstruais mais curtos e menstruação mais longa têm um risco maior de ter endometriose.

De acordo com um estudo de Yale, as mulheres que tiveram relações sexuais durante a menstruação eram *uma vez e meia menos propensas* a desenvolver endometriose do que as mulheres que nunca fizeram amor durante esse período. Ter relações sexuais durante a menstruação pode afetar positivamente sua fertilidade, reduzindo a probabilidade de desenvolver endometriose. Os pesquisadores também descobriram que *o orgasmo durante a menstruação reduz o risco de desenvolver endometriose*. Esta é uma informação chave, pois se acreditava que o fluido menstrual na cavidade pélvica desempenhava um papel central no desenvolvimento da endometriose. É possível que a concentração de fluido no útero durante a atividade sexual, mais especificamente durante o orgasmo, pode ajudar a empurrar o material menstrual para fora do corpo.

Veja esses fabulosos feromônios

Muitas pessoas dizem que é a química que atrai duas pessoas. Na África, eles dizem que alguns animais têm "feromônios" (substância química que aciona uma resposta natural de outro membro da mesma espécie), que são emitidos durante a época de acasalamento. Ainda não é consenso que os seres humanos emitem feromônios, embora, às vezes, essa possa parecer a única explicação para as pessoas escolherem seus parceiros sexuais e conjugais. Na sociedade ocidental, muitas vezes, as mulheres vão atrás de companheiros que têm dinheiro e poder. Na natureza ocorre o mesmo, num rebanho de fêmeas há o macho mais poderoso. Se você está procurando o segredo da atração sexual, ela pode estar além da matéria: acredite nos seus feromônios e você poderá ser agradavelmente surpreendida!

O SEXO E SEUS HORMÔNIOS COMPLICADOS

As endorfinas são hormônios secretados o tempo todo pelo cérebro e são similares à estrutura química da morfina, atuando como drogas do bem-estar dentro do corpo. Contudo, ao contrário da morfina (e antidepressivos), as endorfinas fornecem benefícios, melhorando a saúde sem efeitos colaterais negativos.

As endorfinas são liberadas durante o orgasmo e podem aliviar a dor. Provavelmente, a ocitocina também desempenha esse papel e, de acordo com um estudo conduzido pelo sexólogo Beverly Whipple, professor emérito da Universidade Rutgers, quando as mulheres se masturbam e chegam ao orgasmo "o limiar de tolerância à dor e o limiar de detecção de dor aumentam significativamente - 74,6% e 106,7%, respectivamente". Isso foi medido por um dispositivo sensorial projetado para produzir um relatório de pressão x prazer. Com esses resultados encorajadores, tente dar prazer a você mesma da próxima vez que estiver com dor de cabeça. Você terá uma sensação maravilhosa, além de acabar com a dor.

As endorfinas bloqueiam a chegada dos sinais de dor no sistema nervoso e, portanto, são essenciais para manter sua saúde ótima. Essas substâncias produzem sensações físicas de bem-estar que se traduzem em positividade. Provocar conscientemente a liberação de endorfina (ou você se masturbando ou tendo outra pessoa estimulando seus pontos favoritos – um beijo suave no pescoço ou atrás da orelha, por exemplo) dá a você o poder de literalmente transformar-se sempre que quiser. Além disso, as endorfinas reduzem o estresse e a ansiedade, reforçam a imunidade para que seu corpo tenha mais capacidade de lutar contra as doenças, aumentam a libido e a energia sexual.

Esses hormônios que trazem essas sensações boas podem dar a você mais energia e bem-estar, que podem durar várias horas após o ato.

Infelizmente, não podemos depender sempre das endorfinas para recuperar a sensação amorosa. Quando os homens têm um "problema" sexual, isso fica evidente, pois não conseguem ter ereção, ou a tem parcialmente, ou não conseguem mantê-la. Porém, o despertar sexual das mulheres é um assunto muito complexo – e mais sutil. Sabe-se muito pouco sobre como a libido feminina realmente funciona. Há muitas teorias que envolvem alguns desses fatores: hormônios, química cerebral, como a serotonina e as endorfinas, estímulos externos e a competência do parceiro. Não há consenso, nem mesmo entre os profissionais da área de sexualidade humana, sobre o que é "normal" para as mulheres em termos de desejo sexual ou da falta dele.

Felizmente, as coisas estão começando a mudar e as mulheres estão mais dispostas a reconhecer que sua libido baixa tornou-se um problema nos relacionamentos. No passado, as mulheres eram relutantes, principalmente no que dizia respeito a tabus sociais, para falar sobre sexo. Minha mãe certamente não falava (pelo menos não comigo), pois havia um pensamento de "castidade" e não se falava sobre prazer. De certa forma, as mulheres devem agradecer ao *Viagra* por ter começado essa discussão. Quando a disfunção erétil começou a ser discutida, as mulheres também começaram a falar sobre seus problemas. De fato, eu tenho muitas pacientes que me procuram porque estão querendo encontrar maneiras de manter o desejo sexual ardente, pois querem fazer sexo. Atualmente, não há nenhum remédio equivalente ao *Viagra* para as mulheres. Algumas pacientes experimentaram o Viagra do marido, mas não surtiu efeito. Eu certamente não recomendo que você faça isso, pois há outra maneiras das mulheres de todas as idades abordarem seus problemas hormonais para que possam aumentar sua resposta sexual.

Os hormônios sexuais

Como visto anteriormente, vários problemas podem se desenvolver quando os hormônios estão em desequilíbrio, inclusive os hormônios sexuais, que causam problemas relacionados ao sexo. Embora seja verdade que muitas mudanças hormonais são resultado do processo de envelhecimento, vejo mulheres de todas as idades reclamando de desequilíbrios hormonais. Se seus hormônios sexuais estão em desequilíbrio, é mais provável que você esteja cansada, irritada e infeliz, o que a faz ganhar peso (e com isso você fica mais cansada, mais irritada e mais infeliz).

Os três principais hormônios sexuais são:

- **Estrogênio:** Esse hormônio sexual feminino é produzido pelos ovários, pelas adrenais (em pequenas quantidades) e pela gordura corporal. O estrogênio ajuda a reter cálcio nos ossos, a regular as taxas de colesterol HDL e LDL na circulação, a manter os níveis de açúcar no sangue, a manter as funções de memória e o equilíbrio emocional.

- **Progesterona:** Esse hormônio sexual feminino é produzido em grandes quantidades durante e após a ovulação, preparando o útero para a implantação do óvulo fecundado. Ele também ajuda a reduzir a gordura corporal e a ansiedade, a relaxar e a promover o crescimento do cabelo.

- **Testosterona**: É o principal hormônio masculino, mas também é produzido em pequenas quantidades pelos ovários e adrenais. Ele desempenha um papel importante na saúde e bem-estar, pois afeta a libido, o humor, a energia, a gordura corporal e protege contra a osteoporose.

O estrógeno, a progesterona e a testosterona trabalham juntos e são regulados por um sistema complexo de retroalimentação, envolvendo o hipotálamo, a hipófise, os ovários e as adrenais. O estresse, a alimentação e a atividade física afetam o sistema de retroalimentação, afetando, portanto, o equilíbrio hormonal (veja no capítulo 9 alguns exames para você descobrir se seus hormônios estão desequilibrados).

Provavelmente, o hormônio menos compreendido seja a testosterona. Algumas pacientes minhas gostam e entendem o papel decisivo que a testosterona tem em suas vidas. Esse hormônio é muito importante, pois funciona como uma chave do desejo sexual feminino.

Recentemente, a Dolores, uma paciente minha de 70 anos, alertou-me sobre o fato de que ela e seu marido tinham começado a dormir em camas separadas.

Ele tinha engordado quase 15 quilos e estava roncando, mantendo-a acordada a noite toda. Eu vejo muitas mulheres de 70 anos preferirem dormir em quartos separados como um antídoto para as noites sem dormir devido ao ronco ou agitação dos seus maridos (as mulheres têm o sono mais leve). Isso pode parecer uma solução para uma boa noite de sono, mas os estudos mostram que, quando os casais dormem separados, a incidência de divórcio aumenta. A Dolores não estava satisfeita em dormir separada do marido, porém, disse que, apesar de não ter uma vida sexual, estava dormindo o quanto precisava.

Quando eu comecei a praticar medicina, eu achava estranho uma mulher idosa pronunciar a palavra *sexo*. Mas agora, muitas mulheres mais velhas estão dispostas a discutir esse assunto. A Dolores não tinha secura vaginal (um problema comum em mulheres mais velhas). O seu problema não era a libido, pois gostava de ter relações sexuais, mas tinha dificuldade em chegar ao orgasmo. Eu prescrevi para ela um creme tópico, contendo testosterona e adicionei também o *Wellbutrin* (um antidepressivo que aumenta os orgasmos femininos). Depois de um mês, a Dolores veio ao meu consultório e me disse que sua vida sexual estava melhor do que quando ela tinha 20 anos. Ela não podia acreditar que estava de volta ao seu eu *sexy* e seu marido me enviou flores. Ela convenceu seu marido a emagrecer, ele parou de roncar e os dois voltaram a dormir juntos.

Os estudos mostram que a testosterona pode ser considerada um dos mais poderosos antidepressivos naturais. Um estudo recente mostrou que 6.000 mulheres que tomavam *Prozac* para tratar a depressão conseguiram ficar sem a medicação depois de usar testosterona. Ela é uma opção muito boa de suplemento, pois aumenta a libido, deixando a mulher mais *sexy*. As mulheres na faixa etária entre 20 e 30 anos geralmente têm níveis saudáveis de testosterona para alimentar sua libido. Porém, o estresse, a má alimentação e outros fatores podem diminuir esses níveis. Após os 30 anos ocorrem mudanças hormonais naturais, que também podem alterar os níveis de testosterona.

A maioria das mulheres com idade acima dos 35 anos tem menos ou nenhuma testosterona, o hormônio que está envolvido nas sensações de bem-estar e excitação sexual. Isso pode explicar a crise de energia sexual vivida por mulheres com essa faixa etária. Os sintomas mais comuns de baixo nível de testosterona em mulheres incluem energia fraca, depressão, ganho de peso, cansaço o tempo todo/ou fácil sobrecarga. Outros possíveis indicadores são confusão mental, dificuldade de concentração, sensação de muito estresse ou de estar pressionada a fazer sexo, TPM (inchaço, dor de cabeça, fadiga, mau-humor, alterações na pele, palpitações cardíacas e falta de ar) e pré-menopausa difícil ou sintomas da menopausa (ganho de peso – principalmente no abdômen –, alterações de humor e insônia). Lembre-se, é normal, com a idade, ter um nível anormal de testosterona.

Testosterona total x testosterona livre

Você tem algum sintoma de baixo nível de testosterona citado acima? Se tem, talvez você queira ir ao seu médico fazer um exame para dosar a quantidade de testosterona. Muito provavelmente, os resultados mostrarão os níveis de testosterona total e mesmo as mulheres acima dos 70 anos têm a dosagem desses níveis "normal". O nível que você está procurando é o de testosterona livre. Nas mulheres, apenas cerca de 1 a 3% de testosterona total são compostas por testosterona livre, o resto é anexado às proteínas do sangue. É essa testosterona livre, ou seja, que não está ligada a nenhuma proteína, que é a forma hormonal ativa e capaz de interagir com os receptores hormonais das células.

Antes de prescrever testosterona, eu sempre faço testes para ter certeza de que minha paciente é uma boa candidata para o tratamento e que não há fatores de risco (mulheres em idade fértil não devem tomar testosterona). Em seguida, eu acompanho de perto, por algum tempo, o tratamento.

A suplementação com testosterona pode aumentar a libido, facilitar o orgasmo e ajudar a converter gordura em músculo, um fato que a maioria das mulheres pode apreciar. Os estudos mostram que a testosterona transdérmica (aplicada diretamente na pele) usada como um creme pode reduzir a necessidade de níveis mais altos de reposição de estrogênio em mulheres que têm suores noturnos e ondas de calor.

A testosterona pode ser aplicada como creme (é uma das substâncias mais comumente prescritas), embora algumas mulheres prefiram outras formas, como comprimidos, injeções, pastilhas implantáveis, gotas sublinguais (embaixo da língua) e pastilhas. Muitas pacientes me dizem que a testosterona dá mais energia para trabalhar, cuidar da família e praticar atividade física, além de ajudar a perder peso. Com isso, as mulheres ficam mais produtivas e o aumento da energia física e sexual, juntamente com a perda de peso, aumenta a auto-estima e melhora a qualidade de vida.

Porém, como qualquer outra medicação, a suplementação com testosterona tem efeitos colaterais. Menos de 2% das pessoas que tomam testosterona podem ter acne, pele oleosa, excesso de pelos ou outros efeitos masculinizados. Porém, isso pode ser alterado ao mudar a dosagem. Não há nenhum estudo que associe a testosterona a câncer de mama ou a acidente vascular cerebral.

Não há uma única solução para a perda da libido. As mulheres que estão dispostas a tentar a testosterona podem ter que passar por um período de tentativa e erro com seu médico até encontrar a dose e a forma que é melhor para elas.

Arquivo da Dra. Eva

A Linda é uma mulher de 49 anos e muito atraente, que entrou na menopausa há três anos. Ela estava divorciada há mais de vinte anos. Quando ela veio me ver com sintomas de letargia persistente e uma sensação geral de fim de jogo, eu perguntei sobre sua vida amorosa. "Vida amorosa?", ela disse. "Eu não faço sexo há vinte anos". Após alguns exames, descobriu-se que seus níveis de testosterona estavam bem baixos. Por isso, prescrevi uma dose baixa para iniciar o tratamento. Poucas semanas depois, recebi um telefonema muito cedo da Linda. Ela estava na Rússia, tinha conhecido um homem e fez sexo com ele. Ela também teve uma baita dor de cabeça. Eu assegurei-lhe que era devido ao aumento de energia e hormônios em seu corpo e disse-lhe para relaxar e aproveitar ao máximo essa nova experiência. Quando ela voltou da sua viagem veio me ver e eu perguntei se ela queria parar com a testosterona. "Claro que não", ela disse. "Eu estou me divertindo muito e para dor de cabeça eu tomo aspirina".

Os hormônios e as pílulas anticoncepcionais

Quando as minhas pacientes vêm me ver para que eu possa ajudá-las com a baixa ou a falta da libido, a primeira pergunta que faço é se elas estão tomando pílula anticoncepcional e, em caso afirmativo, qual. Eu pergunto isso porque poucas mulheres estão cientes do quanto as pílulas anticoncepcionais podem estar minando a energia delas e amortecendo suas vidas sexuais.

A maioria das pílulas anticoncepcionais tem de 21 a 24 pílulas ativas e de 4 a 7 placebos. Os comprimidos ativos são constituídos por uma combinação de estrogênio e progesterona (há também alguns tipos que contêm somente a progesterona, que é indicada para as mulheres que estão amamentando ou que tenham algum problema que as impeçam de tomar estrogênio). Hoje em dia, há basicamente três tipos de combinações de pílulas anticoncepcionais prescritas:

- Monofásicas: Essas pílulas (incluindo marcas como *Brevicon*, *Loestrin* e *Norinyl*) contêm quantidades iguais de estrogênio e progesterona em cada comprimido.
- Bifásicas: Essas pílulas (incluindo marcas como *Kariva*, *Mircette* e *Ortho-Novum 10/11*) contêm duas concentrações diferentes de estrogênio e progesterona.
- Trifásicas: Essas pílulas (incluindo marcas como *Ortho-Novum 7/7/7*, *Tri-Levlen* e *Tri-Norinyl*) contêm três concentrações diferentes de estrogênio e progesterona, que variam ao longo do ciclo menstrual.

Escolha o médico certo

Se você está lidando com a perda da libido, geralmente eu recomendo que consulte um endocrinologista ao invés de um clínico geral ou um ginecologista, pois esses últimos não oferecem os testes laboratoriais necessários e nem saberão interpretar corretamente os resultados. Até mesmo os ginecologistas, que podem ser mais informados sobre os hormônios, geralmente não têm o nível de conhecimento que os endocrinologistas têm. Mesmo quando se escolhe um endocrinologista, é importante ficar de olho, pois há várias subespecialidades no campo.

> Alguns endocrinologistas lidam somente com problemas na tireoide (veja em www.thyroid-info.com uma lista de especialistas em tireoide), outros lidam apenas com diabetes ou tumores hipofisários. Se você estiver procurando ajuda para algum problema específico, ligue para um consultório e peça à recepcionista algumas informações sobre a especialidade que você busca. Além disso, fale com seus amigos e pergunte sobre indicações de especialistas confiáveis. Sempre faça sua própria pesquisa, perguntando sobre os médicos (verificando se não é um anestesista que decidiu aplicar a terapia de reposição hormonal por conta própria, por exemplo). Embora alguns médicos tenham certificado para praticar a medicina antienvelhecimento, através de organizações como o Conselho Americano de Medicina Holística, e alguns possam ser ótimos, não há nenhuma especialidade de médicos certificados em antienvelhecimento que seja reconhecida pela Associação Médica Americana ou pelo Conselho Americano de Especialidades Médicas.

Uma classe relativamente nova de pílulas anticoncepcionais é a pílula do ciclo estendido, incluindo as marcas *Seasonale* e *Seasonique*. Elas também são pílulas combinadas que contêm estrógeno e progesterona. No entanto, você toma esses comprimidos por longos períodos de tempo, o que significa que terá sua menstruação uma vez a cada três ou quatro meses. Embora a pílula não contenha testosterona, uma pesquisa mostrou que as mulheres que usam anticoncepcionais em comprimidos podem desenvolver problemas sexuais em longo prazo, pois seus corpos ficam com quantidades baixas de testosterona livre, o que é uma má notícia para as mulheres, pois isso pode afetar de uma forma negativa a saúde sexual e metabólica, além de diminuir a libido.

Dessa forma, as pílulas anticoncepcionais aumentam o número de globulinas de ligação do hormônio sexual (SHBG), fazendo-as se ligarem mais rápido à testosterona e, com isso, sobra menos testosterona livre – o que nos deixa com menos desejo sexual.

As pílulas anticoncepcionais foram lançadas na década de 60, criando uma revolução sexual, pois era possível fazer sexo sem a preocupação de engravidar e, com isso, poderia ser praticado a qualquer hora. Porém, as mulheres não estavam preparadas para enfrentar o dilema de que podiam fazer sexo à vontade, mas não queriam! Ninguém havia alertado sobre o fato de que as mulheres que usavam pílulas tinham os níveis de SHBG elevados, o que, consequentemente, diminuía o desejo, a excitação, a lubrificação e tornava o sexo dolorido. Até hoje isso não é muito comentado. Quando você vai ao ginecologista para conversar sobre as pílulas, raramente você ouve o médico dizer, "A propósito, essa pílula pode causar perda da libido". Se esse assunto fosse discutido, o diálogo seria assim:

Paciente: "Eu parei de tomar a pílula".
Médico: "Por quê?"
Paciente: "Meu namorado terminou comigo porque pensou que eu não o amasse mais, afinal eu perdi o interesse por ele. Isso aconteceu logo depois que eu comecei a tomar o anticoncepcional. Isso faz sentido?"
Médico: "Sim, é uma possibilidade".
Paciente: "Bem, ele me disse que o desejo vem em primeiro lugar! Ele foi o amor da minha vida e agora tudo que faço é sentir pena de mim mesma, comendo um monte de porcaria todos os dias. Eu perdi

meu emprego porque estava muito deprimida e, com isso, apareceram acnes horrorosas no meu rosto. Agora ninguém quer sair comigo".

Não me entenda mal. Eu acredito na pílula, pois permite que a mulher faça sexo com seu parceiro sem o risco de uma gravidez não planejada. No entanto, como médica, eu estimulo minhas pacientes a discutir sobre os vários tipos de pílulas anticoncepcionais que existem no mercado e qual delas pode ser a melhor opção. Escolher a pílula adequada e acompanhar atentamente as reações da mulher são fatores fundamentais para manter a saúde física, emocional e sexual. Os efeitos colaterais podem incluir ganho de peso, irritabilidade emocional, perda de cabelo, acne, refluxo gástrico, constipação e diminuição da libido. Se você já está sem libido, pelo menos saberá que é por causa da pílula e não necessariamente por causa do seu relacionamento.

No entanto, um estudo feito em 1996 na Universidade Estadual de São Francisco mostrou que o tipo de pílula que você toma pode fazer a diferença. Os pesquisadores descobriram que as mulheres que tomavam comprimidos trifásicos faziam mais sexo, tinham mais fantasias sexuais e geralmente ficavam mais excitadas durante as relações do que as mulheres que tomavam outros tipos de pílulas. Contudo, os pesquisadores não sabiam por que as pílulas trifásicas tinham esse efeito. Pode ser por causa da menor quantidade de progesterona que esses comprimidos têm. Hoje em dia, há muitas opções e pode ser que você não acerte de primeira, mas, com certeza, haverá uma que será ideal para você. Geralmente, eu recomendo a pílula monofásica por várias razões. Ela fornece a mesma quantidade de hormônios durante o ciclo, havendo menos mudanças de humor; as mulheres menstruam por no máximo quatro dias e não engordam muito. Talvez, o mais importante seja o fato de que as pílulas monofásicas não diminuem tanto a libido quanto as pílulas bifásicas ou trifásicas. Além disso, essas pílulas não aumentam muito as globulinas de ligação do hormônio sexual (SHBG), deixando mais testosterona livre. Em outras palavras, quando você toma pílulas monofásicas fica com mais desejo.

Os antiácidos afetam a vida sexual?

As pílulas anticoncepcionais não são os únicos medicamentos que causam perda da libido. Muitos remédios têm esse mesmo efeito, incluindo as medicações para hipertensão, os bloqueadores beta, os anticonvulsionantes, o *Prozac* e o *Paxil*. Mesmo os remédios que não precisam de receita, como os antiácidos (incluindo *Zantac*, *Tums*, *Mylanta*) e os anti-histamínicos (como *Zyrtec* e *Benadryl*) podem fazer você dizer: "Desculpe, querido, essa noite não". Os antiácidos neutralizam a produção de ácido no seu sistema digestório. Porém, o ácido é necessário para a absorção de certos nutrientes que ajudam na produção de hormônios. Os anti-histamínicos podem deixar você cansada, além de reduzirem os receptores que estimulam o orgasmo. Portanto, se você está desinteressada de ter relações sexuais e não consegue descobrir o porquê, verifique com seu médico. Pode ser um novo remédio que você está tomando e dando dor de cabeça – literalmente ou metaforicamente.

PREPARAR... APONTAR... RECARREGAR!

Depois que você verificou seus hormônios e talvez tenha recebido o tratamento de que precisa, sua próxima etapa é manter e conservar a intimidade, o lúdico e o romance que você tinha no passado quando fazia amor com seu parceiro. Os relacionamentos mudam com o passar dos anos, podendo deixar a rotina e a complacência rastejando em suas vidas ao invés do desabrochar do primeiro amor. Isso é muitas vezes esperado e até reconhecido, o que não significa que você diga: "Oh, bem" e desista. Há uma infinidade de coisas que você pode fazer para manter sua vida amorosa gratificante e energética. Aqui vão algumas:

Converse com suas amigas

A maioria das mulheres que não está satisfeita com sua vida sexual sente-se isolada com seus problemas. Elas sentem-se como se todo mundo fizesse um ótimo sexo, menos elas. A verdade é que milhões de mulheres estão na mesma situação e pode ser uma boa ideia conversar com suas amigas sobre isso. Aborde-as com bom humor – e talvez uma ou duas taças de vinho – e você pode se surpreender ao descobrir que elas sentem-se da mesma forma. Porém, se elas sentem-se de uma forma diferente, podem ajudá-la com algumas dicas para apimentar sua relação. Se você não se sente à vontade para isso, experimente falar com um terapeuta. Muitas pessoas ficam nervosas quando vão ao médico. Isso é compreensível – ninguém gosta de se sentir mal ou imaginando se têm alguma doença grave que deixará a vida de cabeça para baixo. Vou dar um exemplo. A Íris foi minha paciente por muito tempo e eu sabia que, com exceção de pequenos problemas de desequilíbrio hormonal, ela estava em boa forma. Por isso, fiquei muito preocupada quando ela entrou no meu consultório para um acompanhamento de rotina, pois ela estava pálida, trêmula e incapaz de me olhar nos olhos. Gentilmente, eu conversei com ela e finalmente ela me disse o que estava errado. Ela e o marido estavam tendo problemas na cama. Seu cansaço era frequente e ele não tinha mais ereção. O pior disso tudo é que a Íris tinha certeza de que isso estava acontecendo porque ela não era mais atraente para mantê-lo interessado ou ele tinha outra mulher. Ela não conseguiu falar com suas amigas sobre isso porque todas pareciam estar muito seguras em seus relacionamentos (bem, havia uma amiga se divorciando, mas certamente não tinha nada a ver com assuntos sexuais. Além disso, suas amigas eram lindas). Com isso, ela estava muito envergonhada e veio me ver para que eu pudesse ajudá-la.

Eu disse que não havia nada de anormal com ela, mas que faríamos alguns exames para ver se as dosagens hormonais estavam em equilíbrio (e se não estivessem, nós as corrigiríamos) e a elogiei por ter vindo falar comigo. Não havia nenhuma razão para a Íris, ou qualquer pessoa, sofrer em silêncio sobre um problema que afeta diretamente a qualidade de vida. Finalmente, ela teve o bom senso de discutir sua relação com o marido, que ficou aliviado com isso. Por fim, descobriu-se que o problema era um desequilíbrio hormonal no marido dela (mas isso é uma história para outro livro) e ele ficou grato por ela tê-lo persuadido a ir ao médico. Atualmente, o casamento deles está mais forte do que nunca e ela está mais *sexy*. Com isso, concluímos que nem sempre o problema é da mulher e que uma boa conversa resolve a maioria dos assuntos sexuais.

Não tenha vergonha de falar com o seu médico sobre esses assuntos. Provavelmente, ele já teve essa conversa com dezenas, centenas ou até milhares de outras pacientes, e é confidencial, ninguém vai fazer fofoca sobre isso.

Você já tem uma relação "íntima" com seu médico – ele ou ela provavelmente já viu você nua e, se já fez Papanicolau ou exame retal, nada mais íntimo que isso, certo? Um bom médico fará você se sentir confortável para falar sobre qualquer coisa. Se seu médico não pode ajudá-la, ele pode, pelo menos, indicar um especialista. Você não deve sentir-se envergonhada ou culpada, pois é uma situação muito comum.

O que você não consegue ver é que seu parceiro deve estar se sentindo do mesmo jeito. Por isso, converse com ele, compartilhando suas preocupações. Talvez, juntos, vocês podem encontrar maneiras de melhorar a situação – veja as dicas de revitalização no final desse capítulo.

Dê uma massagem

Você não precisa ser uma massagista profissional para fazer alguém se sentir bem. Uma simples esfregada no ombro pode ser extremamente sensual. Se seu parceiro gosta de massagem, essa pode ser uma ótima maneira de começar uma noite romântica. Também é uma boa oportunidade para descobrir (ou redescobrir) como seu parceiro gosta de ser tocado. Algumas pessoas gostam de toques suaves, enquanto outras preferem uma massagem profunda. É mais fácil começar com seu parceiro deitado de bruços, enquanto você massageia o pescoço e os ombros, que são os locais onde a maioria das pessoas armazena muita tensão. Se você descobrir um local em que seu parceiro goste de ser alisado, é provável que nessa região ele também vá gostar de ser beijado. Experimente fazer massagens com óleos, muitos dos quais são comestíveis. Tente colocar uma música calma de fundo. Mais uma opção é sentar atrás do seu parceiro na banheira para massageá-lo. A água quente pode dar uma sensação gostosa. Naturalmente, seu parceiro dirá que amanhã à noite será sua vez.

Tente acupuntura

Na acupuntura, uma baixa libido é vista como um desequilíbrio do *chi* nos órgãos, mais especificamente nos rins e no coração.

De acordo com a Clínica Mayo, cerca de 40% das mulheres reclama de uma perda do desejo sexual em algum momento de suas vidas. Muitos dos problemas de libido em mulheres são resultado de desequilíbrios hormonais e a acupuntura pode ser eficaz no tratamento dessas condições. A acupuntura pode ajudar a resolver muitos problemas sexuais em homens e mulheres. Além disso, ela pode auxiliar a aliviar os sintomas da menopausa.

Normalmente, eu recomendo acupuntura para as mulheres que não possuem um desequilíbrio hormonal óbvio ou para quem a terapia hormonal é inadequada. Geralmente, as sessões são feitas duas vezes por semana durante três ou quatro semanas. Em seguida, a cada semana, se estiver ajudando.

Assista a um filme pornográfico

Os homens adoram esses filmes. Seria uma boa ideia ver se você também adora. Se você não gosta, não use isso como uma ajuda picante. Muitas mulheres acreditam que as mulheres não podem gostar de assistir a pornôs. Porém, de acordo com o IBOPE Nielsen, nos três primeiros meses de 2007, aproximadamente um em cada três visitantes de sites de entretenimento adulto era do sexo feminino. Durante o mesmo período, quase 13 milhões de americanas assistiram pornôs *on-line* pelo menos uma vez por mês. Num estudo feito em 2006 na Universidade McGill, os pesquisadores monitoraram mudanças de temperatura dos genitais para mostrar o despertar sexual. Eles descobriram que quando foram apresentados filmes pornográficos, o despertar começava em 30 segundos, tanto em homens quanto em mulheres. Os homens chegaram à excitação máxima em cerca de 11 minutos e as mulheres em 12. Se você nunca assistiu a um filme pornográfico, talvez tenha curiosidade de assistir a um. Isso não faz de você uma depravada e pode ser um "desejo secreto" para você e seu parceiro, se ambos quiserem obter prazer disso. Muitas mulheres me dizem que nunca chegaram até o final do filme com seu parceiro – o filme mal começa e eles já estão sem roupa.

O Kama Sutra do século XXI

O *Kama Sutra* é um antigo manual de sexo que foi escrito e reescrito ao longo dos séculos. Ele é um clássico literário de 1.700 anos e baseia-se na premissa de que todos podem se beneficiar com informações úteis e esclarecedoras sobre a "maneira certa de viver". É hora de atualizar os conselhos do *Kama Sutra*, usando pesquisas médicas baseadas em evidências. Começamos com o poder do perfume e sua capacidade de efeito psicológico e sexual, que são temas recorrentes do *Kama Sutra*, sendo estudados pela ciência moderna. Aproveitando o poder de atração e desejo do perfume, há uma opção fácil, rápida e barata, que é colocar pétalas de flores frescas e perfumadas espalhadas pelo quarto, sobre os travesseiros e lençóis, ou usar óleos essenciais no banho ou em difusores. Curiosamente, certas fragrâncias podem criar impressões positivas sobre nós. De acordo com estudos realizados por Alan R. Hirsch, no Centro de Pesquisa de Tratamento do Olfato e Paladar, em Chicago, as mulheres que usavam perfumes mais cítricos tendiam a ser vistas pelos homens como cinco a sete anos mais jovens do que realmente eram, enquanto os aromas picantes florais faziam os homens perceberem as mulheres 5,5 quilos mais magras do que o peso real. A equipe do Dr. Hirsch constatou ainda que o jasmim promove receptividade nos homens; por isso, experimente aplicar óleo essencial de jasmim antes de um encontro. Lavanda e canela foram os perfumes que mais despertaram sexualmente os homens, aumentando o fluxo sanguíneo no pênis. No *Kama Sutra* e em outras literaturas antigas, a canela é usada como um perfume para atrair os homens a um abraço romântico.

Obviamente, o *Kama Sutra* tem muito mais do que o poder do perfume. Ele descreve uma variedade de posições sexuais para dar prazer a ambas as partes. É um belo livro que pode funcionar como um guia, além de apimentar o romance. Se você é tímida, pode ser uma ótima maneira de extravasar.

Se você está procurando por guias de sexo mais modernos, há uma grande variedade no mercado, que podem ser divertidos e educativos, tais como:

- *The Enlightened Sex Manual: Sexual Skills for the Superior Lover,* escrito por David Deida (O manual do sexo iluminado: habilidades para o amante superior)
- *The Sex Bible: The Complete Guide to Sexual Love,* escrito por Susan Crain Bakos (A Bíblia do sexo: O guia completo para o amor)
- *Discovering Your Couple Sexual Style: Sharing Desire, Pleasure, and Satisfaction,* escrito por Barry W. McCarthy and Emily McCarthy (Descobrindo o estilo sexual do casal: Compartilhando o desejo, o prazer e a satisfação)

E não se esqueça das revistas e contos eróticos, que podem ser muito estimulantes para o casal ou a você. O que você lê depende do seu nível de conforto – é bom forçar um pouco, mas não tanto, a ponto de ficar desagradável e você não conseguir se excitar.

Feng shui no quarto

Se você quer que seu quarto seja propício para recarregar sua vida amorosa, tente um pouco de *feng shui*, que é a arte de criar um ambiente doméstico agradável e atraente para a vida que deseja ter. O elemento chave do *feng shui* é criar um bom fluxo *chi* (energia positiva) em toda sua casa – incluindo o quarto também. Veja algumas dicas de *feng shui* para criar a energia sexual no quarto:

- Coloque imagens românticas em dois pontos principais do quarto: na parede oposta ao pé da cama (desta forma você pode vê-la quando estiver deitada) e na parede em frente a porta, para olhar toda vez que entrar no quarto. Pode ser uma pintura romântica, flores ou uma escultura erótica.
- Não faça ginástica no quarto ou trará a energia do trabalho e do esforço para seu espaço de romance.
- Decore com cores quentes e tons como amarelo, bege ou damasco. O vermelho, que é a cor do amor e da paixão, é melhor para a energia sexual. O amarelo simboliza a comunicação. Os móveis podem ser suaves e confortáveis.
- Remova toda a bagunça para que a energia possa fluir por todo o quarto. A desordem bloqueia o fluxo *chi*.
- Espalhe fotos suas com seu parceiro e evite ter muitas de amigos ou familiares, pois o quarto é um lugar para você compartilhar com seu amado. As fotos de família devem ficar na sala.

Use os afrodisíacos

Outro item que percorre o *Kama Sutra* é o poder sensual da comida e da bebida para aumentar a receptividade, reforçar a intimidade e aguçar o romance. Siga essa sabedoria milenar e compartilhe com seu parceiro o sabor condimentado da canela em pratos como sopa de abóbora, cenouras no mel com canela, torta de maçã e biscoitos de canela. Saboreie doces de alcaçuz e beba água com fatias de pepino. Os afrodisíacos mais atuais incluem água aromatizada com suco de romã, champanhe, vinho tinto e frutas como amora, framboesa e pêra. O chocolate preto, quando desfrutado com moderação, fornece benefícios que melhoram a saúde e aumentam a libido. De acordo com um estudo publicado no *Journal of the American College of Nutrition,* pequenas doses diárias de chocolate preto, rico em flavonoides, consumido por duas semanas, dilatam os vasos sanguíneos, promovendo maior fluxo de sangue por todo o cérebro e corpo, que deixam o coração mais saudável.

Vinho para namorar

Muitas pessoas gostam de beber uma ou duas taças de vinho durante o jantar para obter um clima romântico. Isso é ótimo, mas o que realmente acontece é que ao beber bebida alcoólica às sete ou oito da noite, você irá para a cama umas duas horas depois e já estará muito cansada, pensando somente em dormir.

Guarde o vinho para depois que as crianças forem para a cama, pois já terá conversado sobre o dia e estará pronta para um pouco de romance.

O sexo do lado esquerdo do cérebro

Você sabia que um lado do seu cérebro se sente mais feliz do que o outro? O lado esquerdo é mais otimista e alegre, enquanto o lado direito tende a sentir-se mais negativo, pessimista, ansioso e triste. O Dr. Daniel G. Amen escreveu em seu livro sobre o cérebro que as mulheres que querem dar uma impressão *sexy* e positiva, devem ficar do lado direito do parceiro, pois dessa forma terá uma experiência processada do lado esquerdo do cérebro, que é mais feliz e otimista. É divertido fazer isso com várias situações românticas. Por exemplo, num jantar, sente-se ao lado direito da pessoa que lhe interessa, pois assim terá uma resposta mais calorosa. Da mesma forma, quando você estiver pronta para ir embora da balada, fique ao lado direito do seu parceiro. Em situações amorosas, faça carícias na mão direita do seu parceiro e ele também responde na sua mão direita, pois isso excitará muito mais a ambos. O mesmo ocorre com o beijo.

Tente estimular seu lado direito e preste atenção como seu parceiro reage, isso poderá dar a você uma experiência mais profunda de toque e resposta sexual. Peça ao seu companheiro que a toque do lado direito e veja como se sente em relação ao outro lado. As pesquisas sobre imagens do cérebro feitas na Universidade de Kuopio, na Finlândia e em outros lugares, mostraram que o orgasmo é primariamente processado do lado esquerdo do cérebro e que as mulheres têm mais acesso a esse lado do que os homens.

Uma jogada ousada: amplifique o ponto G

Imagine que você pode melhorar a qualidade do seu orgasmo simplesmente tomando uma injeção rápida e quase indolor no consultório médico. A amplificação do ponto G permite isso e é um procedimento que ajuda milhares de mulheres a melhorar incrivelmente sua satisfação sexual. Porém, é um procedimento controverso e não aprovado pela FDA, principalmente porque não existe consenso sobre onde é o ponto G, ou mesmo se ele existe. De fato, eu comentei sobre isso só para você saber que existe uma grande variedade de opções para as mulheres que estão interessadas em aprimorar suas vidas sexuais.

De acordo com alguns especialistas, o ponto G está localizado na parte anterior da parede vaginal, aproximadamente dois ou três centímetros antes do colo do útero. A textura dessa região é diferente do resto da vagina, parecendo veludo. No entanto, a Dra. Dolores Kent, de Los Angeles, uma pioneira em procedimentos vaginais especializados, diz que o ponto G não é um ponto de referência anatômico, sendo mais uma zona do que uma mancha. Muitas mulheres (e seus parceiros) passam a vida sem saber onde é o ponto G, o que é lamentável, pois acariciando e pressionando levemente essa região, a mulher pode ter um orgasmo intenso e muita excitação. O procedimento começa com o médico localizando o ponto G com um espéculo para medições. Em seguida, aplica-se um anestésico local na área do ponto G e depois da anestesia é injetado um colágeno sintético humano, criando uma pressão que empurra o ponto G. A Dra. Kent diz, "quatro horas depois, a mulher vai para casa e pode fazer amor na mesma noite. Os benefícios do procedimento duram cerca de três meses." Isso não é para as mulheres que não têm orgasmo, mas para as que querem melhorar as sensações que elas já têm. Muitas

> das minhas pacientes têm 30 anos e descrevem seu nível de satisfação sexual com uma nota seis antes do procedimento e com um dez depois.
>
> O custo desse procedimento varia de médico para médico, mas, em média, sai por 1.600 dólares. Já o *Viagra*, as injeções e próteses penianas, muitas vezes, têm cobertura dos planos de saúde para melhorar a satisfação sexual masculina.

A amplificação do ponto G ainda é considerada pelos planos de saúde como uma cirurgia cosmética eletiva.

No entanto, enquanto você está praticando sexo seguro com o seu parceiro, o custo justifica-se, pois um bom sexo é benéfico para sua saúde física e mental.

Faça yoga

Certas modalidades de yoga dizem que a experiência sexual é um meio de iluminação. A yoga tântrica diz que há muita energia bloqueada na sexualidade e que, se for liberada desde a extremidade inferior da coluna vertebral, trará iluminação divina para o cérebro. A energia sexual é considerada a forma mais concentrada de energia bioquímica no corpo humano. Veja abaixo um exercício direcionado especificamente para aumentar a energia sexual:

1. Ajoelhe no chão e sente sobre os calcanhares, com as costas retas.
2. Estique os braços para cima e entrelace os dedos, deixando os indicadores esticados e apontados para cima, pressionando-os.

3. Fale a palavra *sat* enquanto puxa as mãos em direção à cabeça, contraindo o reto e a vagina. Solte a respiração e relaxe seus músculos dizendo a palavra *nam*. Repita o processo por três minutos e em seguida inspire e aperte os músculos das nádegas, percorrendo todo o caminho até passar pelos ombros. Quando terminar, deite de costas e descanse por alguns minutos.

Faça meditação

Um estudo conduzido pela psicóloga Lori Brotto, na universidade de British Columbia, no Centro de Medicina Sexual, em Vancouver, focou-se na prática da atenção, uma técnica budista de meditação em que você chega a um estado mental caracterizado por uma consciência serena de tudo o que você enfrenta no momento. Por exemplo, muitas mulheres que se queixam de perda da libido não se concentram nos seus sentimentos físicos durante o sexo, distraindo-se ao pensar nas tarefas do dia seguinte ou preocupando-se com os filhos, ou ainda pensando na sua carreira profissional. A psicóloga incentiva essas mulheres a focar em suas sensações e a repetir frases como "meu corpo está vivo e sexual". Os resultados relatados são aumento da libido e relacionamentos melhores.

"Plantas quentes" e suplementos para a vitalidade sexual

Embora os hormônios sintéticos façam maravilhas em algumas mulheres, também existem alguns remédios naturais derivados de plantas que podem impulsionar a libido e fornecer resultados excelentes. Se você não está disposta a tomar estrogênio ou se está preocupada com as contra-indicações que a reposição hormonal possa ter, é bom ressaltar que há outras opções. É muito importante perceber que a química do corpo de cada mulher é única e pode reagir de forma diferente para certas medicações. *Sempre* converse com seu médico antes de iniciar qualquer ingestão de suplementos ou medicações.

Com isso, veja algumas plantas que podem ajudar você a recuperar a vitalidade sexual:

- **Maca-Andina:** É uma raiz resistente da Cordilheira dos Andes, que tem um grande potencial para ajudar a reduzir os sintomas debilitantes da menstruação, pré-menopausa, menopausa e pós-menopausa. As pessoas que ingerem essa raiz dizem que ela dá uma sensação de força e energia. Pode ser difícil encontrar a maca-andina. Certifique-se de comprar um produto confiável.

- *Tribulus terrestris*: Tradicionalmente usada como um suplemento para aumentar a energia, revigorar o apetite sexual, diminuir a gordura corporal e melhorar o desempenho físico. Pode aumentar os níveis de testosterona nas mulheres, mas não o suficiente para a masculinização. Também pode ser usada para atenuar os sintomas da menopausa, como ondas de calor, transpiração, insônia e baixa libido.

- **Ginseng:** Há mais de 3.000 anos, é considerada por toda a Ásia um tônico supremo, pois essa planta ajuda a fortalecer os órgãos. Hoje em dia, as pessoas tomam ginseng para melhorar a saúde e o bem-estar sexual, aumentar a resistência física para grandes altitudes, viagens de avião etc. O ginseng deve ser tomado diariamente pelo menos por vários meses, pois seus efeitos são cumulativos. *Por favor, preste atenção: o ginseng não é recomendado para as pessoas que têm pressão alta.*

- **Arginina:** Desempenha um papel importante na divisão celular, na cicatrização, na remoção da amônia do corpo, na imunidade e na liberação de hormônios. A arginina também é usada para tratar a disfunção erétil, pois aumenta a circulação sanguínea em todo o corpo, incluindo os órgãos sexuais, e melhora a capacidade reprodutiva.

- **DHEA:** É um hormônio que é eliminado por todo o corpo durante o sexo. No orgasmo, aumentam cinco vezes os níveis de DHEA no sangue. É secretado pelo córtex da adrenal (parte externa das adrenais localizadas em cima de cada rim), sendo necessário para a produção de testosterona em humanos. Os altos níveis de DHEA são associados com a longevidade, o aumento da libido e da massa muscular, e a diminuição da depressão. Os estudos mostram que a suplementação com DHEA melhora o humor e diminui a concentração noturna de cortisol, que é elevada na depressão.

- **5-HTP:** É o neurotransmissor precursor de serotonina. O triptofano, um aminoácido essencial, é metabolizado em 5-HTP pelo organismo. Por sua vez, o 5-HTP é convertido em serotonina, regulando o sono, a ansiedade, a depressão, o comportamento sexual, a sensação de dor e o apetite. O

5-HTP é produzido através das sementes da planta africana *Griffonia simplicifolia*. Alguns fármacos antidepressivos, incluindo os inibidores de recaptação seletiva de serotonina (ISRS), como o *Prozac*, são responsáveis por aumentar a quantidade de serotonina no cérebro. Portanto, o 5-HTP pode servir como uma alternativa natural para substituir os medicamentos tipo ISRS.

- **Suco "verde":** As substâncias mais comuns do suco verde são as cianofíceas, a clorofila do trigo, da cevada e da aveia, e as algas spirulina, chorella e dulse. O suco verde contém muitos nutrientes fortificantes e ricos em sais minerais, que ajudam as enzimas e as vitaminas a executarem suas funções. O suco verde também pode fornecer aminoácidos essenciais, que não podem ser fabricados pelo corpo, mas que são vitais para a saúde e o funcionamento sexual. Além disso, a clorofila presente no suco verde ativa as enzimas que produzem as vitaminas E, A e K. A clorofila tem uma estrutura que é quase idêntica a da hemoglobina, uma sustância que transporta o oxigênio para todo o corpo, promovendo mais energia para você desfrutar de uma vida sexual saudável.

Todos os suplementos listados aqui podem ser comprados sem receita médica e todos eles têm dosagens sugeridas pelos fabricantes. Nunca tome mais que a dose recomendada e sempre verifique com seu médico se não há problema em consumir esses suplementos, pois alguns podem reagir com medicamentos que você possa estar tomando.

A energia sexual
DICAS DE REVITALIZAÇÃO

Eu sei que muitas de vocês estão ansiosas e animadas para ter de volta o prazer dessa energia. Compreenda que reviver seu desejo sexual é, de certa forma, como iniciar uma bateria de exercícios. Muitas vezes, nós não queremos nos exercitar, mas quando começamos, até que apreciamos. Quanto mais fazemos, mais poderemos olhar para a frente, enxergando o prazer que merecemos. Essas etapas destinam-se a ajudá-la a obter sua libido de volta, por isso são individuais para as suas próprias expectativas. Se você não está fazendo sexo todos os dias, será ótimo se as dicas de revitalização conseguirem que você faça pelo menos uma vez por semana. Se você faz sexo regularmente, mas quer dar uma apimentada, use essas dicas para sair da rotina sexual. Não há fórmula mágica ou regras de relacionamento que mandem você fazer sexo (com um parceiro ou sozinha) uma certa quantidade por semana para ser saudável ou feliz. Porém, se você quer agitar um pouco as coisas, meu conselho é tentar pelo menos seguir algumas dessas etapas e ver o que acontece.

1. **Converse com seu parceiro**: Explique que ele poderá receber surpresas e que será um momento de experimentação. Diga-lhe que será como uma segunda lua de mel, embora vocês não pretendam viajar. Mesmo que você fique um pouco desconfortável ao declarar suas intenções,

a abertura da comunicação para o sexo é um passo importante para melhorar a relação. Lembre-se que se trata de uma parceria e que isso é algo que você quer fazer para melhorar a sua vida sexual e a dele também. Peça ao seu parceiro que se envolva. Afinal, qual homem não se anima com a ideia de fazer mais sexo?

2. **Comece o dia fazendo amor**: Começar o dia fazendo sexo é uma das melhores maneiras de manter sua saúde sexual. Há razões fisiológicas e psicológicas para isso. Conforme aprendemos anteriormente, os níveis de cortisol começam altos pela manhã e declinam ao longo do dia, com subidas intermitentes caso as adrenais sejam despertadas por alguma perturbação. O que geralmente ocorre é que, ao acordar e sair da cama, o estresse já começa, pois tem que levar os filhos para a escola, se arrumar para trabalhar, enfrentar o trânsito, discutir quem vai buscar os filhos na escola para levá-los a outras atividades e pensar em um monte de coisas. Se você acordar um pouco mais cedo para fazer sexo com seu parceiro (aqui vai uma provocação, claro que isso só levará alguns minutos), manterá elevado os níveis de cortisol que, em seguida, cairão gradualmente sem ter os altos e baixos que geralmente ocorrem pela manhã. Além disso, o sexo produz endorfinas, os hormônios que dão uma sensação boa, que ajudam a impulsionar a energia e estabilizar seu humor para o resto do dia. Depois, quando você estiver cansada à noite, talvez seu parceiro não seja tão insistente.

3. **Quebre a rotina de vez em quando:** Fazer sexo pela manhã nem sempre é possível. Que tal ter prazer um pouco mais tarde? Talvez você e seu companheiro possam dar uma fugidinha para almoçar em casa enquanto as crianças estão na escola.

Se você tem filhos, dê uma escapadinha de 10 ou 15 minutos para a garagem e faça sexo no banco de trás do carro enquanto seus filhos estão sendo supervisionados em outro lugar. Faça sexo no armário, no banheiro e tomando banho. Se seu marido trabalha numa sala só dele, talvez você possa levar um lanche para ele após o expediente quando todos já foram embora. Em seguida, quando seu marido retornar para o escritório no dia seguinte, ele estará pensando sobre o que aconteceu na noite anterior. Lembre-se que a vida sexual não é feita somente de penetração, pode ser sexo oral ou somente carícias. O que fornece qualidade para a sua relação são as surpresas e a variedade.

4. **Aprenda a acariciar-se:** Se você quer ficar de bom humor, redescubra o que faz você sentir-se bem. Masturbe-se (faça isso antes do seu marido chegar ou faça junto com ele). Vista algo sexy para ir para a cama com o seu parceiro ou não (você já viu o que a maioria das mulheres veste para deitar?). Também é uma boa ideia não vestir nada – embora a maioria dos homens ache mais sexy uma roupa íntima de seda do que o corpo totalmente nu. Fale (ou relembre) com seu parceiro sobre o que você gosta e pergunte o mesmo para ele. Divirtam-se

juntos. Lembre-se que, assim como os primatas, somos um dos poucos animais que podem ter orgasmos múltiplos. Aproveite isso, principalmente se você não tiver um parceiro nesse momento. As mulheres solteiras certamente merecem os benefícios da saúde e energia sexual tanto quanto as que estão comprometidas (apesar das mulheres casadas fazerem estatisticamente mais sexo do que as solteiras. De acordo com o livro *The Case for Mariage*, escrito por Linda J. Waite e Maggie Gallagher, 43% das pessoas casadas têm sexo duas vezes por semana, em comparação com os 20 a 26% das pessoas solteiras). Não importa, sendo casadas ou solteiras, as mulheres nunca se deram tanto prazer quanto agora. Uma pesquisa feita em 2008, em que foram entrevistadas mais de 1.000 mulheres inglesas com idades entre 18 e 30 anos sobre seus hábitos e atitudes sexuais, mostrou que as práticas certamente mudaram ao longo dos anos: 92% das mulheres entrevistadas admitiram masturbar-se; em 1979, eram 74% e, em 1953, eram 62%.

5. **Não leve trabalho para a cama:** A cama é lugar de somente duas coisas: sexo e sono. Deixe o seu laptop de lado, tranque sua gaveta e desligue a TV. Se você se condicionar que é assim que deve ser, não precisará mais fazer isso.

6. **Presenteie-se com chocolate:** O chocolate é um deleite sensual e a ciência explica. A quantidade de endorfina

produzida ao comer chocolate, principalmente o preto, é similar à quantidade produzida nos momentos prazerosos de uma relação sexual saudável. O chocolate também contém feniletilamina, que estimula a liberação de dopamina nos centros de prazer comumente associados a um orgasmo. Eu recomendo um chocolate especial chamado K sensual, que são pedaços de chocolate com uma combinação de ervas chinesas (incluindo uma chamada *Epimedium grandiflorum*), que aumenta temporariamente a sensibilidade da mulher. Coma um chocolate com uma bebida quente ou uma bebida alcoólica na hora do almoço e outro antes de ter relações (você pode encontrar esse chocolate em www.dianekronchocolates.com).

7. **Fazer sexo é prioridade:** Alguns casais reservam um dia da semana, não necessariamente para fazer sexo. Portanto, se sua vida sexual não está bem como você queria, planeje a intimidade. Há um velho ditado que diz "fail to plan, plan to fail" (falhar em planejar é planejar para falhar). Pergunte a si mesma: O sexo é um luxo ou uma necessidade? Para a maioria dos casais, é essencial para manter um relacionamento saudável. Comece reservando um tempo por semana para fazer sexo e, em seguida, certifique-se de que irá cumprir o plano. Isso irá ajudá-la a voltar à atividade sexual, fazendo-o ser parte da rotina de sua vida.

Neste capítulo, você aprendeu os prós e os contras para uma ativa e prazerosa vida sexual em qualquer idade. Abordamos as maneiras de atualizar o seu equilíbrio hormonal e melhorar seu bem-estar e libido.

Eu convido você a experimentar coisas novas e receber em troca sua vitalidade, seu divertimento e sua disposição para escutar as necessidades do seu parceiro, bem como falar das suas. Fazer amor é mais que um desejo instintivo, é uma oportunidade de cuidar de uma parte muito importante da vida de uma mulher. Agora é hora de começar a movimentar o corpo para fora do quarto, impulsionando seu metabolismo e mantendo essa boa energia que flui.

6
Passo 5

Movimente o corpo e impulsione o metabolismo

―◆―

Entenda a minha filosofia sobre atividade física: sem desculpa. Eu fui atleta (ou pelo menos atlética) a maior parte da minha vida, participando da equipe de esqui da minha escola e, até recentemente, continuei a esquiar. Porém... enquanto eu escrevia esse livro, passei por três cirurgias para reparar ferimentos que ocorreram quando eu praticava o esporte que tanto amo. Pensei, e agora? O que eu faço? Simplesmente, eu poderia parar de esquiar, afinal, quem poderia me culpar? Eu tinha uma desculpa muito boa, o problema eram meus joelhos e tornozelos, mas eu não sou derrotada tão facilmente.

Eu tentei praticar esqui de fundo, mas não tive a adrenalina que tenho com o esqui alpino. Também tentei fazer caminhadas, mas o único que me acompanhava era meu cachorro, porém a neve era muito funda para ele e isso acabou não dando certo. Com isso, decidi praticar *snowboard*, para o qual sou considerada velha e é um esporte que eu nunca tinha feito antes – não tinha interesse –, que é difícil, mas estou fazendo. Estou com dores, mas estou fazendo.

Eu não posso dizer quantas vezes as pacientes entram no meu consultório e dizem que, no passado, conseguiam perder peso, comiam alimentos saudáveis e faziam atividade física rotineiramente. Elas justificam seus quilos extras, explicando que já não podem se exercitar porque tiveram um acidente de carro ou caíram na calçada e torceram as costas, ou... alguma coisa interrompeu a rotina delas e por isso não conseguem mais fazer o que costumavam fazer antes. Eu não deixo que elas sigam com esse assunto, dizendo. Você quebrou o tornozelo? Então trabalhe com a parte superior. Você teve que operar o joelho? Faça abdominais. A menos que você tenha quebrado o corpo inteiro, não há motivo que impeça você de fazer alguma atividade.

Quando eu decidi fazer *snowboard*, a primeira coisa que fiz foi encomendar meu equipamento pela internet. Depois, eu tive uma lição, deixar tudo para trás para começar algo novo. A minha primeira aula prática foi um desastre. Sinceramente, eu preferia estar num ringue de boxe com um campeão peso-pesado do que ter aquela aula novamente. Eu fui horrível e só não desisti porque já havia comprado meu equipamento. Aliás, foi esse um dos motivos de comprar o material antes de tudo, caso eu encontrasse uma desculpa para desistir, o gasto financeiro me faria repensar. Minha segunda aula foi tão ruim que meu instrutor me devolveu o dinheiro. Ah, mas a terceira aula… bem, deixa eu contar como sou agora, é a melhor coisa da minha vida. A ponto de não deixar que minhas lesões sejam uma desculpa para parar. Se você enfrentar um obstáculo, encontrará uma maneira de acabar com ele, viver com ele ou perto dele. Você se reinventa e faz outra atividade.

MUITO CANSADA? EXERCITE-SE MAIS

Eu sei. Você está cansada. É por isso que está lendo esse livro e está adiando esse capítulo (você pode até ter considerado não ler essa parte), mas o que de fato ocorre é que você não quer se exercitar. Você realmente não quer sair da cama ou do sofá. O velho princípio da inércia tem sua mágica: um corpo em repouso tende a permanecer em repouso. É preciso ter muita energia para se movimentar e até pensar em atividade já é desgastante.

Normalmente, eu não me sinto assim. Já viajei o mundo inteiro, caminhando por centenas de trilhas e escalando várias montanhas.

Mesmo assim, houve momentos, ainda mais com tantas ocupações de vida agitada, médica, esposa, mãe, em que eu não conseguia imaginar ter que levantar cedo para me exercitar, quando poderia dormir mais um pouco.

O que me convenceu a levantar e a me movimentar foi que os pesquisadores concluíram que uma das melhores maneiras de vencer a fadiga e de impulsionar sua energia é fazer mais atividade física e não menos. Os estudos mostram que quanto mais você se mexe – e não tem que ser muita coisa, apenas se levantar e caminhar ao redor da sala – mais disposta você se sente. Um estudo feito em 2008, publicado na revista científica *Psychotherapy and Psychosomatics,* mostrou que as pessoas sedentárias, que normalmente reclamam de fadiga, poderiam aumentar sua energia em 20% e diminuir a fadiga em cerca de 65% simplesmente fazendo regularmente alguma atividade física de baixa intensidade. Outros estudos mostram que você pode aumentar a energia e reduzir a fadiga apenas se exercitando, ao invés de usar medicações estimulantes. Isso foi constatado através dos grupos estudados, que incluíam adultos saudáveis, pacientes com câncer e pessoas com diabetes e doenças cardíacas.

A explicação para isso atinge profundamente a célula, onde existem as mitocôndrias, que são corpúsculos produtores de energia. Quanto mais você se movimenta, mais mitocôndrias são produzidas para atender às suas necessidades energéticas. E quanto mais mitocôndrias, melhor é seu metabolismo e, com isso, maior é a sua capacidade de produzir energia.

No capítulo sobre desintoxicação, você aprendeu que ao se livrar das toxinas, o corpo produz mais energia. Agora você tem mais uma razão para aumentar sua energia: o exercício físico acelera o processo de desintoxicação, pois faz o sangue circular com mais eficiência, permitindo que os nutrientes sejam distribuídos mais facilmente pelos órgãos e músculos. Ao mesmo tempo, a atividade física também ajuda na circulação da linfa, que remove toxinas e outras substâncias nocivas. Quando você se exercita, naturalmente absorve mais oxigênio e para ter espaço para que ele entre, as células expulsam as toxinas, que são eliminadas do corpo através do suor.

É evidente que o exercício faz mais do que aumentar a energia, ele também reduz o risco de doenças cardíacas, acidente vascular cerebral, hipertensão, diabetes, obesidade, dor nas costas, osteoporose, câncer de mama e de cólon. Além disso, melhora seu colesterol e seu sistema imunológico. Quando você se exercita, seus músculos usam glicose para produzir energia, reduzindo a glicemia. A atividade física também colabora com seu sono e você dorme muito melhor, pois há liberação de endorfinas que podem ajudar a aliviar o estresse e a depressão, aumentando a sensação de paz e felicidade. Também são liberados os hormônios adrenalina, serotonina e dopamina, que trabalham em conjunto para reforçar seu ânimo e sua energia.

COMECE DEVAGAR

Se você pensar sobre a biologia humana, começa a perceber que não fomos feitos para ficar sentados. Nossa natureza não é sedentária. Nós começamos como caçadores e só depois nos tornamos coletores e agricultores. Nossos ancestrais passaram a vida sendo perseguidos por predadores e correndo atrás da caça. Nunca foi necessário pensar em atividade física, pois ela era feita constantemente e diariamente. Milhares de anos mais tarde, nossos corpos não mudaram muito, mas nossa atitude em relação ao movimento, sim. Nós podemos passar o dia inteiro correndo atrás de um cliente, porém não saímos do lugar. Quando digitamos, nossos dedos obtêm mais exercício do que o resto do corpo. Para muitas pessoas, a atividade física tornou-se outra tarefa difícil para ser encaixada entre os filhos e as reuniões. Às vezes, leva mais tempo ajustar a atitude do que qualquer outra coisa para colocar os exercícios em sua rotina, principalmente se você leva uma vida sedentária e talvez nunca tenha feito qualquer tipo de atividade. O meu conselho é: comece devagar, um pouquinho de cada vez.

Isso pode parecer contraditório para a filosofia "sem desculpas" que eu mencionei anteriormente, mas não é, pois eu também acredito em ser realista.

Eu compreendo que muitas mulheres têm um jeito tudo-ou--nada de ser, ou seja, mergulhar de cabeça ou não fazer nada. Elas vão diariamente à academia por um mês, fazem esteira e outros exercícios, porém, quando fica muito difícil de manter, elas desistem. O corpo não consegue manter as boas intenções. Se você precisa perder peso e não tem o hábito de se exercitar, não conseguirá manter um treinamento rígido. Antes de tudo, comece seu programa de nutrição para perder alguns quilos e, em seguida, comece seu programa de exercícios. Se você está uns 30 quilos acima do peso e vai à academia, pode ficar desencorajada ao perceber que não aguenta três minutos sem perder o fôlego. Um estudo feito em 2009, na Holanda, demonstrou que começar e manter um programa de exercícios é mais fácil quando você já perdeu alguns quilos. Isso não significa que as pessoas que estão acima do peso sejam preguiçosas, apenas que é mais difícil se exercitar quando você está carregando peso extra. A maioria das pessoas desiste quando não vê resultados imediatamente, pois vivemos em uma cultura de gratificação instantânea. Se nos esforçamos por alguns dias e não vemos resultado, é fácil desistir. Ir à academia também pode ser intimidante ou embaraçoso, já que a maioria das pessoas parece estar em melhor forma que você. Nesse caso, pode ser melhor começar um programa de exercícios em casa ou frequentar uma academia que só atenda mulheres. Quando você começar a perder peso, vai se sentir mais leve e terá mais resistência. Melhore sua alimentação, seu sono, seu sexo, sua suplementação recomendada e, em seguida, será mais fácil começar a se exercitar.

Arquivo da Dra. Eva

A Maryellen tinha 60 anos, estava acima do peso e havia perdido a mãe recentemente. Ela estava exausta e sua alimentação saiu do controle. Por isso, me procurou para perder peso. Conversamos um tempo sobre nutrição e eu perguntei qual era o seu nível de atividade física, e ela disse que era uma pessoa muito sedentária. "Mas", ela disse, "vou começar a frequentar uma academia na segunda-feira".

"Você está com 60 anos e nunca fez ginástica antes?"

"Não", ela disse.

"Então, o que faz você pensar que vai fazer agora?", eu perguntei.

Ela parecia envergonhada e admitiu que as chances dela ir à academia eram muito baixas. "Tenho uma esteira em casa", ela disse alegremente.

"Você a usa? Se você não usa a esteira em casa, vai conseguir ir à academia?"

"Acho que não", ela disse.

Eu sugeri a ela que, por enquanto, colocasse a academia em segundo plano e se concentrasse em mudar sua dieta. Depois, lentamente, começar a caminhar mais e depois passar para a esteira num nível para iniciantes.

Ela veio me ver dois meses depois, com nove quilos a menos. Não era só isso, uma semana antes ela se sentiu pronta para usar a esteira, pois já caminhava rotineiramente pela manhã.

"Fez muito sentido esperar", ela disse. "Agora eu sinto que tenho a energia que preciso para usar a esteira, o que me deixa bem o dia inteiro."

Quando você começar seu programa de exercícios, é melhor ir devagar. Jason Muirbrook, modelo e *personal trainer* de Los Angeles, conta a história de uma cliente que pesava 136 quilos e queria emagrecer, mas estava tendo dificuldade com os exercícios, pois não conseguia fazer nenhum. Ele recomendou que ela se sentasse na borda da cama todas as manhãs e simplesmente se levantasse, levantando e sentando 20 vezes. Isso era algo que ela conseguia fazer, sem se sentir mal. Ela começou com 20 repetições, chegando a 100 e perdeu 23 quilos. Em seguida, ela ficou confiante para começar a fazer exercícios mais tradicionais. Exigir das pessoas que elas façam programas muito complexos de exercícios é querer falhar, diz Muirbrook. "Você não muda seus hábitos da noite para o dia." Dar-se objetivos muito altos, como "Eu vou perder 45 quilos", pode ser muito assustador, ao invés de ser realista. O que funciona é ir devagar. Leva tempo, se você é um viciado em refrigerante, começar a mudar. Assim, se você é obeso, faça exercícios simples. "Os resultados vão aparecer, tornando mais fácil dar o próximo passo para uma vida saudável."

Na verdade, você pode obter alguns dos benefícios dos exercícios apenas se mexendo. Os pesquisadores da Clínica Mayo analisaram o papel da termogênese nas atividades normais – as calorias que você queima diariamente – e descobriram que as pessoas mais magras obtêm mais aceleração nas atividades do que as pessoas mais gordas. Eles sugerem que você coloque mais agitação em sua vida, adicionando mais atividades: leve pessoalmente um recado ao seu colega de trabalho, ao invés de mandar um e-mail, o que é mais frequente (não seja um sedentário constante), caminhe ao redor da sala e alcance os dedos dos pés enquanto assiste à TV.

Seja honesta com você

Se você quer ter mais energia se exercitando, tem que fazer isso com o coração. Literalmente. Embora caminhar ao redor da sala possa ajudá-la a começar a trilhar o caminho certo, isso não evolui: é apenas uma maneira de começar. Pegar os seus dedos do pé não vai produzir muitas mitocôndrias novas. Se você quiser mais resultados, tem que continuar a trabalhar e progredir nos níveis de exercícios. Um fenômeno que eu vejo o tempo todo é as pacientes se enganando. Eu peço a elas que se exercitem e elas juram que estão se exercitando. Porém, a definição delas para "exercitar" não é a mesma que a minha. Eu tenho essa mesma conversa com uma paciente há anos. Ela envelheceu e engordou, além de estar preocupada com o diabetes que existe em sua família. Ela vem todo ano para ver como está seu sangue e os resultados me mostram que ela está a caminho da doença, pois estão piorando. Quando eu pergunto se ela está se exercitando, ela diz que está, mas seu tom de voz me diz que ela está mentindo. "Oh", ela diz, "eu faço bicicleta ergométrica por um tempo e, em seguida, levanto alguns pesos." Quando eu tento alfinetá-la com uma definição de "por um tempo", ela me diz que muda o horário todos os dias por causa da sua vida ocupada. A cada visita que ela faz, eu digo que ela precisa se exercitar mais, mas ela sempre volta da mesma maneira. Creio que ela acredita que se exercita, mas, na verdade, está se enganando.

Há algumas pessoas que adoram exercitar-se, são as viciadas em atividade física. Deixe-me esclarecer uma coisa: eu não sou uma dessas pessoas, apenas faço porque sei que é importante fazer. A cada dia, eu marco um encontro comigo mesma para fazer uma atividade ou outra, negociando isso. Normalmente, eu consigo ver que é melhor eu me exercitar, pois quero manter o meu corpo o mais saudável possível. Eu nunca digo que não consigo fazer algo ou que não vou viajar para algum lugar porque estou cansada ou porque não tenho energia, ou pior ainda, estou fora de forma. Você, talvez, viajou muito com as pessoas nas décadas de 70 e 80 aos seus 20 anos, então, por que não se manter ativa? Eu faço o que tenho que fazer para ser assim.

Porém, não sou perfeita. Mais de uma vez me senti culpada por "fazer barganha". Lembro-me de um dia em particular, em que acordei às seis da manhã e fui me arrastando até a ergométrica, pois tinha planejado pedalar por 30 minutos. Após 15 minutos, comecei a negociar comigo mesma. Não porque eu estava cansada ou desconcentrada, mas porque eu estava entediada. *Hoje, eu só vou fazer 20 minutos,* disse a mim mesma, *pois vou correr e queimar calorias, além disso, vou pedalar 10 minutos a mais quando chegar em casa depois do trabalho.* Como você pode imaginar, eu tive um dia muito corrido no consultório e não corri nem metade do que eu queria. Eu cheguei tão cansada, que só jantei, assisti um pouco de TV e fui para a cama. Apesar de tudo o que eu sei sobre atividade física e de todos os conselhos que eu dou às minhas pacientes, eu convenci-me de que esses 10 minutos não importariam.

Nós sabemos que 10 minutos fazem a diferença. Desde aquele dia, eu tento ser mais honesta comigo. Se eu reservar 30 minutos para me exercitar, eu faço isso, e digo às minhas pacientes para fazer a mesma coisa. Comprometa-se e faça. O resultado é mais energia, melhorando sua auto-estima e realização pessoal.

QUAL TIPO DE ATIVIDADE É MELHOR PARA TER MAIS DISPOSIÇÃO?

A simples resposta a essa questão é a atividade que você quiser fazer. O mais importante é mexer o seu corpo. Se você se matricula numa aula de *spin* e nunca vai, não adianta nada. Há muitos tipos de atividades que você pode escolher e todas elas fornecem energia. A maioria dos exercícios se enquadra em três categorias:

- **Exercícios aeróbicos:** Esse tipo é obviamente o mais energético. Além disso, ele mantém o coração saudável e deixa seus pulmões mais eficientes, aumentando a disposição geral. Qualquer exercício que acelera os batimentos cardíacos e aumenta a circulação sanguínea é considerado aeróbico.

- **Exercícios de resistência:** Também conhecido como treinamento de força, esse tipo de exercício baseia-se na massa muscular, aumentando seu metabolismo, que, por sua vez, fornece mais energia. Esse treino reduz a glicemia, pois consome o glicogênio dos músculos. Nós podemos perder massa muscular com a idade, o que significa que podemos perder um pouco da capacidade de armazenar glicose. Muita glicose no sangue pode levar ao diabetes. Quando você armazena a glicose na musculatura, diminui sua taxa no sangue. O músculo também queima mais energia em repouso do que gordura, portanto, ajudará a melhorar sua musculatura se você queimar mais calorias, mantiver um peso saudável e aumentar suas reservas energéticas.

- **Exercícios de flexibilidade:** São os exercícios como a yoga e o *tai chi*, que aliviam o estresse – e nós sabemos que o estresse consome muita energia. Esse tipo de exercício foca no alongamento e na respiração. A prática da yoga ajuda as pessoas a restaurar seus níveis de energia, aumentando a resistência física, aliviando a fadiga e a ansiedade. A sensação de paz que esse exercício fornece permite que você durma melhor e, com isso, você fica com mais disposição. Muitas modalidades de yoga enfocam a arte de reenergizar os músculos cansados e trazê-los de volta ao seu estado energizado. As pessoas mais flexíveis também se machucam menos.

A melhor maneira de aumentar e manter sua energia é fazer os três tipos de exercícios citados aqui.

A arte milenar do Tai Chi

Quando minha família e eu estávamos viajando de barco pelo rio Yangtze, na China, nós levantávamos cedo todas as manhãs, não por um despertador, mas por uma música de fundo tocada com carrilhão. Era muito relaxante acordar dessa maneira e eu sabia que iria perder isso ao desembarcar. Para minha surpresa, em todos os lugares da China por onde passamos, eu continuei a acordar com esses sons melodiosos. Finalmente, eu descobri que o som que eu ouvia era a música que acompanhava milhares de pessoas que praticavam *tai chi* nas ruas e nos parques para começar o seu dia.

O *tai chi* começou como uma das artes marciais chinesas, mas hoje é praticado principalmente pelos seus benefícios à saúde. Ele enfatiza o relaxamento completo e é chamado de "meditação em movimento". Se caracteriza por movimentos suaves e lentos, que são executados com precisão e cada postura flui perfeitamente para a próxima, sem pausa, garantindo que seu corpo esteja em constante movimentação. *Chi* é um antigo conceito chinês que designa uma forma de energia. De acordo com a filosofia do *tai chi*, essa energia ou *chi* flui por todo o corpo, mas pode ficar bloqueada num ponto onde haja alguma doença. Essa arte milenar é um método que os chineses usam para liberar o fluxo do *chi* (a acupuntura é outro método), sendo uma forma eficaz de diminuir o estresse, melhorar o equilíbrio e a coordenação e aumentar a energia, a resistência e a agilidade.

Muitas pessoas orientais gostam de praticar *tai chi* porque é relativamente fácil de aprender, não requer equipamentos especiais, pode ser praticado em casa ou ao ar livre e pode ser feito sozinho ou em grupo. Você pode encontrar cursos de *tai chi* em muitos locais, incluindo clubes, centros comunitários, escolas e academias.

Experimente vários treinamentos

Há muitos tipos de exercícios. Se você encontrar um que te empolgue e motive, é esse que deve fazer. Porém, há três tipos que são particularmente bons para o aumento da energia: treino de explosão, treino com intervalos e treino de velocidade. Veja a seguir cada um deles e escolha o seu.

- **Treino de explosão:** Esse tipo pode fortalecer suas glândulas adrenais, evitando a fadiga. As sessões trabalham a produção de energia, tanto aeróbica quanto anaeróbica, no corpo:

    - Exercício com 90% do seu nível máximo de esforço para 30 a 60 segundos (isso faz você estocar açúcar, o oposto do treinamento aeróbico tradicional). Você pode repetir de várias maneiras: correndo rapidamente, correndo/andando em subida, subindo escadas ou pedalando rápido. Você deve correr como se alguém fosse matá-la, mas não ultrapasse os 60 segundos.
    - Em seguida, descanse por 60 a 120 segundos. Seu tempo de recuperação deve ser o dobro do seu tempo de exercício. Por isso, se você se exercitou por 60 segundos, deve descansar por 120 (nesse tempo não faça nada a não ser respirar).
    - Repita os passos 1 e 2.
    - Você deve fazer esse treino para que seu tempo de explosão total seja de 7 a 9 minutos, quatro dias por semana.

O treino de explosão queima gordura corporal e a substitui nas próximas 36 horas por energia vital (glicogênio). Também aumenta a eficiência dos músculos para retirar oxigênio do sangue, o que é conhecido por consumo de oxigênio. Quando isso ocorre, seus músculos têm mais energia para trabalhar mais tempo, em maior dificuldade e com mais saúde. Você acumula muito ácido láctico (um ácido orgânico produzido nos mamíferos durante a quebra da glicose quando falta oxigênio), que aumenta a taxa de testosterona, aumentando seu metabolismo. Se você está sentindo muito o desconforto que o ácido láctico produz no seu corpo, provavelmente você fez treino pesado sem perceber, quem sabe correndo num estacionamento para evitar uma chuva ou correndo para pegar o ônibus.

- **Treino com intervalos:** É semelhante ao de explosão, sendo uma das maneiras mais rápidas para ter um corpo forte e saudável – não a mais energética. Nesse tipo de treinamento, você aumenta a intensidade ou o ritmo por alguns minutos e, em seguida, recua por dois a dez minutos (dependendo de quanto tempo será seu treino total e de quanto tempo você precisa recuperar). A alta intensidade geralmente significa que você está trabalhando de 70% a 85% da sua frequência cardíaca máxima, que pode ser calculada subtraindo sua idade de 220. No treino de explosão, você não faz nada durante o período de recuperação, mas no treino com intervalos você se mantém em movimento, porém com menor intensidade. É como se você estivesse fazendo uma trilha montanhosa.

    Subir rapidamente um morro aumenta sua pulsação e fazem seus músculos trabalharem mais. Na descida, você ainda está mexendo-se, mas a intensidade é menor. As esteiras oferecem a opção de programação de treinamento com intervalos, em que elas vão mais rapidamente e mais lentamente, alterando a inclinação. Sua resposta metabólica será muito maior do que quando você está andando normalmente (ou até mesmo correndo) sobre a esteira. Se você se exercita num ritmo fixo e sempre treina assim, seu corpo fica tão acostumado que não tem mais desafio e não aumenta mais a sua energia. Você pode treinar com intervalos, fazendo qualquer atividade: andar, correr, nadar, pedalar, dançar, pular corda etc.

- **Treino de velocidade:** Esse treino se baseará no meu fisioterapeuta, que eu fui visitar depois de uma lesão de esqui. Ele treina a força que está no equilíbrio – é uma explosão de energia manter seu corpo num movimento muscular específico. Veja um exemplo: Você coloca uma corda (ou faixa de resistência) no chão, no meio da sala, começando a pular por ela até chegar à outra extremidade. Em seguida, você salta para trás até chegar à posição inicial. Outro exercício é posicionar duas cadeiras, uma ao lado da outra, com um espaço entre elas. Mantenha os joelhos dobrados e corra o mais rápido que puder para os lados e para trás entre as duas cadeiras. Esses exercícios podem ser feitos em casa, além de tomarem pouco tempo e darem a energia que você precisa para passar o dia.

Um novo tipo de treino

Acredite ou não, houve um tempo que não havia equipamentos de ginástica – ou qualquer tipo de máquina de exercício. Certamente, os tempos mudaram e estão introduzindo novos tipos de suportes mecânicos para melhorar o desempenho. Um dos aparelhos mais recentes se chama *Power Plate*, que, particularmente, eu acho muito eficiente. Um estudo apresentado no Congresso Europeu de 2009 sobre Obesidade, mostrou que os obesos que usavam regularmente os equipamentos de ginástica em combinação com uma dieta de restrição calórica, foram mais bem sucedidos em perder peso e diminuir a gordura abdominal, em longo prazo, do que aqueles que combinaram dieta com a rotina de *fitness* mais tradicional. O *Power*

Plate consiste em vibrar aproximadamente 1,5 mm, 25 a 50 vezes por segundo, para cima e para baixo. De acordo com os fabricantes, se você ficar vibrando com o aparelho por 10 minutos diariamente, três vezes por semana, você vai emagrecer, aumentar a densidade óssea e melhorar sua saúde. Esse aparelho utiliza a vibração mecânica (WBV) de todo o organismo, contraindo os músculos de 30 a 50 vezes por segundo. A vibração contínua faz você contrair e relaxar a musculatura para manter o equilíbrio. Porém, para obter o melhor resultado, é preciso fazer o aparelho com alguns exercícios que você já conhece, como agachamentos e flexões. O movimento dificulta manter as posições. Parece coisa de gente preguiçosa, mas não é nem um pouco. O *Power Plate* não é uma varinha mágica e, para que seja mais eficaz, você precisa usá-lo em combinação com uma dieta saudável e exercício aeróbico.

Encontre um esporte que você goste

Uma das melhores maneiras de obter sucesso é praticar esporte. Não é apenas para manter a energia e ficar em forma, é também para a realização de um objetivo – ser bom em qualquer esporte que você escolher, seja patinação, natação, tênis ou vôlei. Não importa qual é o esporte, contanto que você se divirta. Se você começar jovem, não gastará tanto tempo na frente do computador ou da televisão. Portanto, nunca se é velho demais para começar um novo esporte. A sensação de realização que você tem aumenta a produção de energia. Muitas das minhas pacientes que estavam fatigadas descobriram a dança (uma variação do conceito de "esporte"). Uma das razões de acharem a dança tão atraente é que há muitos tipos. Algumas vão ao salão de baile ou dançam nas aulas. Outras vão fazer dança de salão ou outro tipo que não precise de parceiro. Se você não quer fazer aulas, pode dançar em casa ou fazer uma "noite de dança" com os amigos e vizinhos.

Arquivo da Dra. Eva

Uma das minhas pacientes falou sobre sua rotina de exercícios e me disse que não gostava da ideia de ir à academia. Seria melhor, ela disse, encontrar alternativas para os equipamentos das academias. A Cecil disse: "É muito difícil para alguém como eu, principalmente aos 50 ou 60 anos, ir para a academia. Você não está preparada para a invasão de privacidade, principalmente no vestiário. Não há um espaço privado e tem que compartilhar cada canto com todos. É como andar numa praia de nudismo pela primeira vez: você se acha estranha e imagina que todos estão olhando para você. Algumas pessoas são muito agressivas, estão muito focadas e às vezes até esbarram em você. E se não está preparada, pode ser muito alienante e ter um efeito contrário".

"Na cultura latina, nós não estamos predispostas à rotina de exercícios. Transpirar não é algo que fazemos em um ambiente comunitário, pois é muito particular. As mulheres não acham que precisam malhar, porque já possuem curvas. Isso não significa que estamos incrivelmente bem e que queremos ser essa perfeição toda, não é apenas nossa maquiagem social. A única vez que suei foi quando estava dançando, pois isso é parte da nossa cultura."

"Pessoalmente eu vou a aulas de dança três vezes por semana e demoro uma hora e dez minutos no trânsito para chegar lá,

mas é a minha fuga. Lá na academia eu caminho até encontrar um chuveiro para tomar um banho e ir para casa. Há pessoas nessa turma que têm 20 e outra que têm 70 anos. Nós sentimos que somos uma comunidade. É minha libertação, sendo mais barato que terapia. Eu já estou ficando em forma, mas também me conecto com as pessoas, o que é muito importante para mim. Se eu não fizesse essa aula, provavelmente não conseguiria fazer outro exercício."

"Isso faz parte de mim, parte do meu programa de solução da fadiga. Eu sei que não é da noite para o dia. Levei anos ignorando meu estresse e ele entrou no meu corpo de forma horrível – por que eu pensaria que vai levar apenas um mês para ficar em forma? Como eu poderia ser tão indiferente comigo mesma? Se você não está preparada para assumir a responsabilidade, para perceber que se trata de um estilo de vida e que você tem que ser boa para seu corpo todos os dias, então está faltando o verdadeiro prazer da vida."

"Eu estou substituindo todos os meus hábitos ruins por energia e amor, para que eu possa ser saudável novamente. Não apenas por um ano, mas para o resto da minha vida. Não é a casa que vive, não é o carro, não é a roupa, é o seu corpo. É a sua vida."

Se o tempo é um problema (e quase sempre é), há esportes que você pode fazer em casa. Por exemplo, faça boxe, pois não precisa de um parceiro. Você pode usar um saco de pancadas ou uma versão em DVD ou até mesmo um videogame (*wii*). Qualquer um que você escolha é um ótimo exercício. Se você lutar por apenas três minutos – faça quatro *rounds* e pronto! Até minhas filhas adoram. Você tem que pôr as luvas e dar socos, o que me faz sentir *"sexy"*. Não sou só eu que acho. Meu marido adora me ver toda desarrumada e suada.

Depois, nós dois tomamos belos sucos... o que é uma boa maneira de aumentar a energia (e a libido).

Há várias maneiras de fazer exercícios em casa com o mínimo de equipamentos ou nenhum. Você pode praticar o treino com intervalos simplesmente marchando com velocidades diferentes. Você pode pular corda ou pôr a sua música preferida e dançar na sala sem ninguém assistindo ou com alguém dando nota. O mais importante é você se mexer.

Pare de fazer abdominal!

Qual é um exercício que todos parecem adorar e que você faz na academia e em casa? Abdominais. Você sabe, deite no chão sobre as costas, dobre os joelhos, coloque as mãos na nuca e levante a cabeça lentamente, contraindo seu abdômen. O problema é que esse tipo de exercício não é o melhor para aumentar seus níveis de energia e a maioria das pessoas faz errado, colocando muita força no pescoço e na coluna. Em outras palavras, você pode acabar criando má postura e dores nas costas. Se você quer derreter a gordura e ter mais energia, você deve levantar e mexer seu corpo.

Não se esqueça de respirar

Com 36 anos e 13,5 quilos acima do peso, a Keisha veio até mim reclamando que simplesmente não conseguia se livrar dos quilos extras, não importava o que fizesse. Quando eu perguntei a ela sobre a atividade física, ela me disse que tentou muitos tipos

– corrida, ciclismo, *spinning*, zumba (uma combinação de dança e exercício) –, mas que nunca chegava além dos dez primeiros minutos. Eu tirei o estetoscópio e verifiquei seus pulmões, que soaram fortes como seu coração. Então, eu perguntei se ela se importaria de correr por um minuto pelo consultório para que eu detectasse algum problema. Ela concordou e começou a correr. O diagnóstico foi rápido e aparente, a Keisha não respirava! Ela não usava seu diafragma e por isso não aguentava mais que alguns minutos. Eu mostrei isso a ela e sugeri que ela trabalhasse com um *personal trainer* em algumas sessões para aprender a maneira correta de respirar.

A respiração é algo em que não pensamos muito porque é automática, mas, na verdade, é um componente muito importante de qualquer rotina de exercícios. Se você não tem nada para beber, você vive por alguns dias. Se você não tem nada para comer, você vive por algumas semanas. Mas, se você não tem oxigênio, não vive por mais que poucos minutos. Um dos erros mais comuns que as pessoas cometem enquanto se exercitam é que elas não respiram corretamente ou não respiram tudo o que precisam. Isso pode ser a fonte da fadiga e do esforço que faz sua pressão subir, causando falta de ar e uma dor enorme ao lado da barriga, o que pode fazê-lo desistir de se exercitar.

Quando você respira corretamente, obtém oxigênio, suficiente para aumentar a circulação, fazendo o sangue fluir para todas as partes do corpo, inclusive o cérebro. O que torna mais fácil para o cérebro liberar os neurotransmissores que aumentam o humor e a energia. Se você está respirando corretamente durante as atividades físicas, provavelmente vai observar um barulho na hora em que o ar entra e sai.

Veja algumas dicas para manter a respiração correta durante sua rotina de exercícios (seja qual for o tipo que você escolheu):

- Comece com um aquecimento – você pode aquecer sua respiração com algumas técnicas, ao mesmo tempo em que você aquece seus músculos para começar a atividade. Demore alguns minutos para inspirar e expirar, concentrando-se na sua respiração.
- Inspire pelo nariz, enchendo seus pulmões e expirando lentamente pela boca. A expiração deve levar o dobro de tempo da inspiração.
- Inspire na hora do esforço. Por exemplo, se você estiver fazendo agachamento, inspire enquanto está dobrando as pernas para baixo e expire quando estiver se levantando. Isso pode ajudar a diminuir a pressão arterial e os níveis de cortisol, fornecendo mais oxigênio para os músculos.
- Nunca prenda a respiração durante o exercício, pois pode aumentar sua pressão, causando tontura e fadiga.
- Escute seu corpo. Não chegue ao ponto de hiperventilar ou respirar com dificuldade. Se isso ocorrer é porque você está pegando muito pesado e precisa desacelerar para recuperar o fôlego.

Vista-se adequadamente para treinar

Não, isso não é um desfile de moda, apesar de algumas academias fazerem você se sentir na passarela e os exercícios serem o que menos importa. O fator mais importante é que a roupa para o treino deve ser confortável e oferecer suporte ao músculo que será exercitado. Eu já ouvi histórias ridículas de pacientes que estavam usando acessórios errados e pagaram o preço por isso. Por exemplo, uma paciente minha foi passar um fim de semana em Nova York e levou apenas os chinelos. Eu nem preciso dizer que seus pés ficaram cansados, já que esse tipo de calçado não é próprio para caminhar. Também conheci mulheres que fazem caminhadas de salto e tiveram a sorte de não terem danos permanentes nos pés.

Veja algumas dicas para o seu vestuário de treino:

- **Nem todos os tênis são iguais:** O tipo de exercício que você faz é o que determina o tipo de tênis que você deve usar. Se você gosta de aeróbica, *step*, *kickboxing* ou outros exercícios de impacto, você precisa de um tênis que absorva o choque e tenha boa estabilidade. Se você estiver fazendo exercícios de alongamento e treino cardiovascular, com caminhadas ocasionais, experimente um tênis de corrida, que é leve, durável e oferece amortecimento moderado, com boa estabilidade. Se você é uma mulher mais atlética e adora maratonas e saltos, você precisa de um tênis de corrida que suporte o impacto explosivo. Se você gosta de caminhar, andar de bicicleta ou outras atividades ao ar livre, provavelmente você precisa de um tênis com um excelente suporte de tornozelo. A mais recente inovação em calçados esportivos é o tênis tonificador, feito com uma superfície deliberadamente instável, que força a ativação dos músculos que nunca são usados, além de alinhar e equilibrar o corpo em cada etapa do exercício. Como resultado, as mulheres que usam os tênis tonificadores gastam mais energia e fazem mais força para andar do que aquelas que usam tênis comuns. Você pode comprar seu tênis em qualquer loja de produtos esportivos, pois nesses locais especializados há funcionários que poderão ajudá-la na escolha do tênis que você precisa.

- **Use roupas de algodão:** Se você faz exercícios com roupas de lycra, pode acabar com uma infecção por fungos ou com candidíase, que são destruidoras de energia.

- **Não use calcinha tipo tanga:** Eu sei que é nojento, mas a tanguinha pode puxar fezes para sua vagina se você está se exercitando com muitos movimentos, o que pode causar uma infecção do trato urinário ou uma vaginose bacteriana, que é um desequilíbrio da flora normal da vagina. Minha sugestão? Embora a tanga não marque tanto (ainda mais quando você está usando uma bermuda apertada), é melhor não vestir nada por baixo do que uma tanga.

- **Use um bom sutiã:** Achar o sutiã certo depende do tamanho dos seus seios e do tipo de exercícios que normalmente você faz. Os sutiãs esportivos são especialmente feitos para ajudar a minimizar o movimento do busto durante o treino, oferecendo melhor suporte e conforto, muito mais do que os sutiãs comuns. As fibras dos sutiãs esportivos ajudam a manter a firmeza dos seios, juntamente com o tecido adiposo, as glândulas mamárias e os ligamentos. Usar o sutiã errado pode esticar os ligamentos dos seios, deixando-os mais flácidos.

O TEMPO É TUDO

Eu sou uma daquelas pessoas que prefere levantar cedo e se exercitar antes do meu dia começar oficialmente, pois fico energizada pelo resto do tempo, além de sentir uma enorme paz de espírito ao saber que comecei cumprindo uma das minhas "obrigações". Além disso, não tenho que me preocupar com imprevistos que poderiam ocorrer durante o dia e que talvez me impedissem de treinar. Porém, outras pessoas preferem malhar na hora do almoço ou ir à academia depois do trabalho. Eu conheci alguns obstinados que faziam esteira à meia-noite, pois não encontravam outro momento durante o dia.

Há hora certa para se exercitar? De acordo com os ciclos corporais, é pela manhã que há mais hormônios lançados pelas adrenais, que, em seguida, diminuem lentamente, tendo o nível mais baixo na hora de irmos para a cama. O que acontece quando nos exercitamos no final do dia? Nós bagunçamos esse ciclo, pois a atividade física estimula as adrenais e você acaba tendo uma explosão de energia durante à noite, ocasionando insônia. O exercício à noite (assim como comer muito à noite) aumenta os batimentos cardíacos e a temperatura do corpo, o que torna mais difícil adormecer. Eu recomendo que você termine de se exercitar, se possível, pelo menos 3 horas antes de dormir.

Se os exercícios na parte da manhã não cabem na sua programação e você é mais coruja do que ave matinal, pode realmente ter dificuldade em acordar cedo e preferir dormir mais nesse horário. Eu tenho várias pacientes que acham muito mais fácil se exercitar depois do trabalho, pois já estão na rua. Se é isso que funciona melhor para você, então tudo bem. Apenas certifique-se de encontrar maneiras de se acalmar antes de deitar – leia algo inspirador, escute músicas calmas ou faça alongamentos de yoga – que farão você dormir melhor. Você não precisa se exercitar por várias horas (aliás, nem deve). Cada sessão de exercício deve durar não mais que 45 minutos a uma hora, ou seu corpo começa a entrar na exaustão. Mesmo se você se exercitar por pouco tempo, seu ânimo melhorará. Apenas dez minutos de atividade moderada são suficientes para melhorar o humor, o vigor e para diminuir a fadiga. No entanto, para obter todos os benefícios da atividade física, não apenas melhorar o humor, você deve fazer pelo menos 30 minutos de exercícios moderados todos os dias. Para obter o máximo de benefícios, alterne os tipos de exercícios. Por exemplo, você pode fazer um treinamento de explosão nas segundas, caminhadas nas terças, treino com intervalo nas quartas, treino de velocidade nas quintas e assim por diante, deixando um dia sem exercício algum. Depois que seu corpo se acostuma, poderá se exercitar diariamente, aumentando e intensificando sua rotina conforme vai se fortalecendo.

No entanto, o mais importante é que você encontre uma hora do dia para se exercitar. Dessa forma, a atividade física fará parte da sua rotina normal, como escovar os dentes. As pessoas que fazem atividade física aleatoriamente várias vezes ao dia, principalmente as que estão começando agora, são mais propensas a desistir. Depois de fixar o exercício como hábito, é muito mais fácil de continuar.

Impulsione seu metabolismo
DICAS DE REVITALIZAÇÃO

De acordo com o instrutor Jason Muirbrook, o conceito mais importante que você pode aprender sobre atividade física é a "elevação metabólica". Os melhores exercícios que você pode fazer para se energizar são os multiarticulares, pois fornecem mais de um movimento, fazendo seu corpo se esforçar e ter uma elevação metabólica. Isso faz você queimar mais calorias, mesmo após o treino, pois você começa devagar e vai acelerando. Sempre que você alterar sua rotina de exercícios ou aumentar o número de repetições, pode perturbar seu sistema e forçá-lo a produzir mais energia.

Agora que você já sabe um pouco sobre a relação entre atividade física e energia, existem exercícios específicos que aumentam sua disposição e outros que não são tão bons para isso. Andar, por exemplo, tem muitas vantagens: faz bem ao coração, ossos e músculos, mas não necessariamente aumenta sua energia. O problema é que para aumentar sua energia, o exercício tem que acelerar seus batimentos cardíacos. Muitos médicos recomendam uma caminhada rápida – ou seja, caminhar rapidamente para aumentar sua pulsação para 160. Porém, você consegue sustentar isso por 20 minutos? A maioria das pessoas não consegue manter o ritmo, pois acabam andando normalmente, como se estivessem passeando.

Veja alguns exercícios sugeridos por Jason Muirbrook, que dão mais energia e você pode fazer em casa, incorporando-os a sua rotina diária.

- **Agachamento:** Posicione seus pés um pouco separados e apoiados firmemente no chão, alinhados com os ombros, costas retas e quadril encaixado (seu umbigo deve ficar ligeiramente para cima). Dobre os joelhos lentamente, levando o quadril em direção ao chão e mantendo o tronco reto. Os joelhos não devem ultrapassar os dedos dos pés e devem ficar direcionados para frente. O objetivo é manter suas coxas paralelas ao chão, segurando por alguns segundos nessa posição. Depois de ter agachado, deixando os joelhos num ângulo de cerca de 90 graus, volte à posição inicial e repita. Se você está começando agora, pode fazer um agachamento modificado, que é sentado numa cadeira com os pés no chão, costas retas e quadril encaixado. Em seguida, levante-se e sente-se sem usar os braços para apoiar. Repita esse movimento 25 vezes e descanse 20 segundos, repita mais uma série de 25. Se você acha que não consegue fazer essa quantidade, tente fazer 15 ou 20, até que consiga ultrapassar as 25 vezes.

- **Agachamento com peso:** Este é o mesmo exercício de agachamento, em pé ou sentado, exceto que você está adicionando alguns pesos. Faça a posição inicial enquanto segura um pesinho leve (ou uma garrafa cheia de água ou uma lata de ervilha) em cada mão, deixando os braços ao lado do corpo com as palmas das mãos voltadas para frente. Toda vez que agachar, flexione os braços, deixando os cotovelos encostados no seu corpo. Quando subir, abaixe os braços à posição inicial e repita.

- **Avanço:** Assim como o agachamento, o avanço trabalha a maioria dos músculos da perna, incluindo quadríceps, isquiotibiais, glúteos e panturrilha. Comece com os dois pés posicionados paralelamente e não ultrapasse a linha do ombro, costas retas e quadril encaixado. Avance um passo largo à frente com a perna direita, mantendo os joelhos em ângulos de 90 graus. Os dearrumar pés e o joelho devem estar apontando para a frente e o joelho esquerdo deve quase encostar o chão. Mantenha essa posição por alguns segundos, certificando-se de não estender seu joelho dianteiro além dos dedos dos pés, pois pode forçar a articulação. Para manter o equilíbrio, você terá que empurrar seu peso para os calcanhares e não para os dedos. Volte à posição inicial, empurrando o calcanhar contra o chão. Repita avançando a perna esquerda. Comece fazendo 10 repetições com cada perna, descansando por 20 segundos, e repita a série.

- **Glúteo:** Posicione-se com os quatro membros no chão (posição quatro apoios), formando ângulos de 90 graus, como se fosse uma mesa. Se você sente dor nos joelhos e não pode se ajoelhar no chão duro, dobre uma toalha para colocar sob os joelhos. Mantenha suas costas retas e o quadril encaixado. Estenda a perna direita para trás até que ela esteja paralela ao chão e contraia seus glúteos (bumbum). Fique nessa posição por alguns segundos e retorne à posição inicial. Repita com a perna esquerda. Comece com dez extensões em cada perna, descansando por 20 segundos, e repita.

- **Abdução em quatro apoios:** Posicione-se com os quatro membros no chão e eleve o joelho direito lateralmente até a altura do quadril, mantendo a perna dobrada em um ângulo de 90 graus. Mantenha essa posição por alguns segundos e volte à posição inicial. Repita 10 vezes com cada perna, descanse por 20 segundos e repita.

Conforme você vai ficando mais forte, pode aumentar o número de repetições para cada exercício e descansar menos tempo. Esses exercícios são elaborados para que você gaste 30 minutos, fazendo cinco dias por semana. Haverá um fortalecimento muscular e cardíaco. Estes exercícios podem ser feitos junto com outros treinos cardiovasculares que você escolher, desde uma esteira ou outro esporte, até uma aula de *spinning*.

Agora que você leu esses seis primeiros capítulos e fez as mudanças ambientais e de estilo de vida, deve estar se sentindo mais magra, feliz, saudável e mais forte do que antes. Se você não estiver, precisará perguntar a si mesma: existe algo biologicamente errado comigo? A condição mais comum atualmente que causa fadiga é o mau funcionamento da tireoide. Os hormônios fabricados pela tireoide são lançados na corrente sanguínea e transportados para todo o corpo, regulando o metabolismo. Cada célula do corpo depende desses hormônios para funcionar direito. Devido a isso, percebi que era importante dedicar o próximo capítulo para a tireoide, explicando com ela funciona e como mantê-la saudável.

7
Passo 6
Verifique a Tireoide

U*ma mulher de 50 anos, que tinha um trabalho de muita pressão, foi ao ar com sua luta contra a obesidade. Seu caso foi muito comentado pela mídia. Embora a maioria das pessoas não soubesse, ela também tinha lutado contra ansiedade, insônia e ataques de pânico. Em 2007, seu peso aumentou rapidamente e muitas pessoas perceberam que ela tinha um olhar cansado. Normalmente, ela era energética e agora estava esgotada. Ela foi a vários médicos e nenhum descobriu o que havia de errado com ela – até que, finalmente, um deles pediu exames da tireoide. Dessa forma, ela começou a tomar remédios para se tratar e dentro de um curto período de tempo estava se sentindo e aparentando bem melhor. Ela descreveu seu diagnóstico dessa forma: "Primeiramente, o hipertireoidismo acelerou o meu metabolismo e me deixou incapaz de dormir por dias (a maioria das pessoas perde peso, eu não). Em seguida, o hipotireoidismo me desacelerou e me fez querer dormir o tempo todo". O nome dessa mulher é Oprah Winfrey e até o momento em que ela decidiu anunciar o seu diagnóstico, muitas mulheres da América nunca tinham ouvido falar da glândula tireoide.*

Se você quer me ver animada, comece a falar sobre a tireoide. Eu sei que não é um assunto que muitas pessoas gostam, mas, para mim, isso é o que faz meu sangue ferver. Talvez seja porque ela seja tão incompreendida, tão subestimada e, em muitos casos, ignorada. Quando foi a última vez que você foi ao médico e ele examinou sua tireoide? Você sabe quando ele examina porque, para examinar manualmente essa glândula, o médico tem que ficar atrás do paciente e colocar as mãos em volta do seu pescoço, como se fosse sufocá-lo. Essa é a única maneira de sentir a tireoide, que está localizada na frente do pescoço, perto da clavícula (na altura onde o homem usa a gravata borboleta). Quando eu faço esse exame nas minhas pacientes, sempre recebo a mesma reação: "O que você está fazendo? Nenhum médico fez isso comigo antes!".

É por isso que eu digo que é uma glândula ignorada. Você não pode respirar sem a tireoide, você não pode pensar sem a tireoide, você iria ficar constantemente constipado sem tireoide e ainda ficaria sentindo-se para baixo. Você está perdendo cabelo? Pode ser sua tireoide. Sua voz está ficando rouca? Pode ser sua tireoide. Você está sempre fria? Pode ser sua tireoide. Você está tendo problemas para se concentrar? Pode ser sua tireoide. E, se for, é algo que pode ser facilmente corrigido. É por isso que eu fico tão irritada e eufórica ao mesmo tempo em relação a esse assunto. As pessoas estão sofrendo desnecessariamente, algumas por anos, pois poderiam estar levando vidas muito mais energéticas e produtivas, bastando o diagnóstico correto e o tratamento. As pessoas que já ouviram falar da tireoide geralmente pensam que tem algo a ver com o metabolismo e a perda de peso, e usam essa glândula como desculpa por não conseguir emagrecer. "Eu sei que devo ter um problema na tireoide porque, não importa o que eu faça, não consigo perder peso." Na maioria das vezes, isso simplesmente não é verdade, mas é mais fácil culpar a tireoide do que culpar as próprias escolhas.

A TIREOIDE: O QUE, ONDE E COMO

Então... você está lendo este livro porque está fatigada. Nenhuma surpresa. Você está incrivelmente ocupada, cuidando da sua família, trabalhando muitas horas e tendo um monte de responsabilidades. Você tenta fazer atividade física, mas nem sempre dá tempo. Você engordou ultimamente, mas quem não engodou? Talvez você esteja um pouco ansiosa ou deprimida. Talvez você não esteja dormindo como costumava e talvez seu cabelo esteja um pouco mais fino do que era há meses. Várias mulheres têm todos esses sintomas e chegam a... nada. É apenas a vida, você está ficando velha. Mas talvez, apenas talvez, seja mais do que isso. Talvez seja a sua tireoide. Na verdade, uma em cada oito mulheres irá desenvolver um distúrbio na tireoide durante a vida. E, no momento em que completarem 60 anos, mais de 20% das mulheres americanas terão um distúrbio na tireoide. Pessoalmente, creio que os números podem ser ainda maiores porque muitas mulheres ainda não foram oficialmente diagnosticadas. A maneira mais simples para explicar sobre sua tireoide é compará-la a um forno, que é ligado por um termostato (hipófise). Juntos, eles regulam a quantidade de energia e vigor que você tem diariamente. A quantidade de hormônio tireoidiano afeta o quanto você dorme, como você sente-se ao levantar pela manhã e como ficará ao longo do dia. A função da tireoide afeta todas as células do corpo, sendo a principal reguladora do metabolismo basal, ou seja, regula a quantidade de energia necessária para manter as funções fisiológicas essenciais quando você está em repouso completo, tanto físico quanto mental. Se sua tireoide não está produzindo corretamente os hormônios, as células não podem ter os nutrientes que precisam, não recebem a quantidade certa de oxigênio e não se livram das toxinas. Os hormônios tireoidianos também afetam o coração, os músculos, os ossos e o colesterol.

Conheça o T3 e o T4

Há dois hormônios principais produzidos pela tireoide:

- Triiodotironina, chamado T3
- Tetraiodotironina ou tiroxina, chamado T4

Você deve ter notado a palavra "iodo" em cada um dos hormônios acima. Isso ocorre porque a função da tireoide é captar o iodo, encontrado em muitos alimentos, e convertê-lo em hormônios tireoidianos. As células da tireoide são células comuns que absorvem iodo.

Essas células combinam o iodo com o aminoácido tirosina para fazer T3 e T4 (não se preocupe em lembrar os nomes – só estou tentando ajudá-la a ter uma visão geral do funcionamento dessa glândula). A tireoide normal fabrica cerca de 20% de T3 e 80% de T4. No entanto, o T3 é cerca de quatro vezes mais potente que o T4. Na verdade, o T4 é um precursor de T3. Ao entrar no fígado, o T4 perde uma de suas moléculas de iodo, que o converte em T3.

Há mais um fator para completar o processo. O hormônio estimulador da tireoide (TSH) é produzido pela hipófise, funcionando como um termostato. Assim, a tireoide é o forno que fornece "calor", sob a forma de hormônios T3 e T4, e a hipófise é o termostato que liga e desliga de acordo com a quantidade de calor no corpo. O TSH diz à tireoide para aumentar ou diminuir o calor. O processo ocorre assim:

Os hormônios T3 e T4 viajam pela corrente sanguínea, produzindo calor.

A hipófise sente o calor e o termostato desliga.

A produção de TSH fica mais lenta.

O corpo esfria conforme os níveis de hormônios tireoidianos diminuem.

A hipófise percebe a diminuição da temperatura e o termostato liga, aumentando a produção de TSH.

O forno produz mais calor.

Quando a temperatura do seu corpo cai, sua taxa metabólica também cai e você produz menos energia, armazenando mais calorias na forma de gordura – em outras palavras, você engorda. Além disso, também sofre fadiga, irritabilidade e incapacidade de se concentrar. Embora seja mais complicado que isso, apenas fiz uma introdução sobre o funcionamento da tireoide.

Poucos hormônios

A forma mais comum de distúrbio da tireoide é o hipotireoidismo, que ocorre quando a tireoide não está produzindo as quantidades suficientes de hormônios. Cerca de 25 milhões de pessoas sofrem de hipotireoidismo e cerca de metade delas não foi diagnosticada. Normalmente, esse distúrbio afeta as mulheres com mais idade, geralmente após os 34 anos. Isso ocorre porque a produção de hormônios tireoidianos diminui com a idade.

Uma das razões do hipotireoidismo não ser diagnosticado é que os sintomas aparecem lentamente ao longo do tempo, podendo ser confundidos com sinais do envelhecimento normal. Os sintomas incluem:

- Ansiedade e pesadelos
- Dificuldade de emagrecer
- Pele seca
- Facilidade de engordar
- Memória e concentração prejudicada
- Menstruação irregular
- Alterações de humor
- Fadiga severa
- Afinamento das sobrancelhas
- Pele amarelada devido à baixa conversão de beta-caroteno em vitamina A

Há muitas mulheres que não têm esses sintomas e sentem-se perfeitamente saudáveis, mas quando fazem o exame são diagnosticadas com hipotireoidismo. Essas mulheres precisam ser tratadas tanto quanto aquelas que apresentam os sintomas, pois o metabolismo lento irá resultar em efeitos adversos abaixo do normal. Esse distúrbio é como ter colesterol alto e ficar sem tratamento. Num primeiro momento não incomoda, mas um dia você poderá ter um ataque cardíaco devido ao acúmulo de colesterol nas artérias. Se você não se trata quando tem hipotireoidismo, pode ter um ataque cardíaco devido à disfunção metabólica que sua tireoide tem produzido ao longo dos anos. É por isso que o exame é tão importante, principalmente na medida em que você envelhece, aumentando as chances de ter hipotireoidismo.

Quando as pessoas ouvem que sou endocrinologista, me contam todo tipo de história. Eu nem sei dizer a quantidade de jantares em que ouvi as mulheres falando que nunca tinham ouvido falar de distúrbios da tireoide até que fossem diagnosticadas e tratadas, mudando suas vidas para sempre. Uma dessas histórias é de uma mulher chamada Cheryl, que vinha sofrendo de fadiga há dez anos. Ela sempre ia dormir às oito da noite e nunca achou aquilo incomum, pois sua mãe também dormia muito cedo. Em seguida, ela começou a engordar e não conseguia diminuir o peso – assim como sua mãe. Ela também começou a ter menstruação irregular – mas não ficou preocupada porque sua mãe teve menopausa precoce. Ela começou a se preocupar quando percebeu que estava perdendo cabelo – porém, sua mãe acabou usando peruca e ela já tinha mais de 30 anos. A Cheryl sempre foi ansiosa com seu trabalho estressante na Universidade, mas agora sua ansiedade tinha aumentado tanto que sua produtividade caiu. Depois de dez anos achando que esses sintomas eram normais devido ao envelhecimento do corpo (agora ela estava com 40 anos), finalmente ela conversou com um médico. Depois de excluir várias possibilidades, o médico pediu um exame da tireoide, descobrindo que ela tinha tireoidite de Hashimoto, uma doença que ela nunca tinha ouvido falar.

Nos Estados Unidos, a causa mais comum de hipotireoidismo é chamada de tireoidite de Hashimoto, que é uma desordem autoimune – em outras palavras, o sistema imunológico começa a atacar a tireoide. Com isso, essa glândula ficará tão inflamada que não pode mais trabalhar direito, diminuindo a produção de hormônios tireoidianos. A hipófise sente a falta desses hormônios e reage, ligando o termostato e enviando mais TSH para aumentar a produção de T3 e T4. Porém, isso não é possível por causa da inflamação da tireoide, que multiplica suas células causando inchaços e nódulos.

Quando a Cheryl me contou sua história, ela só tinha sido medicada há algumas semanas, mas já estava se sentindo muito melhor e disse que, pela primeira vez em uma década, estava esperançosa para voltar a ser o que era antes. Curiosamente, ela forçou sua mãe a fazer o exame e – adivinhem – sua mãe também tinha hipotireoidismo. Assim como as outras doenças autoimunes, a tireoidite de Hashimoto é mais frequentemente herdada, geralmente da mãe para as filhas. Desde que sua mãe tinha 60 anos, ela nunca tinha feito o exame de tireoide (a maioria dos médicos não pede esse exame até que suas pacientes estejam com 65 anos). Sua mãe não ficou satisfeita quando ela perguntou ao médico, que a atendia desde os 30 anos, por que ele nunca havia pedido um exame da tireoide, e ele respondeu: "Você sempre foi saudável e nunca me falou nada sobre sua saúde, por isso fizemos só os exames comuns. Por que eu iria achar que você tinha um problema na tireoide?" Lição aprendida: precisamos contar ao nosso médico o que está nos incomodando, por mais trivial que pareça ser, pois eles não podem adivinhar. A saúde é uma responsabilidade mútua.

Muitos hormônios

Quando tudo está funcionando corretamente, a tireoide e a hipófise trabalham juntas para produzir a quantidade certa de hormônios. Porém, há momentos em que a tireoide se desregula e produz hormônios a mais ou a menos. Quando ela se torna hiperativa e produz hormônio em excesso, você acaba com uma doença chamada hipertireoidismo. Essa condição afeta dez vezes mais as mulheres do que os homens e geralmente ocorre antes dos 40 anos. Veja alguns sintomas do hipertireoidismo:

- Nervosismo, mau humor, fraqueza ou cansaço
- Transpiração excessiva
- Cabelo fino, que está caindo
- Mais evacuações que o habitual
- Aceleração dos batimentos cardíacos
- Pele vermelha, coceira
- Mãos trêmulas
- Falta de ar

A forma mais comum desse distúrbio é a doença de Graves, que ficou conhecida e "famosa" quando a primeira-dama Barbara Bush foi diagnosticada com essa doença, em 1989 (coincidentemente, seu marido, o presidente George H. W. Bush, também teve esse diagnóstico mais tarde, assim como seu cão, Millie). Um dos sintomas mais estranhos da doença de Graves é conhecido como "olho de sapo", devido à projeção para a frente do globo ocular pela gordura que se acumula atrás dele. Essa doença pode ser uma ameaça à vida, levando a problemas do coração, se não for tratada. Esse tipo de hipertireoidismo também é autoimune, sendo herdado geneticamente. O sistema imunológico "ataca por engano" a tireoide, causando excesso da produção de hormônios.

Arquivo da Dra. Eva

A Elsa tinha recentemente dado à luz seu segundo filho quando começou a sentir palpitações cardíacas. Ela não ligou muito para isso até que começou a ficar mais frequente. Ela procurou um cardiologista, que lhe deu remédio para o coração. Infelizmente, a medicação abaixou tanto sua pressão que ela tinha dificuldade de sair da cama pela manhã e chegou a ficar uma tarde inteira recolhida com seu filho no colo. Ela tinha dois filhos para cuidar e percebeu que o remédio não era a melhor solução.

A Elsa também começou a observar outros sintomas. Embora seu marido sempre a descrevesse como "um pouco agitada", agora ela estava ansiosa o tempo todo, sofrendo com a insônia e a irritabilidade sem causa. Ela procurou dois outros cardiologistas, pois suas palpitações estavam piorando, mas nada foi resolvido.

A tireoide dela foi examinada, mas os resultados sempre voltavam dentro do intervalo normal. Um dia, ela foi ao nutricionista e após descrever seus sintomas, ele perguntou a Elsa se ela nunca tinha feito exame da tireoide. Quando ela disse que seus resultados vinham sempre normais, o nutricionista deu a ela um número de telefone e disse que aquela pessoa poderia ajudá-la (a pessoa era eu). Depois de ouvir a história de Elsa, decidi pedir uma série de exames da tireoide enquanto esperávamos seus exames antigos *chegarem ao meu consultório. Obviamente, o seu primeiro exame foi "além do esperado" e eu suspeitava que ela tivesse doença de Graves. Mais alguns exames foram validados para esse diagnóstico e logo eu estava tratando a Elsa adequadamente. Em algumas semanas, ela me informou que estava se sentindo muito melhor, era capaz de dormir durante a noite e não teve nenhuma palpitação. O que ela achou interessante foi que depois que examinamos os registros dos médicos anteriores, não havia nenhuma menção de exames laboratoriais da tireoide. Com isso, a Elsa supôs que o médico anterior não havia feito o pedido porque ela disse a ele que já havia feito e que tinha dado tudo normal. Meu conselho? Quando for ao médico (mesmo que seja eu), nunca diga nada sobre exam*es.

As pessoas que têm hipertireoidismo geralmente se confundem com o diagnóstico. Minhas pacientes me dizem: "Eu pensei que o hipertireoidismo fosse me deixar capaz de realizar muitas tarefas ao mesmo tempo e que eu ficaria cheia de energia, além de emagrecer! Por que então estou tão cansada?". Embora essa linha de pensamento esteja correta na maioria das situações, a tireoide hiperativa queima toda a energia do seu corpo, afetando negativamente outros órgãos (como as adrenais). É como um motor que é constantemente acelerado a uma velocidade muito alta sem sair do lugar. Eventualmente, as partes vão queimar e o motor vai pifar (foi o que aconteceu no caso da Oprah). O tratamento do hipertireoidismo é feito com medicações para acalmar a tireoide, como o propiltiouracil (PTU) ou Tapazol. Talvez, você precise se tratar com iodo radioativo ou fazer uma cirurgia para remover a tireoide. Algumas pessoas precisam combinar mais de uma forma de tratamento e a condição pode entrar em remissão durante anos. As recidivas são raras, mas ocorrem. Outro tipo de hipertireoidismo é a tireoidite subaguda, que envolve o inchaço (inflamação) da tireoide e pode ser causada por um vírus. Normalmente, essa infecção segue para o trato respiratório superior. Muitas vezes, o tratamento dessa condição é feito com anti-inflamatórios, como aspirina ou ibuprofeno, para diminuir a produção e a liberação de hormônios tireoidianos. Também pode ser dado um betabloqueador (geralmente para doença cardíaca, hipertensão, tremores ou ansiedade) para diminuir o ritmo cardíaco e deixar o paciente mais confortável até que a situação resolva-se espontaneamente. Geralmente, após o tratamento, essa doença desaparece naturalmente, mas se não for tratada pode ser uma ameaça à vida.

VERIFIQUE SUA TIREOIDE

A boa notícia é que um simples exame de sangue pode medir a função da sua tireoide e determinar se ela está normal ou não (o "padrão ouro" verifica a produção de hormônio estimulador da tireoide). A má notícia é que, se você estiver com cinco médicos numa sala, você terá cinco opiniões diferentes sobre o que é "normal" e o que não é. Com a minha prática, não confio nos exames de sangue feitos separadamente, porque ao longo dos anos descobri que o que é normal para uma pessoa e até mesmo normal para a população em geral, pode ser anormal para outra. Eu também peço outros exames (um que detecta anticorpos específicos), além de realizar a palpação (exame com as minhas mãos) da tireoide para determinar tamanho, forma, firmeza e localização. Os clínicos gerais também podem fazer isso, mas se eles não apalparem com tanta frequência quanto os endocrinologistas, podem perder o diagnóstico. Alguns médicos também podem recomendar a realização de um ultrassom da tireoide.

Agora entra uma parte complicada. A partir de 2010, na maioria dos laboratórios nos Estados Unidos, o intervalo oficial de referência normal para o exame de sangue do hormônio estimulador da tireoide é de aproximadamente entre 0,5 a 5,0 (medido em microgramas por decilitro). O intervalo de referência é o que determina – para a grande maioria dos médicos que depende quase que exclusivamente do exame de sangue – ou não o diagnóstico de distúrbio da tireoide e também qual será o melhor tratamento. Em janeiro de 2003, a Associação Americana de Endocrinologistas recomendou que os médicos "considerem o tratamento dos pacientes que estão fora dos limites de uma margem mais estreita, com um nível de TSH entre 0,3 e 3,0". Mesmo que muitos anos tenham passado desde que a nova margem foi estabelecida, alguns médicos ainda a usam ou não. A questão levantada é essa: Um estudo mostrou que quando se usa um intervalo máximo normal de 5,0, aproximadamente 5% da população tem hipotireoidismo. No entanto, se você usar 3,0 como referência normal, cerca de 20% da população teria hipotireoidismo. Isso significa que milhões de pacientes com hipotireoidismo estão sem diagnóstico e sem tratamento.

Veja a minha paciente MaryAnn, por exemplo. Quando ela estava com 40 anos, consultou seu médico porque estava sentindo-se cansada o tempo todo e também estava com variações de humor. O médico sugeriu que ela fizesse um exame de tireoide, embora achasse que não era esse o problema. Os resultados mostraram que seu nível de TSH foi de 4,0. De acordo com os padrões antigos, ela estava dentro do intervalo de referência normal. O médico disse à MaryAnn que ela estava bem e só precisava descansar. Dez anos depois, ainda com fadiga, a MaryAnn veio me ver. Seus sintomas haviam aumentado tanto que agora atrapalhavam a sua rotina diária. Eu pedi novos exames e seu nível de TSH estava em 5,0. Com isso, concordamos que ela deveria começar o tratamento para hipotireoidismo. Pouco tempo depois, uma nova MaryAnn (ou um pouco daquela que ela aprendeu a conhecer e a amar) retornou ao meu consultório. Se o médico anterior de MaryAnn tivesse adotado os novos critérios, ela teria sido tratada há dez anos e teria uma qualidade de vida melhor. Em vez disso, ela viveu com os sintomas durante uma década, acreditando que estava ficando velha.

Atualmente, existem exames de sangue mais eficazes, que fornecem uma visão completa da produção de T4, bem como a conversão de T4 em T3 no corpo, e também como o T3 ativo é criado, além da presença de anticorpos antitireoidianos. Uma bateria completa incluiria também os níveis de T3 e T4 livres. Você pode sugerir ao seu médico esse último exame, já que os níveis de T3 e T4 totais não são tão precisos.

Um dos problemas com os exames da tireoide é que normalmente não estão na lista das coisas que são normalmente verificadas em uma consulta ou mesmo numa bateria de exames de sangue. Isso é similar às orientações para a detecção do câncer de cólon, por exemplo, que começa aos 50 anos e não antes. E para fazer exame da tireoide é preciso ter 65 anos, senão o médico não solicitará esse exame rotineiramente. Como já disse em outros capítulos, quando você reclamar para o seu médico sobre ganho de peso, perda de cabelo, fadiga e falta de libido – na maioria das vezes você receberá a mesma resposta: "Bem, já era esperado, você está ficando velha". Se você está sofrendo desses sintomas e seu médico não sugere os exames, sugira você mesma. Porém, a maioria dos médicos, mesmo que eles possam ser céticos, vai condenar o exame se você insistir.

> **Eu continuo esquecendo o que você falou sobre a tireoide...**
>
> Veja que assustador: muitos médicos têm diagnosticado pacientes com demência ou doença de *Alzheimer*, quando na realidade o que eles tinham era uma doença na tireoide. Um estudo, feito em 2008 e publicado na revista científica *Archives of Internal Medicine*, mostrou que as mulheres mais velhas com níveis extremamente altos ou muito baixos de TSH tinham mais de duas vezes o risco de ter doença de *Alzheimer* do que aquelas com níveis mais moderados (o mesmo não era verdadeiro para os homens). Essa é outra razão para que o exame de tireoide seja parte da sua rotina médica.

Analise os seus números

Veja um ponto importante para lembrar, se você fez o exame e seus números não são "normais". O hipotireoidismo tem uma gama enorme, variando de muito leve a muito grave. Não apenas isso, mas uma pessoa que tem 2,5 de TSH pode se sentir perfeitamente bem, enquanto outra pessoa com a mesma leitura pode estar sofrendo com vários sintomas. Os números e os sintomas nem sempre se correlacionam. Na maioria das vezes, tomar a medicação para a tireoide vai curar os seus sintomas e você se sentirá melhor em poucos dias. Com seis semanas tomando remédio, você terá uma boa ideia do funcionamento do tratamento. A menos que você informe ao seu médico como está se sentindo, ele ou ela não pedirão outro exame. Você precisa compartilhar com o seu médico as melhoras (ou pioras) dos seus sintomas e também precisa fazer exames constantemente para ver como a medicação está atuando. Seus números podem voltar ao normal, mas se você ainda não estiver se sentindo bem, é sua responsabilidade informar ao médico para que ele peça mais exames ou reveja sua medicação.

É possível, no entanto, ir ao limite com a medicação da tireoide. Algumas das minhas pacientes têm a atitude "se alguns são bons, mais é melhor". No entanto, muitas medicações da tireoide podem estressar as adrenais, que irão produzir um excesso de cortisol, bem como desregular (prejudicar) as taxas de cortisol, DHEA, epinefrina e norepinefrina. Isso vai deixar você mais fatigada do que antes, pois o seu corpo não será capaz de produzir a energia necessária para manter o funcionamento da tireoide.

A deficiência de iodo e a tireoide

Muitos anos atrás eu estava viajando pelo Himalaia e percebi que muitas pessoas tinham um grande bócio em seus pescoços. O bócio é o alargamento anormal da tireoide. Algumas dessas pessoas tinham o bócio maior que suas cabeças e tinham que dormir quase sentadas para não sufocarem até a morte no meio da noite. A visão dessas pessoas foi uma das coisas que me estimulou a ser endocrinologista, cuidando principalmente da tireoide.

O bócio era (e ainda é) muito prevalente nessas montanhas sem litoral, pois não há iodo na dieta e sem esse mineral não há produção dos hormônios tireoidianos. O corpo não fabrica iodo e temos que obtê-lo da alimentação (o iodo é comumente encontrado em peixes de água salgada, algas, crustáceos, moluscos, pão, queijo e vitaminas iodadas). No Himalaia tem pão e queijo, mas as vacas comem a grama, que é pobre em iodo, e o pão é feito de grãos cujo solo, mais uma vez, carece de iodo.

Atualmente, o sal iodado é a principal fonte de iodo na dieta americana, mas apenas 20% do sal que a América consome contêm os micronutrientes. É cada vez mais popular a "propaganda" de sais, tais como sal marinho e sal *Kosher*, que geralmente não têm muito iodo. No entanto, a maioria do consumo de sal nos Estados Unidos vem de alimentos processados e os fabricantes quase sempre usam sal sem iodo. Acrescente a isso a propaganda contra o sal, por causa da hipertensão e das doenças cardíacas, e perceba que a carência de iodo torna-se uma ameaça real para algumas pessoas. Vale considerar que, há poucos anos, o iodo foi obrigatoriamente integrado aos sais pela FDA (por décadas) e agora a maioria dos conselhos médicos afirma que, devido à grande variedade de fontes de alimentos disponíveis de todo o mundo, adicionar iodo ao sal de cozinha não é mais necessário nos Estados Unidos e em outros países ocidentais. A iodização do sal é voluntária na América. Com isso, estima-se que a ingestão de iodo tenha diminuído 50% na América do Norte nos últimos 30, 40 anos, e a taxa antecipada de futuros casos de hipotireoidismo aumentou dramaticamente.

Antes da década de 1920, a carência de iodo era comum na região dos Grandes Lagos, dos Montes Apalaches e no noroeste dos Estados Unidos e do Canadá; no entanto, a introdução de sal iodado praticamente eliminou o problema. A deficiência de iodo é mais comum em regiões remotas do interior e locais montanhosos, onde o alimento é cultivado em solos pobres em iodo (por exemplo, no Butão, no Tibete e no Himalaia). Essa deficiência pode levar ao bócio, ao hipotireoidismo e até mesmo ao retardo mental em lactentes e crianças (o termo "cretino" vem do feto que não recebe iodo suficiente da mãe).

Em todo o mundo, a principal causa de hipotireoidismo é a carência de iodo, que continua a ser um problema de saúde pública em 47 países, e cerca de 2,2 bilhões de pessoas (38% da população mundial) vivem em áreas com deficiência de iodo. Um artigo publicado na revista médica *The Lancet*, em 2008, declarou que, "segundo a OMS, em 2007, cerca de 2 bilhões de indivíduos na idade escolar têm ingestão insuficiente de iodo..." Desse modo, a carência de iodo é uma das maiores causas evitáveis de retardo mental, sendo, portanto, um importante problema de saúde pública.

Há diferentes tipos e marcas de suplementos iodados disponíveis no mercado. Contudo, é importante que você obtenha orientação do seu médico antes de usá-los, pois, se você ingerir muito iodo, pode desenvolver hipertireoidismo. Você nunca deve decidir sozinha sobre a quantidade de iodo que deve tomar, pois isso, ao invés de ajudá-la, pode prejudicá-la.

A relação da tireoide com o feto

Como toda mãe sabe, há várias coisas com as quais se preocupar quando você está grávida. Bem, temos outra: sua tireoide e a deficiência de iodo. Durante a gestação, a produção de hormônios tireoidianos aumenta 50%, indicando que seu corpo requer uma maior ingestão de iodo para manter a tireoide funcionando, mantendo a produção de hormônios.

Em 2007, a Organização Mundial da Saúde (OMS), o Fundo das Nações Unidas para a Infância (UNICEF) e o Conselho Internacional para Controle dos Distúrbios por Deficiência de Iodo (ICCIDD) emitiram uma publicação intitulada "Avaliação dos transtornos de deficiência de iodo e monitoramento de sua eliminação", na qual é descrito o resultado da deficiência de iodo na gravidez e na lactação:

- Aborto espontâneo
- Bebê natimorto
- Anomalias congênitas

- Mortalidade perinatal
- Cretinismo endêmico
- Função mental prejudicada
- Desenvolvimento físico atrasado

Essa publicação também afirma: "Mundialmente, a carência de iodo é a causa evitável mais importante de danos cerebrais. As pessoas que vivem nas zonas afetadas pela deficiência de iodo podem ter um quociente de inteligência (QI) de até 13,5 pontos, que é inferior ao das comunidades que estão em áreas onde não haja essa deficiência".

Os problemas da tireoide podem continuar a assombrar uma mulher mesmo depois que ela dá à luz. Até 10% de todas as reclamações físicas e emocionais pós-parto são causadas por desequilíbrios na tireoide. Geralmente, esse tipo de hipotireoidismo dura vários meses e, em seguida, desaparece. No entanto, em alguns casos pode exigir um tratamento de longo prazo.

Em 2006, A Associação Americana de Tireoide publicou orientações que recomendavam a todas as grávidas e lactantes tomar vitaminas pré-natais contendo iodo, mas poucas mulheres estão cientes da recomendação. As que já foram diagnosticadas com hipotireoidismo e que tomam medicação para a tireoide precisam aumentar sua suplementação de iodo em 50% durante a gravidez. Imediatamente após o parto, a medicação geralmente volta ao normal.

A dose diária recomendada (DDR) de iodo para adultos é de 150 mcg, para mulheres grávidas é de 220 mcg e para mulheres lactantes é de 290 mcg. Com base nas referidas orientações, muitas vitaminas pré-natal não têm a quantidade de iodo suficiente para as mulheres em geral. Mesmo a deficiência amena de iodo na gravidez pode estar associada com a baixa inteligência de crianças, razão pela qual eu monitoro minhas pacientes grávidas com hipotireoidismo a cada dois meses para verificar a tireoide e os níveis hormonais. É por isso que, se você estiver grávida, peça ao seu médico para avaliar sua tireoide e certifique-se de que você está recebendo a quantidade certa de iodo para manter seu bebê saudável.

Tratamentos da tireoide

Uma das primeiras medicações para a tireoide disponível comercialmente foi o comprimido *Armour Thyroid*, que é um produto natural feito com a tireoide desidratada de porcos e vacas, permanecendo à venda até hoje. Ele contém os hormônios T3 e T4, mas esteve fora de uso por um tempo, pois o controle de qualidade desse remédio era muito difícil. No entanto, nos últimos anos, a produção tornou-se muito mais estável e ele voltou a ser usado. Seu médico pode prescrever o *Armour Thyroid* se você teve problemas com algum tratamento sintético ou se você e seu médico preferirem produtos naturais.

Alguns alimentos saudáveis contêm iodo e as lojas de produtos naturais vendem suplementos iodados. No entanto, não é recomendável usar suplementos que não estejam regulamentados pela Administração de Alimentos e Medicações (FDA), pois sua potência e pureza não são garantidos. O remédio sintético mais comumente prescrito para hipotireoidismo é chamado de levotiroxina, conhecida pelos nomes das marcas *Synthroid*, *Levothroid*, *Levoxyl* e *Unithroid*. Uma medicação mais recente da marca *Tirosint* é feita na Suíça e distribuída nos Estados Unidos. Esse remédio tem menos aditivos e conservantes do que os outros medicamentos sintéticos, por isso, pode ser uma boa opção para você, se for alérgica a qualquer uma das outras marcas.

Outro remédio popular chama-se *Cytomel* e contém apenas T3. O *Synthroid* contém apenas T4, que deve ser convertido em T3 pelo organismo. Algumas pessoas respondem melhor às preparações de T3 porque têm problemas na conversão de T4 em T3. Por isso, para elas, a melhor opção são os remédios que combinam T3 e T4, ou que possuem apenas T3.

O mineral selênio diminui os anticorpos que se formam na tireoidite de Hashimoto, melhorando a inflamação. Por isso, eu recomendo selênio para as pessoas que têm hipotireoidismo (coma castanha-do-pará, ricas nesse mineral). Além disso, o silêncio é um mensageiro cerebral, ajudando na comunicação entre a tireoide e a adrenal.

Como tomar a medicação para a tireoide

Embora os problemas na tireoide sejam facilmente tratados com medicação, pode ser complicado devido aos hormônios tireoidianos reagirem com outras substâncias. Informe ao seu médico sobre outras medicações que você toma, inclusive as sem receita, pois podem afetar o tratamento da tireoide. Isso inclui vitaminas, minerais e produtos à base de plantas. Também existem substâncias que bloqueiam a absorção dos medicamentos para a tireoide (por exemplo, soja, cálcio, ferro e alguns remédios prescritos para tratar alterações de humor), razão pela qual alguns pacientes não veem o resultado que gostariam.

- Não tome medicação para a tireoide sem ficar pelo menos duas horas sem comer, pois os alimentos podem diminuir a absorção.

- Não tome estrogênio, anticoncepcionais ou reposições hormonais sob a forma de comprimido ao mesmo tempo em que você está tomando remédio para a tireoide (você pode tomá-los no mesmo dia, mas não ao mesmo tempo). Qualquer forma de estrogênio oral pode ser um problema, se for ingerido junto com a medicação para a tireoide, pois ambos compartilham a mesma globulina de ligação no fígado (a globulina é uma proteína liberada pelas células, a qual o hormônio tireoidiano se liga). Portanto, se você tomar tudo ao mesmo tempo, o organismo não absorverá nada. Isso não se aplica a outras formas de anticoncepcionais, tais como o adesivo ou o anel vaginal *NuvaRing*, os quais repõem os hormônios via transdérmica (através da pele), ou os sublinguais (gotas ou pastilhas dissolvidas na boca que caem diretamente na corrente sanguínea). Essa é outra razão pela qual eu prescrevo às minhas pacientes com hipotireoidismo um creme à base de hormônio, em vez da pílula padrão.

- O cálcio também impede a absorção de remédios para a tireoide, por isso, não deve ser ingerido junto com a medicação. Se você toma medicações para a tireoide, deve tomar uma dose diária maior de cálcio do que se não estivesse tomando. Não importa qual seja a sua idade, você deve ter um total de 1.500 mg de cálcio diariamente. Infelizmente, a maioria das marcas de cálcio só pode ser absorvida na quantidade de 500 mg ao dia. Portanto, mesmo que na embalagem esteja escrito 800 mg, você pode estar absorvendo só 500 mg. Isso significa que você tem que tomar três vezes ao dia – o que fica complicado quando você também tem que tomar medicação para a tireoide. Portanto, não se chateie se não atingir esse limite. Faça o melhor que você pode e certifique-se que sua densidade óssea seja monitorada rotineiramente.

- O ferro, sozinho ou como parte de um suplemento de vitaminas interfere na absorção do hormônio da tireoide. Você não deve tomar suplementos à base de ferro junto com sua medicação para a tireoide. Dê um intervalo de pelo menos duas horas (quatro é o ideal) entre eles.

A tireoide e a menopausa

Embora muito raramente seja mencionado que a tireoide e seu ciclo reprodutivo estejam intimamente relacionados, os problemas tireoidianos podem causar irregularidades no ciclo menstrual e até mesmo, em casos extremos, esterilidade. Na medida em que a mulher envelhece, esses problemas podem aumentar. Na verdade, o hipotireoidismo não tratado pode fazer a mulher entrar prematuramente na pré-menopausa e menopausa.

É importante lembrar que a tireoide faz parte do sistema endócrino e quando qualquer um dos hormônios se desregula, todo o sistema fica comprometido. Portanto, quando você passa por um desequilíbrio hormonal – por exemplo, gravidez, pré-menopausa e menopausa – é mais que provável que sua tireoide também comece a desregular-se.

As mulheres com mais de 50 anos devem verificar a tireoide a intervalos de poucos anos (e até mais vezes e mais cedo, se você tem histórico familiar) e as com mais de 65 devem fazer exames anuais. Qualquer mulher de qualquer idade deve fazer o exame a qualquer momento e com a frequência necessária se ela tem sintomas de hipotireoidismo. Seu médico determinará se você precisa de medicação para a tireoide e/ou iodo ou outro suplemento.

É importante saber lidar com os problemas da tireoide, encontrando um médico que ouça seus sintomas e que seja atualizado com a pesquisa mais recente, além de estar por dentro das recomendações atuais para as faixas de referência e que faça exames, sabendo que cada paciente reagirá diferente para vários tratamentos. Talvez, você precise consultar um endocrinologista para obter os resultados de que você precisa e merece.

Frustra-me um pouco saber que existem tantas mulheres que sofrem desnecessariamente durante tantos anos. Eu sempre ouço as mesmas reclamações e quando essas mulheres são diagnosticadas e tratadas desses distúrbios, isso muda suas vidas completamente. Elas têm aceitado suas "meia vidas" por tanto tempo que quase se esqueceram de como é a vida inteira, cheia de energia e diversão. Por isso, eu estou aqui para dizer que não aceitem mais isso, façam os exames e verifiquem os resultados. Se for preciso, peçam uma cópia e consultem um especialista. Não se conforme – se você não concordar com seu médico, procure outro especialista. Você conhece seu corpo melhor do que ninguém, ouça-o e tenha sua vida e sua saúde em suas mãos.

Verifique a tireoide
DICAS DE REVITALIZAÇÃO

1. **Segure as rédeas da sua vida:** Se você suspeitar que está com problemas na tireoide e quiser checar, há um teste simples que você pode fazer em casa. É o teste de temperatura basal. Aqui vão os passos:

   - Obtenha um termômetro basal (aquele que você pode usar na boca) e deixe-o em sua cabeceira durante a noite toda.

- A primeira coisa a fazer pela manhã, antes de sair da cama, é colocar o termômetro em sua axila e deixá-lo por 10 minutos. Coloque um relógio para despertar para que você não tenha que se mexer para ver a hora.

- Registre sua temperatura e repita o processo por três ou cinco dias. Se sua temperatura estiver abaixo de $36,6^0C$, você pode ter um problema na tireoide. Portanto, procure um médico.

2. **Iodo: o teste inicial**: Há uma maneira simples e barata para você mesma testar a deficiência de iodo:

    - Mergulhe um chumaço de algodão em tintura de iodo (use o tipo que é alaranjado, não a versão mais clara, encontrado nas farmácias. Por exemplo, *Povidine*).

    - Desenhe um círculo de cinco a sete cm com o iodo em seu abdômen, outro na parte interna da coxa ou braço.

    - Você verá uma coloração amarelo-alaranjada em sua pele. Se a mancha levar de quatro a seis horas para sumir, seu nível de iodo está muito bom. Porém, se ela desaparecer em três horas, você pode estar com carência de iodo. Se for esse o caso, a próxima etapa é pedir ao seu médico um exame mais preciso, que é o teste iodine/iodide.

3. **Faça yoga**: Existem vários tratamentos alternativos que, usados em conjunto com o tratamento médico, são úteis para tratar a tireoide. Muitas pessoas acham que yoga pode estimular a glândula tireoidiana a trabalhar no seu máximo de eficiência. Uma posição específica que parece trazer um grande benefício para a tireoide é conhecida por *sarvangasana* ou suporte de ombro. Para executá--la, deite de costas no chão, mantendo as pernas juntas e levantando-as até que estejam em um ângulo de 90 graus com seu ombro, ou seja, perpendicular ao chão. Levante o abdômen do chão e encoste seu queixo no peito, descansando o peso do seu corpo sobre seus ombros e cotovelos. Use os braços e as mãos para apoiar o quadril. Tente até você conseguir ficar totalmente ereta (pernas, abdômen e tórax) por dois minutos.

4. **Faça acupuntura**: Como mencionado anteriormente, a acupuntura traz muitos benefícios. A Organização Mundial da Saúde fez uma lista com mais de 40 doenças cujo tratamento pode ser eficaz por meio da acupuntura, incluindo os distúrbios na tireoide. Frequentemente, a acupuntura é usada para ajudar a estimular o sistema imunológico, por isso pode ser uma boa escolha para o tratamento da tireoidite de Hashimoto, uma desordem autoimune. A acupuntura também pode ser útil para tratar os sintomas de hipotireoidismo, mesmo se a pessoa não estiver tomando remédio. Por exemplo, a acupuntura aumenta a energia e diminui o estresse, o

que é útil para as pessoas com hipotireoidismo. Também pode ajudar a controlar algumas irregularidades menstruais que, às vezes, têm a ver com o hipotireoidismo. Mesmo que você dê preferência para esse tipo de tratamento, deve consultar seu médico regularmente para certificar-se de que seus hormônios estão respondendo adequadamente. Lembre-se de que os distúrbios da tireoide não são apenas fadiga e podem afetar sua vida, o que pode até ser fatal. Assuma o controle, mas tenha sempre contato com um especialista.

E por falar em irregularidades menstruais... O próximo capítulo diz respeito a como seus hormônios afetam o ciclo menstrual – bem como seu ciclo de vida. Se você está preocupada porque sua menstruação não está vindo ou está vindo demais, o capítulo 8 vai ajudá-la com algumas noções básicas e talvez você sinta-se melhor, não importa em que ciclo esteja.

8

Passo 7

Prepare-se para "Aquele dia do mês"

—◆—

A maioria das mulheres lembra-se do dia em que teve a primeira menstruação. É um rito de passagem: a prova física de que elas estão fazendo a transição de meninas para mulheres. Na verdade, ainda existem muitos países em que as meninas quando menstruam podem casar-se ou ser vendidas, sua educação pode ser interrompida para que ela possa trabalhar, em casa ou não. Isso é algo para ser temido. Mesmo no século XXI, muitas mulheres ao redor do mundo têm noções muito primitivas a respeito "dessa época do mês". Um estudo feito com mulheres jovens, no Paquistão, em 2010, descobriu que quase 13% das participantes achavam que a menstruação era uma doença e uma maldição de Deus. Em Taiwan, um estudo feito em 2009 mostrou que houve uma correlação negativa muito significante entre o período menstrual e o desconforto. Em outras palavras, as mulheres jovens que pensavam o pior sobre a menstruação sentiram o pior quando estavam menstruadas.

Embora eu me lembre muito bem do dia, não me lembro exatamente quantos anos eu tinha quando menstruei pela primeira vez. Eu sei que veio com um certo atraso e também foi um período bastante emocional para mim. Lembro-me de estar chateada porque isso significava que eu não era mais uma criança. Havia uma sensação de segurança em ser criança, que eu não queria perder. Eu pensava que ia mudar a minha relação com meus pais e eu queria que as coisas ficassem do jeito que eram.

Uma grande amiga minha recorda de ter usado o que ela se lembra como uma almofada enorme, porque não sabia como lidar com seu sangramento. Ela foi para a escola um dia e esqueceu-se da sua almofada do tamanho de um tijolo e "teve um acidente". Ela ficou incrivelmente envergonhada e com medo de que todos os meninos soubessem, então ela correu para fora da escola, montou em sua bicicleta e foi para casa (há quase 1,5 km), mudou suas roupas e voltou andando para a escola. Em vez de sentir o poder de ser mulher, ela ressentiu-se. Ela foi humilhada e estava sozinha "nessa época do mês", desejando que esse episódio horrível nunca mais se repetisse em sua vida. É muita coisa para uma menina de treze anos. Algumas mães ainda dizem para suas filhas não usarem absorvente interno para não perderem a virgindade. É possível, embora improvável, que inserir um absorvente interno possa romper o hímen, mas isso não afeta a virgindade, que está relacionada com a relação sexual. Muitas meninas, mesmo nos Estados Unidos do século XXI, ainda usam absorventes ao invés de usarem tampões (absorventes internos), limitando a participação no esporte e restringindo o estilo de vida.

O CICLO COMEÇA

Não importa quantos anos você tenha ou onde você esteja no mundo, a primeira menstruação – o início do ciclo da feminilidade – traz mudanças físicas e emocionais para sua vida. Essas alterações ocorrem por causa dos hormônios.

Se você ainda não descobriu isso desde os capítulos anteriores, eu vou explicar de uma forma mais direta: a vida de uma mulher tem tudo a ver com hormônios (de um homem também, mas seus hormônios são mais parecidos com um interruptor liga e desliga, enquanto os hormônios femininos são como os golpes de um lutador, ou seja, toneladas de opções para todos os lugares). Vivemos uma vida de equilíbrio delicado. Quando um hormônio está ativo, outro é menos ativo. Muitos hormônios têm seus ciclos, de modo que em certas horas do dia ou mês eles naturalmente estão em alta ou em baixa, dependendo do que o corpo necessita naquele momento específico. É uma máquina perfeita. Exceto quando quebra.

A função dos hormônios é manter o equilíbrio, mas não é incomum um hormônio ou outro variar sua quantidade até o ponto de um desequilíbrio perigoso. Quando isso ocorre, pode haver uma interrupção da nossa rotina diária. O equilíbrio hormonal é afetado por tudo o que fazemos, como o que comemos ou deixamos de comer, se nos exercitamos ou não, se estamos estressadas ou felizes. Embora isso não pareça ser uma boa notícia, é o que você pode alterar e controlar. Você pode ajustar a dieta, se exercitar mais, mudar de atitude em relação às coisas que te preocupam ou mudar seu comportamento para lidar melhor com o estresse da vida. Em alguns casos, você pode usar suplementação hormonal para ajudar a equilibrar novamente o seu corpo.

É importante lembrar que existem muitos hormônios diferentes atuando no nosso corpo ao mesmo tempo. Nós somos muito mais do que nossas glândulas reprodutivas, afinal nosso corpo produz quase 100 tipos diferentes de hormônios. Não existe um hormônio mágico (ou uma comida mágica, ou um suplemento, medicação ou vitamina) que vai nos manter jovens e energizados, nos protegendo de várias maneiras contra a nossa sabotagem. Da mesma forma, não há nenhum estilo de vida que vai nos curar de todos os males – é a combinação de fatores, incluindo dieta, exercício e hábitos pessoais, que faz a vida e o sistema endócrino serem equilibrados.

Os hormônios são produzidos em diversas glândulas do corpo. Como você aprendeu no capítulo 1, eles circulam através dos vasos sanguíneos e entram em contato com todas as células. No entanto, apenas determinadas células-alvo reagem porque têm receptores para esse hormônio. Se os receptores se tornarem excessivamente sensíveis, as células podem ficar sobrecarregadas com um hormônio específico e a reação da célula pode tornar-se anormalmente intensa. Por outro lado, se os receptores tornam-se insensíveis, as células não recebem sua carga habitual de hormônio e não reagem tão fortemente quanto deveriam. Ambas as situações podem causar uma série de problemas.

Um recado

Há muita coisa escrita sobre TPM, pré-menopausa e menopausa. Este livro seria incompleto se não tocasse nesses assuntos, mas nem por isso é um compêndio completo (para isso espere o próximo livro!).

OS HORMÔNIOS SEXUAIS

Neste capítulo, veremos vários hormônios que estão envolvidos nos ciclos reprodutivos da mulher. Esses hormônios são importantes para gerar os bebês e também para a produção de energia e para a saúde (física e mental) da mulher.

O estrogênio

Embora a maioria das mulheres ache que o estrogênio é o hormônio reprodutivo mais importante, esse termo refere-se a muitos compostos diferentes. Os três mais importantes são estradiol, estriol e estrona.

- O estradiol é o principal hormônio sexual da mulher fértil, sendo responsável pelas características femininas e pelo funcionamento sexual. Ele também é importante para a saúde dos ossos da mulher. Um desequilíbrio de estradiol contribui para muitos problemas ginecológicos, como endometriose, miomas e cancros.

- O estriol é produzido pela placenta apenas em quantidades significativas durante a gravidez. Os níveis de estriol nas mulheres que não estão grávidas não mudam muito depois da menopausa. O estrona e o estradiol estimulam o crescimento de células necessárias à reprodução. No entanto, quando são encontrados num nível muito alto, podem ser carcinogênicos (causar câncer). Por outro lado, o estriol protege o corpo contra os efeitos nocivos do estrona e do estradiol, tendo um efeito anticarcinogênico. O estriol foi usado por 30 anos na Europa como creme para secura vaginal e problemas do trato urinário em mulheres na menopausa. Portanto, sua segurança e eficácia são bem conhecidas.

- O estrona é distribuído por todo o corpo, sendo o único dos estrogênios que está presente numa quantidade significativa em mulheres na menopausa. Essa forma de estrogênio diminui os picos de calor, mas também é o mais associado ao câncer de mama. Se você tiver escolhendo uma terapia de reposição hormonal, minha recomendação habitual é uma combinação de estriol e estradiol, sem estrona.

Se você quiser achar uma fonte poderosa de energia, pense no estrogênio. Quase todos os tecidos do corpo possuem receptores para o estrogênio. No entanto, os níveis flutuam ao longo do dia. O estrogênio é secretado em rajadas curtas, o que significa que os níveis variam de hora em hora e até mesmo de minuto a minuto. Os níveis hormonais são diferentes durante a noite e variam também de uma fase do ciclo menstrual para outra.

Os níveis de estrogênio começam a subir nas meninas a partir dos oito anos, bem antes da sua primeira menstruação, que ocorre normalmente em torno dos 11 ou 12 anos. É nessa fase que as meninas começam a desenvolver os seios e crescem os pelos pubianos e nas axilas. O estrogênio pode começar a cair quando as mulheres estão iniciando os 20 anos e declinam mais rapidamente quando as mulheres atingem os 40, chegando a quase zero quando elas estão com 50. Os baixos níveis de estrogênio podem afetar sua energia física, deixando você cansada sem motivo aparente. Você pode sentir dificuldade de concentração para terminar qualquer tarefa e também tirar aquele cochilo da tarde. Quando você estiver com seus 50 anos e atingir a menopausa, você pode ter dificuldade para dormir, acordar várias vezes durante a noite e ainda se sentir cansada pela manhã. Para muitas mulheres "a lâmpada está acesa, mas não tem ninguém em casa".

Os baixos níveis de estrogênio também diminuem a habilidade do corpo para criar novas células ósseas, aumentando o risco de osteoporose. Além disso, o estrogênio é cardioprotetor, ou seja, protege as mulheres contra as doenças cardíacas, salvando-nos, também, de acidente vascular cerebral. Esse é um dos motivos das mulheres, geralmente, viverem mais que os homens. Quando os níveis de estrogênio caem, aumenta o risco dessas doenças.

A progesterona

A progesterona é produzida pelo corpo lúteo (uma massa de células que se forma no ovário, onde o óvulo é liberado) após a ovulação. A progesterona, entre outras coisas, prepara o útero para a gravidez. Se a mulher estiver grávida, a progesterona será produzida pela placenta. Se não ocorrer gravidez, o corpo lúteo se desintegra e a menstruação ocorre após 12-16 dias.

A progesterona também tem várias outras funções importantes: ajuda a regular a tireoide, fortalece o sistema imunológico, reduz o inchaço e a inflamação e mantém os níveis normais de coagulação sanguínea. Além disso, ajuda a produzir colágeno e a estabilizar as funções nervosas.

Normalmente, o estrogênio e a progesterona começam a ser produzidos no momento da ovulação e permanecem até um pouco antes da menstruação. Se houver um baixo nível de progesterona, significa que haverá estrogênio superior à taxa de progesterona, causando uma variedade de sintomas, incluindo desenvolvimento de mioma e tumor, aumento do colesterol, diminuição de açúcar no sangue, retenção de líquido e fadiga.

Conforme você envelhece, seus níveis de progesterona e estrogênio começam a declinar, levando gradualmente à menopausa.

A testosterona

A testosterona é o hormônio sexual "masculino", mas também é produzida em pequenas quantidades, principalmente pelos ovários e adrenais. Os homens produzem cerca de vinte vezes mais testosterona por dia do que as mulheres. Como sabemos, a testosterona não é somente boa para o sexo – ela desempenha um papel importante na saúde e bem-estar, além da produção de energia. Com a idade, a maioria das mulheres tem uma queda de testosterona, reduzindo a libido e aumentando a depressão. Além disso, essa queda também contribui para a perda óssea, provocando fraqueza muscular e perda da energia vital.

O DESEQUILÍBRIO HORMONAL: TPM

Antes da menstruação você:

- Fica ansiosa, irritada e seu humor oscila?
- Muitas vezes se sente triste ou apática?
- Fica com os seios sensíveis?
- Parece inchada?
- Tem cólicas ou dores de cabeça?
- Deseja doces ou salgados?

Se você respondeu "sim" a duas ou mais questões, você sabe tudo sobre ficar irritada com pequenos aborrecimentos, triste, com ânsia e inchada, além das cãibras, pois estes são os sintomas da síndrome pré-menstrual (TPM), causada pelo desequilíbrio hormonal. De acordo com um estudo publicado na revista científica *Archives of Internal Medicine,* cerca de 90% das mulheres têm alguns sintomas antes da menstruação. Desse grupo, entre cinco e 12% enfrentarão a TPM severa, que é incapacitante, e aproximadamente 10% não terão nenhum sintoma.

Não há duas mulheres que passem pela menstruação da mesma maneira, além disso, também não há dois ciclos femininos iguais. Tudo depende da genética, da dieta, do estilo de vida e do estresse. No entanto, a explicação médica sobre o antes, o durante e o depois da menstruação é a mesma para todas as mulheres. Veja um resumo do que acontece nesse período do mês e quando ocorre a TPM:

- A idade média para a primeira menstruação é de aproximadamente 12 anos e para a última, cerca de 51 anos.

- O ciclo menstrual feminino começa no primeiro dia da menstruação e termina no último dia antes da próxima menstruação.

- O ciclo menstrual tem duas fases: a fase folicular e a fase lútea.

- A fase folicular começa no primeiro dia da menstruação e dura cerca de 14 dias. Quando essa fase começa, o estrogênio e a progesterona estão em seus níveis mais baixos. Na primeira metade do ciclo, o estrogênio aumenta e atinge o valor máximo na ovulação. Durante essa fase, há uma proporção mais elevada de estrogênio do que de progesterona, o que muitas vezes é um momento de grande energia.

- A fase lútea começa no 14º dia após a ovulação e continua até o primeiro dia da sua próxima menstruação. O estrogênio cai nessa segunda metade do ciclo e a progesterona aumenta, preparando o revestimento do útero para a implantação do óvulo fecundado. Durante essa fase, há mais progesterona do que estrogênio e isso faz ocorrer a TPM. Se não houver gravidez, o revestimento do útero começa a descamar, resultando na menstruação.

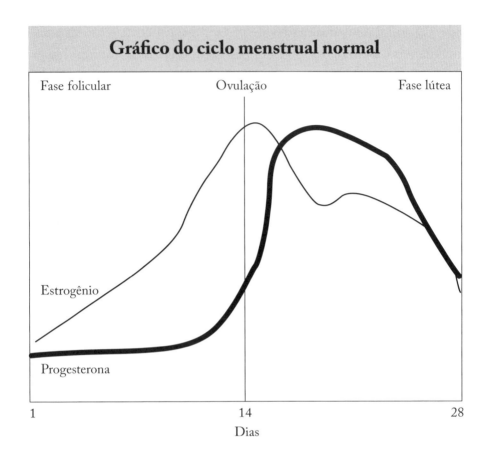

Como muitas outras coisas na vida, a maioria das mulheres acha que a TPM é normal e lidar com ela faz parte da rotina, basta tomar analgésicos ou faltar no trabalho e na escola. Algumas mulheres praticamente não vivem por uma semana, porém elas não estão de fato doentes e os sintomas podem variar desde dores de cabeça e cólicas até a sensação de inchaço, que as impede de se locomover, além do cansaço excessivo. Normalmente, a TPM ocorre logo antes ou no início da menstruação, mas você pode tê-la na ovulação também. Algumas mulheres têm TPM na ovulação e mesmo antes do seu ciclo menstrual, fazendo sua vida girar em torno da TPM.

Se você conversar com qualquer mulher sobre disposição (ou falta de), com certeza o tema "aqueles dias" inevitavelmente surge. Para muitas mulheres, os dias que antecedem a menstruação são marcados por uma variedade de sintomas, incluindo, muitas vezes, uma profunda sensação de letargia. A TPM tem mais de 150 sintomas diferentes. Para a maioria das mulheres, os sintomas mais preocupantes parecem ser irritabilidade, mudanças de humor, depressão, retenção de líquido, angústia no peito e fadiga. Isso ocorre devido a alterações hormonais, que mexem com o metabolismo.

Por que nós temos TPM?

Nós tivemos um longo caminho desde a época em que os médicos resolveram debater a realidade da TPM, mas a resposta mais curta é que há muitas razões para a ocorrência da TPM, existindo várias teorias:

- **Queda dos níveis de progesterona**: Os sintomas da TPM ocorrem durante a fase lútea do ciclo feminino, no momento em que a progesterona começa a aumentar (logo após a ovulação) e, em seguida, cerca de sete dias depois, começa a cair. Quando você está prestes a menstruar, os níveis de progesterona caem rapidamente. É isso que causa os problemas. Normalmente, os níveis hormonais flutuam. Se os níveis de progesterona fossem medidos numa escala de 1 a 10, por exemplo, eles poderiam cair de 10 para 9,9, depois para 9,8 e 9,7 e seu corpo seria capaz de ajustar essa mudança sem nenhuma dificuldade. Porém, quando você está prestes a menstruar, os níveis caem de 10 para 5 e até para 1. É essa mudança rápida que estimula os sintomas da

TPM e, em algumas mulheres, os níveis diminuem mais que outras, por isso seus sintomas podem ser piores do que os de outras mulheres.

- **Diminuição de serotonina e da atividade dos receptores GABA**: A serotonina é responsável pelo nosso bem-estar e otimismo, enquanto o GABA ajuda a nos manter calmos. Os níveis reduzidos de estrogênio durante a fase lútea podem estar ligados a uma queda de serotonina, que está relacionada à irritabilidade, raiva e ânsia de carboidratos, sendo esses alguns sintomas da TPM. Parece também que os receptores GABA ficam menos sensíveis do que o normal, o que explicaria a sensação de ansiedade.

- **Alterações nos níveis de norepinefrina e epinefrina:** Esses neurotransmissores estão envolvidos na resposta ao estresse e o estrogênio pode afetar os seus níveis, podendo influenciar na pressão arterial, na frequência cardíaca e no humor.

Outras causas possíveis da TPM incluem:

- Hipoglicemia (baixa quantidade de açúcar no sangue)
- Intoxicação por mercúrio
- Hipotireoidismo
- Candidíase (doença causada por um fungo)
- Alergia ou sensibilidade a alimentos
- Deficiência de vitamina B6, cálcio ou magnésio
- Ingestão inadequada de proteínas – os hormônios femininos dependem das proteínas

- Disfunção hepática – o fígado metaboliza uma forma de estrogênio em outra forma
- Mau funcionamento das adrenais

Ninguém sabe ao certo as causas da TPM. Algumas pessoas atribuem os sintomas principalmente aos altos níveis de progesterona e/ou estrogênio. Outras pessoas dizem que o mesmo sintoma se deve à diminuição dos níveis desses hormônios. Os estudos produzem resultados conflitantes. Eu acho que a dica para eliminar ou reduzir significativamente a TPM está no equilíbrio entre esses dois hormônios durante o ciclo menstrual.

A TPM e a fadiga

Embora os sintomas específicos da TPM sejam variáveis entre as mulheres, a fadiga é uma das três principais reclamações – os outros dois são irritabilidade (muitas das minhas pacientes usam o termo *louca varrida*) e inchaço. Como você viu no gráfico da página 284, os níveis de estrogênio flutuam um pouco nas duas fases do ciclo menstrual. A queda de estrogênio afeta as adrenais (a maioria do estrogênio é produzida nos ovários, no entanto, as adrenais produzem uma pequena quantidade desse hormônio) e também a transmissão de neuropeptídeos, que são pequenas moléculas de proteína que fazem a comunicação entre os neurônios – tudo isso esgota a energia do seu corpo. Quando os níveis de estrogênio caem, eles têm um efeito negativo sobre o cortisol. A combinação de pouco estrogênio com a disfunção do cortisol podem causar uma profunda exaustão crônica.

A fadiga relacionada à TPM também tem sido associada à deficiência de magnésio. O estrogênio melhora a utilização do magnésio.

No entanto, se os níveis de estrogênio estão baixos, o que ocorre na TPM, o magnésio não pode ser utilizado adequadamente pelo corpo. Os estudos mostram que há concentrações significativamente menores de magnésio em mulheres com TPM do que nas do grupo de controle. Os alimentos ricos em magnésio ajudam a relaxar os músculos, que por sua vez melhoram as cólicas da TPM. Esses alimentos incluem:

- Abóbora, gergelim e sementes de girassol
- Espinafre, brócolis, quiabo, acelga e alcachofra
- Alabote e atum
- Amêndoas, castanhas e pinhões
- Feijão preto e feijão branco

A boa notícia é que há uma série de coisas que você pode fazer para controlar a TPM. A fadiga é parte da resposta normal do corpo para as mudanças que ocorrem durante seu ciclo mensal. É um sinal de que estão acontecendo mudanças dentro do seu corpo e você tem a oportunidade de ouvir esse sinal, respondendo adequadamente. Aqui estão algumas dicas para lidar com a TPM e o cansaço:

- **Dieta**: Se você tem qualquer um dos sintomas da TPM, não apenas fadiga, a alimentação pode diminuir os seus efeitos. A coisa mais importante é manter seus hormônios em equilíbrio tanto quanto possível. Isso significa comer a cada três ou quatro horas e ter proteína, carboidratos complexos e gorduras insaturadas nas principais refeições. Além disso, lembre-se de usar essas dicas úteis:

  - **Coma alimentos variados**: É importante comer uma variedade de alimentos todos os dias, incluindo os ricos em ferro, como carne vermelha, gemas de ovos, espinafre, brócolis, folhas, ameixas secas, uvas-passas, feijão, beterraba, abóbora e inhame. Se você comer esses alimentos junto com os que fornecem vitamina C, seu corpo absorverá melhor o ferro.

- **Coma frutas e legumes**: Isso ajudará a aumentar a ingestão de vitaminas e minerais essenciais.

- **Coma fibras:** Ajuda a reduzir a taxa de absorção de glicose na corrente sanguínea, suavizando as oscilações da glicemia.

- **Coma mais carboidratos complexos**: Aumentando a quantidade desses alimentos (por exemplo, legumes e grãos) em sua dieta, você pode ajudar a aumentar os níveis de serotonina. Lembrando que a diminuição desse neurotransmissor é associada à depressão causada pela TPM.

- **Diminua o sal**: Ajudará a evitar a retenção de líquidos e o inchaço, diminuindo também a pressão. Algumas pacientes minhas usam diuréticos (medicamentos que tendem a aumentar o fluxo de urina, o que faz o corpo se livrar do excesso de água) para diminuir o inchaço, mas se você for tomar, faça-o logo antes da menstruação e nos primeiros dias após o início do fluxo. O uso de diuréticos de vez em quando é relativamente seguro, mas são medicamentos que devem ser prescritos, por isso consulte seu médico para saber se você pode tomá-los ou não.

- **Coma alimentos naturais**: Reduza o consumo de alimentos processados e de açúcar refinado, que se transformam rapidamente em glicose e podem causar variações intensas na taxa de glicose do sangue. O açúcar torna mais difícil o processamento de estrogênio e causa o aumento da glicemia.

- **Diga adeus à cafeína**: Evite esses tipos de bebidas, pois podem agravar a insônia e a fadiga. Além disso, a cafeína também pode causar desidratação e reduzir a absorção de ferro. Evitá-la alivia a angústia.

- **Atividade física**: Os exercícios são, muitas vezes, a última coisa que você sente vontade de fazer quando está com TPM. Porém, eles ajudam a aumentar a serotonina e as endorfinas, proporcionando sensação de bem-estar. Essa pode ser uma das razões pelas quais as mulheres que se exercitam têm menos sintomas da TPM. Você pode até pegar mais leve, mas é importante que treine todos os dias da síndrome pré-menstrual. Aqui estão algumas dicas para lidar com a TPM:

  - **Dê um mergulho**: Um treino leve de natação pode ser o que você precisa para fortalecer os seus músculos e ficar com uma sensação de bem-estar.

  - **Faça yoga**: Os alongamentos podem ajudar a controlar as cólicas e as meditações podem deixá-la mais calma e menos irritada.

- **Faça pilates**: Suas articulações e seus músculos doem antes da menstruação? O pilates ajuda a alongar o corpo utilizando movimentos suaves, que podem aliviar as dores.

- **Jogue fora suas frustrações**: Enquanto algumas mulheres se beneficiam mais dos movimentos suaves, outras acham que a produção de suor, como no *kickboxing*, é exatamente o que elas precisam para superar a sensação de raiva e irritabilidade associada à TPM.

- **Contrate um personal trainer**: Esse pode ser o momento perfeito para ter alguém incentivando você, já que não quer sair do sofá. Mesmo se for só um dia por mês (na semana da sua menstruação) já ajuda, pois é a motivação de que você precisa – sem contar o fato de que você está pagando um bom dinheiro – para não se sabotar com pouco exercício e muito tratamento "engordativo".

Tratamento hormonal da TPM

Muitas vezes, as mulheres jovens me procuram para dizer que quando estão na TPM ficam extremamente exaustas e não funcionam por uma semana de cada mês. Para esse tipo de mulheres, eu recomendo um teste salivar que pode ajudar a definir o que está acontecendo hormonalmente durante seu ciclo. Isso ajudará a determinar se o problema é com a progesterona ou com o estrogênio, ou ainda, com a testosterona ou com o DHEA e em que fase do ciclo (qual dia) esses hormônios precisam ser substituídos. Essa situação pode ser manipulada com terapia hormonal (mas não confunda, pois são diferentes dos compostos de reposição hormonal da menopausa). Na maioria das vezes, quando as mulheres reclamam desse tipo de sintoma, os hormônios precisam urgentemente ser equilibrados. Nesse caso, o tratamento mais rápido, mais fácil e, às vezes, mais eficaz, é com pílulas anticoncepcionais para nivelar as oscilações hormonais dos ovários. Alguns médicos alternativos não gostam da ideia de dar pílulas para suas pacientes e a imprensa não anda falando muito bem desse tipo de tratamento. Porém, ainda é a maneira mais fácil, mais econômica e mais benigna de lidar com a TPM. O uso de pílulas anticoncepcionais pode diminuir a libido, mas dá para lidar com isso. Caso contrário, eu não acho que seja necessário sofrer com sintomas tão debilitantes. Geralmente, sugiro as pílulas com uma baixa quantidade de estrogênio, pois os estudos indicam que elas têm um impacto significativo no humor e nos sintomas físicos, ou sugiro aquelas que estendem o comprimento dos ciclos para que as mulheres menstruem a cada doze semanas, ao invés de quatro. No entanto, as pílulas anticoncepcionais não resolvem os desequilíbrios fundamentais a essas questões. Isso significa que essas pílulas proporcionam alívio temporário dos sintomas, por isso, ao mesmo tempo, você deve tratar o desequilíbrio mudando o estilo de vida, o jeito de lidar com o estresse e os exercícios físicos.

Terapias alternativas para TPM

Um tratamento bastante novo para a TPM é a terapia de luz, que consiste na exposição à alta intensidade de luz própria para esse propósito por cerca de uma hora por dia. As pacientes desse tipo de terapia devem sentar-se 30 a 60 cm distantes da fonte de luz, focando seu tratamento na fase lútea, que precede a menstruação. A terapia de luz proporciona alívio significativo da depressão e reduz os sintomas gerais da TPM.

Outra coisa importante é que os hormônios vão para o fígado para serem decompostos em suas formas mais eficazes, assim o fígado também ajuda na "limpeza" da TPM. As ervas indicadas para o fígado são o cardo mariano (que pode ajudá-lo a metabolizar o estrogênio, reduzindo os sintomas da TPM), o dente-de-leão e a raiz de bardana.

A PRÓXIMA FASE: PRÉ-MENOPAUSA

Quando uma amiga minha tinha 40 anos, parou de menstruar. Ela sabia que não estava grávida porque não tinha relações há meses. Depois, ela teve um calorão, começou a ficar nervosa e tinha certeza de que estava precocemente entrando na menopausa. Ela foi a quatro médicos (inclusive eu) e todos asseguraram-lhe que o que ela estava passando era absolutamente normal. Ela ainda não estava na menopausa, mas o seu corpo ia nessa direção e, em algum momento, dentro dos próximos dois a dez anos, ela iria entrar na fase de nunca mais menstruar, mas ainda não completamente.

Minha amiga estava na pré-menopausa, ou seja, ela tinha começado o tempo que antecede a menopausa, em que os níveis de hormônios femininos variam mais do que o normal a cada mês, diminuindo gradativamente e tornando-se irregulares. Uma preocupação que as mulheres têm quando chegam aos 40 anos é a de entrarem na menopausa precoce, pois seu ciclo fica mais curto e muda de 28 para 21 dias. Além disso, elas ficam com o sangramento da menstruação mais ralo e dura menos tempo do que costumava durar ou, então, o fluxo fica maior em um mês e menor no outro, sempre alternando. Todas essas mudanças têm a ver com a pré-menopausa.

Descubra se você está na pré-menopausa

Você tem:

- Ausência da menstruação durante os últimos meses?
- Fluxos menstruais mais volumosos ou mais ralos do que o habitual?
- A pele mais seca ou mais oleosa do que o habitual?
- Suores excessivos no meio da noite?
- Menos desejo sexual?
- Palpitações cardíacas nos últimos seis meses?
- Irritação ou depressão mais do que o normal?
- Cansaço excessivo, não importando o quanto você durma?

Se você respondeu "sim" a duas ou mais dessas perguntas, você pode estar na pré-menopausa. Algumas mulheres nem sequer sabem que estão nesse período, elas apenas ignoram suas menstruações e outras não têm sintomas. Cerca de 80% das mulheres na faixa dos 40 anos ignoram a menstruação. Curiosamente, cerca de 10% tem menstruações normais até o momento em que elas cessam completamente. Porém, ninguém pode esperar o que vai acontecer na pré-manopausa – você só tem que esperar e no momento certo saberá como agir.

Uma paciente minha que estava nessa fase me disse: "Eu me sinto cavando um buraco e escalando por ele". Outra disse: "Sinto que estou vivendo sem a cabeça". E outra declarou que embora ela parecesse calma por fora, no seu interior ela estava quicando. Ela estava extremamente ansiosa e deprimida, mesmo que não houvesse nada para ela reagir dessa forma, pois tinha um marido lindo, rico, era uma mãe dedicada, não tinha dívidas para pagar, e ainda tinha cozinheira e faxineira. O seu interior estava pulando de ansiedade. Os hormônios estavam causando um estrago em todas essas mulheres, cada uma a sua maneira.

Essa mudança hormonal é uma oportunidade para você reavaliar sua vida, ajudando com as alterações que talvez precise fazer quando entrar na menopausa. O ciclo muda na pré-menopausa, que encurta os dias entre as menstruações. Você pode começar a menstruar a cada três semanas ao invés de quatro e o cérebro torna-se menos sensível ao estrogênio. Portanto, o hormônio folículo estimulante tem que trabalhar mais para que a quantidade de estrogênio seja mantida. Dessa forma, a quantidade de estrogênio permanece a mesma, mas o cérebro está trabalhando muito para estimular sua produção. Uma das maneiras de saber se uma mulher é fértil, é observar o nível de hormônio folículo estimulante (FSH). Quanto maior sua quantidade, menor é a chance da fertilidade ocorrer.

Não é a sua idade que conta

Recentemente, eu tive uma paciente de 42 anos que estava na pré-menopausa e também tive pacientes com 49 anos sofrendo de TPM. Já vi uma mulher de 38 anos na menopausa e o médico que ela procurou analisou seus sintomas e, em seguida, falou: "Você é muito jovem para estar na menopausa". Eu nunca enfatizo nada, pois as mulheres são diferentes. Não existe

> faixa etária para a pré-menopausa ou menopausa. Um bom médico vai ouvir seus sintomas, testar seus hormônios e só depois dirá o que está acontecendo. Não existem coisas como "você é muito jovem para isso" ou "você é velha demais para aquilo". O diagnóstico deve ser feito com os sintomas específicos e não pela idade.

Ao mesmo tempo, os seus níveis de progesterona começam a cair durante a pré-menopausa, mas não é isso que causa os sintomas. O problema é a diferença da quantidade de outros hormônios em relação à progesterona. Por exemplo, você pode ter a mesma quantidade de estrogênio que tinha antes, mas a relação com a progesterona é maior, causando a dominância de estrogênio. Muitas vezes, as mulheres procuram terapia com estrogênio ou vão a um médico naturalista que sugere produtos de soja, pois ele está interpretando a pré-menopausa como uma deficiência de estrogênio. No entanto, o que acaba ocorrendo nesses casos é uma agravação do problema. Lembre-se de que a soja age como um estrogênio, portanto, em certo sentido, através da adição de soja à sua dieta, você está adicionando mais combustível ao fogo.

A pré-menopausa é designada por oscilações hormonais. Um dia, seu estrogênio pode estar elevado e, no dia seguinte, reduzido. São essas alterações que criam as variações de humor e a fazem comer mais e se exercitar menos, levando ao ganho de peso "inexplicável".

Essas oscilações hormonais também são responsáveis pela emoção à flor da pele. Seus hormônios ficam irregulares e não permanecem estáveis nem por poucas horas. Antigamente, antes da pré-menopausa, as taxas hormonais se estabilizavam por vários dias.

Isso pode levar a situações extremas. A Kimberly veio ao meu consultório para uma segunda opinião. Ela tinha 43 anos e queria fazer uma histerectomia total, ou seja, retirar o útero e os ovários, pois nos últimos cinco anos ela estava tendo uma perda anormal de sangue durante a menstruação, seu humor oscilava e estava deprimida. Ela já tinha tentado vários tipos de pílulas anticoncepcionais, bem como o DIU, e nada evitava seu sangramento. O ginecologista dela falou que as alterações de humor eram por causa da depressão e receitou *Prozac*, piorando seu estado. Com isso, ela sugeriu a ele que lhe fizesse uma histerectomia total e, absurdamente, ele concordou!

Ela só queria fazer esse procedimento porque não aguentava mais o sangramento excessivo, pois tinha que usar vários absorventes durante a menstruação e até fraldas geriátricas. Ela sempre ficava com medo de vazamentos e só podia fazer compras em lojas com banheiro. Muitas vezes, tinha que parar em postos de gasolina durante o seu percurso e seu estilo de vida estava de cabeça para baixo, deixando-a muito triste. Foi quando ela disse: "Não é possível viver assim" e sugeriu a histerectomia.

Eu fiz mais algumas perguntas à Kimberly e ela me disse que se tratou com progesterona por cinco anos para evitar parto prematuro do seu segundo filho (a progesterona evita as contrações uterinas). Em seguida, continuou usando para evitar a gravidez. Quando eu disse a ela que a progesterona poderia estar associada à depressão, ela ficou chocada e disse: "Meus médicos nunca falaram isso". Eu sempre informo às minhas pacientes quando vou ministrar progesterona para tratar pré-menopausa ou menopausa, pois elas podem ficar sonolentas. Peço a elas que me informem se estão perdendo energia ao invés de ganhar e, em seguida, "ajusto" a fórmula, a dose e a hora do dia em que deve ser tomada. Eu pedi à Kimberly que fizesse um teste salivar de hormônio em casa. O resultado mostrou grandes oscilações em seu ciclo. Eu corrigi isso prescrevendo estrogênio durante um mês (e pequenas quantidades de progesterona e testosterona), juntamente com um suplemento para reduzir a hemorragia excessiva. No prazo de um mês, ela não tinha mais TPM, exaustão (devido à anemia que ela acabou tendo por causa do sangramento) ou depressão. Eu estou feliz de informar que ela manteve seu útero e ovários.

Da mesma maneira que os pais veem seus filhos passando pela adolescência por causa do aparecimento dos hormônios, as mulheres têm que compreender que a pré-menopausa é o oposto disso. Nessa época, há um declínio de hormônios e, graças aos hormônios sintéticos e à reposição hormonal, as mulheres podem pedir ajuda antes de atingirem a menopausa.

A pré-menopausa e a fadiga

Quando falo de fadiga referente à pré-menopausa, estou falando sobre muito mais que apenas cansaço. Falo de uma sensação de exaustão esmagadora, que diminui sua capacidade física e mental. É um cansaço que parece estar relacionado com a quantidade de sono que você teve à noite. É uma falta geral de energia e motivação, suficientes para interferir em sua vida.

Alguns sintomas desse tipo de fadiga incluem:

- Sensação de que o tempo está rápido demais e estresse
- Dificuldade de acordar pela manhã
- Dependência de café, chá ou energéticos para ficar desperta
- Dificuldade em completar as atividades diárias
- Dificuldade em se recuperar de qualquer doença ou estresse

- Falta de interesse sexual
- Sensação geral de cansaço e descontentamento com a vida

Arquivo da Dra. Eva

A Jennifer é uma loira atraente, com quase 44 anos. Ela tem dois filhos, com idades de cinco e um ano e meio. Ela me procurou porque estava com vários sintomas de pré-menopausa, que ela descreveu como "uma horrível TPM diária". A menstruação dela vinha a cada três semanas, com um fluxo muito intenso e ela sentia muita dor. Estava com alterações de humor, engordou e sentia-se extremamente cansada.

"Meu marido me perguntou: 'O que está acontecendo com você?' e eu respondi que poderia estar na pré-menopausa. Ele retrucou: 'Quanto tempo isso dura?' 'Pode ser cinco anos', eu disse. Ele suspirou e comentou: 'Oh, Meu Deus. Cinco anos...'

"Parte do problema é que eu tenho dois filhos pequenos e não consigo cuidar deles. De manhã, eu ainda fico bem, mas no meio do dia eu sinto que vou parar de funcionar. Tenho que pegar meu filho na escola às 14 horas e se eu não der um cochilo antes, mal mantenho meus olhos abertos. Isso acontece todos os dias, sendo que vou para a cama às 8h30 da noite, logo depois de colocar as crianças na cama. Eu não posso sair para jantar ou fazer qualquer outra coisa, pois não tenho energia. Já engordei nove quilos em seis meses, apesar dos meus hábitos alimentares não terem mudado."

"Meu marido, coitado, sente-se negligenciado e está tomando conta das crianças pela primeira vez. Eu tento cuidar de mim e claramente não estou fazendo um bom trabalho. Tudo de mim que

sobra é dedicado a ele, mas é quase nada. Se eu não conseguir melhorar logo, meu casamento pode acabar."

Eu verifiquei os níveis hormonais dela e de fato ela estava na pré-menopausa clássica, com pouca progesterona. Eu receitei a ela uma progesterona tópica para começar no 14º dia do seu ciclo e ir até o 28º dia, duas vezes por dia. Também combinei com suplementos, incluindo vitaminas do complexo B, carnitina, EGCG, magnésio e 5-HTP para ajudar a dormir. No primeiro mês ela voltou a ser o que era, continuando o tratamento até chegar na menopausa.

Quando se trata de pré-menopausa, a fadiga tem suas origens no desequilíbrio hormonal, que pode ocorrer por causa das más escolhas nutricionais, principalmente para as mulheres que seguem uma dieta de pouca gordura e muito carboidrato. Frequentemente, essas mulheres sofrem de resistência à insulina, o que perturba o metabolismo da glicose. A explosão de energia começa quando você come doces açucarados e refinados, mas rapidamente você precisa fazer isso de novo. A insuficiência adrenal devido ao estresse, a má alimentação ou à disfunção da tireoide por causa da pré-menopausa também podem levar à fadiga.

Os desequilíbrios hormonais também podem ser a causa do sono irregular, que muitas vezes resulta em fadiga durante o dia. Quando você acorda encharcada de suor no meio da noite, é difícil voltar a dormir. A instabilidade de estrogênio pode afetar o sono, impossibilitando a entrada no sono profundo, de que precisamos para ficar descansados.

As oscilações de estrogênio também podem causar depressão (uma fonte de fadiga). De acordo com o site *Study of Women's Health*

Across the Nation (SWAN), 3.302 mulheres, afro-americanas, caucasianas, hispânicas, japonesas e chinesas, de sete locais dos Estados Unidos, foram avaliadas anualmente desde sua inscrição durante 1996-1997. Todas tinham idade na faixa de 42 a 52 e sem histórico de depressão. Porém, durante a pré-menopausa os sintomas depressivos aumentaram significativamente. Isso pode ser causado pela baixa quantidade de estrogênio no cérebro, que diminui a serotonina, a noradrenalina e a dopamina. Para muitas mulheres que têm depressão nessa fase, os inibidores seletivos da recaptação de serotonina (ISRS) – medicamento antidepressivo – podem ser muito úteis, pois aumentam a quantidade de serotonina disponível para o cérebro.

Está muito quente?

Suponha uma situação em que você esteja assistindo TV, conversando com os amigos, olhando pela janela, cuidando da casa ou não fazendo nada, quando de repente o ambiente fica muito quente e você pode sentir seu rosto e seu pescoço queimando. Você começa a suar e tudo o que quer é sentar numa cadeira com o rosto na frente do ventilador. Alguns minutos depois, essa sensação passa.

O que foi esse calorão? Embora muitas mulheres associem essa sensação com a menopausa, é muito comum na pré-menopausa e para muitas mulheres esse é o primeiro sintoma. Isso é um reflexo vasomotor (afeta a constrição e o alargamento dos vasos sanguíneos) que começa no hipotálamo. Em outras palavras, o hipotálamo, que é o "termostato" do corpo, fica confuso quando a taxa de estrogênio cai, fazendo o registro da temperatura ir para o vermelho. O cérebro faz a leitura da temperatura e tenta diminuí-la através da aceleração dos batimentos cardíacos, que alargam os vasos sanguíneos para circular mais sangue, irradiando o calor, e você começa a suar para se refrescar – isso pode ser extremamente desconfortável, principalmente se você estiver num jantar ou numa reunião de negócios. Em seguida, o calor e a sudorese compõem o constrangimento.

Algumas mulheres têm sorte, pois não sentem esse calorão. Infelizmente, cerca de 10% das mulheres apresentam essa sensação por dez anos ou mais.

Outro sintoma típico da menopausa são os suores noturnos, que podem estar associados ao fato de que o nosso corpo tem um ritmo circadiano. Ao longo de um dia de 24 horas, alguns hormônios oscilam em determinados momentos. Por exemplo, os da tireoide e o cortisol, que tendem a aumentar pela manhã. Provavelmente, os suores noturnos estão relacionados a alterações normais dos hormônios que agem durante o sono, criando um ambiente onde o calorão pode ocorrer.

Tratamento hormonal da pré-menopausa

Esse tratamento é muito parecido com o da TPM. A primeira coisa a se fazer é medir a dosagem dos seus hormônios (veja o capítulo 9) para determinar a quantidade ideal de estrogênio e progesterona para você. Se os sintomas são graves e estão interferindo na sua vida, você pode optar pelas pílulas anticoncepcionais. Esses contraceptivos orais além de protegerem você da gravidez indesejada, podem aliviar vários sintomas da pré-menopausa, incluindo TPM (que pode piorar muito nessa fase) e menstruação irregular. As pílulas também podem reduzir o calorão, melhorar a qualidade do sono e diminuir a depressão. Os estudos mostram que em qualquer lugar do mundo, entre 65 e 100% das mulheres sentem alívio nos calorões quando tomam pílulas anticoncepcionais. Porém, nem todas as mulheres podem tomar a pílula, pois sentem dores de cabeça ou náuseas, levando o hormônio a atuar de forma maléfica. Além disso, há um maior risco de efeitos colaterais nas mulheres com mais de 40 anos, como embolia pulmonar e trombose venosa profunda (principalmente se as mulheres são fumantes).

Por causa da forte queda de progesterona, eu defendo o uso de progesterona tópica durante a pré-menopausa. Também é tempo de adicionar testosterona para aumentar a energia e converter o estrogênio. Algumas mulheres precisam tomar só progesterona ou juntar o estrogênio com a progesterona para manter os hormônios em alta, permitindo que elas ainda tenham seu ciclo menstrual.

A TERCEIRA FASE: A MENOPAUSA

- Você tem calorão e/ou suores noturnos?
- Você tem perda de memória de curto prazo?
- Você tem dificuldade em se concentrar?
- Você tem secura vaginal ou dor durante a relação sexual?
- Você sofre de insônia?
- Você nota mudanças na pele tais como acne ou pelos no rosto?
- Você está perdendo cabelo ou ele está muito fino?

Você sabe o que fazer. Se respondeu "sim" a duas ou mais questões, provavelmente você está enfrentando o evento natural chamado menopausa.

Quando toda a atividade ovariana cessa, a menstruação termina para sempre. Uma mulher entra oficialmente na menopausa quando o ciclo menstrual não tiver ocorrido durante 12 meses consecutivos. Devido a uma queda dos níveis hormonais, ou seja, do estadiol, da progesterona e da testosterona, a transição para a menopausa é acompanhada por várias alterações físicas, mentais e emocionais desconfortáveis, como as mencionadas acima.

O que é mais importante para as mulheres é lembrar que os níveis hormonais podem ser modificados. Você não precisa sofrer com a TPM, pré-menopausa ou menopausa só porque eles são fenômenos naturais. A alteração de hormônios é feita de um dia para o outro. Atualmente, existem muitos exames que permitem medir os níveis hormonais de um mês inteiro para verificar as deficiências. O que me deixa brava é quando ouço as mulheres dizerem, "minha mãe passou pela menopausa e lidou com ela, por isso acho que também consigo." Sim, vai conseguir acabar com sua vida social e seu relacionamento com seus filhos e marido, pois será um terror para todos ao redor. Estamos numa época com muitas soluções para a menopausa.

É um campo relativamente novo da medicina. A principal razão para isso é que até o início do século XX as mulheres, muitas vezes, não viviam além dos 49 anos. Portanto, a menopausa era uma ocorrência rara. Agora, é claro, as mulheres vivem 20, 30 ou mesmo 40 anos após sua última menstruação. As mulheres, juntamente com seus médicos, ainda estão tentando descobrir exatamente o que é preciso para viver seus últimos anos com saúde e energia.

A menopausa ao redor do mundo

Em 2005, a publicação científica *The American Journal of Medicine* lançou um artigo chamado "A síndrome universal da menopausa". A conclusão foi que havia tantas variáveis que estava provado, mais uma vez, que a menopausa de cada mulher é diferente.

Não só a menopausa é exclusiva para cada indivíduo, como parece ter conotações culturais. As mulheres ocidentais parecem ter mais sintomas da menopausa do que as mulheres de outras partes do mundo. No Japão, por exemplo, até recentemente não havia nenhuma palavra para expressar *calorão*. A palavra japonesa para menopausa é *konenki*, que eles definem como o período que ocorre dos 40 até os 60 anos. O final da menstruação é apenas um aspecto desses anos de transição. Não há nenhuma explicação clara de por que as mulheres japonesas têm poucos sintomas da menopausa. Alguns pesquisadores acreditam que a ingestão elevada de fitoestrogênios (substâncias químicas produzidas pelas plantas, com ação similar à do estrogênio) possa ter colaborado com a diminuição do desequilíbrio hormonal, embora não haja respostas definitivas. Muitas culturas têm uma atitude totalmente diferente perante a menopausa. Na medicina chinesa e na ayurvédica, a ideia não é tratar os sintomas da menopausa, é restabelecer o equilíbrio feminino. As mulheres bengalis, ao invés de se perturbarem com a falta de libido causada pela menopausa, acham que ter relações sexuais com idade mais avançada é totalmente ilógico. Muitos povos indígenas, incluindo as comunidades maias da Península de Yucatán, no México, os Maoris da Nova Zelândia e os Iroqueses da América do Norte, acreditam que as mulheres que passaram pela menopausa são anciãs espirituais com grande poder e status.

As atitudes são diferentes em cada país e a cada ano as pesquisas sobre os tratamentos da menopausa crescem. Atualmente, sabemos muito mais sobre como lidar com as mudanças no nosso corpo e sobre os desconfortos que vêm junto com a idade. Isso nos faz diferentes das gerações anteriores e nos dá a oportunidade de criar novas atitudes frente o nosso envelhecimento.

Os sintomas da menopausa

Assim como a TPM e a pré-menopausa, os sintomas da menopausa são muito pessoais. Cada mulher passa por essa fase da vida de forma única, algumas suavemente. Porém, a maioria apresenta ondas de calor (cerca de 80% das mulheres ocidentais). Muitas experimentam distúrbios do sono e um grande número de mulheres que já passaram pela menopausa tem exaustão física e mental.

Uma coisa importante é que muito dos sintomas da menopausa são causados devido à perda de estrogênio (ele não desaparece totalmente, mas o estrogênio ovariano pode diminuir até 90%). Muitos aspectos do corpo dependem do estrógeno, incluindo o funcionamento das mitocôndrias, que são os centros de energia das células. Pelo menos, nas mitocôndrias dos vasos sanguíneos do cérebro isso parece ser verdadeiro.

Muitas mulheres reclamam que a menopausa afeta suas cabeças – elas ficam esquecidas e diminuem a fluência verbal (por exemplo, "eu sei que coloquei a coisa que eu comprei ontem na... como se chama isso... e agora não está lá e não consigo encontrar o que me custou tão caro"). Há também uma quantidade razoável de dados vinculados ao estrogênio para as disfunções cognitivas e doenças neurodegenerativas, como *Alzheimer* e outras formas de demência. O cérebro é o que nos deixa sexualmente dimórficos, ou seja, o cérebro age diferentemente com mais ou menos estrogênio. Se você olhar para alguns testes padronizados de crianças, meninos e meninas são testados diferentemente devido à influência dos esteroides sexuais. Portanto, é plausível que durante a menopausa, quando acontecer a retirada de estrogênio, podem haver alterações neurológicas, psiquiátricas e cognitivas – que aparecem mais em umas mulheres do que em outras, devido a diferenças genéticas e sensibilidades.

A menopausa e a fadiga

Em muitos casos, a vida fica mais difícil quando envelhecemos. Temos muito com o que nos preocupar – se nossos pais ainda estão vivos, podemos ter mais responsabilidades para o bem-estar deles. Agora que as mulheres estão tendo filhos mais tarde, muitas se veem tendo que cuidar de seus pais e de seus filhos. Nesse mundo complicado, todos vivenciam tempos difíceis. Além disso, o corpo muda com a idade e temos que nos adaptar para encarar as mudanças químicas que ocorrerão, o que torna fácil de entender o porquê das mulheres estarem tão cansadas quando a menopausa chega.

O maior problema da fadiga é que ela impede você de tomar as decisões necessárias para combatê-la! Por exemplo, a atividade física é um bom combate à fadiga, mas quando você está cansada, não se exercita.

A fadiga da menopausa é diferente da sonolência, pois não necessariamente você quer tirar um cochilo – simplesmente você não quer fazer nada. Pode ser que você se sinta apática e sem brilho durante o dia todo ou isso pode vir intermitentemente, afetando seu corpo e sua mente. Muitas vezes, você pode sentir-se muito cansada para pensar com clareza – ou pensar em tudo.

Mais uma vez, podemos culpar os hormônios por tudo isso. Os hormônios controlam o nível de energia celular, por isso quando eles diminuem drasticamente (como fazem na menopausa), a energia também diminui. Adicione a isso o sono REM, que é frequentemente interrompido por ondas de calor e suores noturnos durante a menopausa, privando-nos de uma boa noite de sono.

Tratamento hormonal da menopausa

Eu sei que os suores noturnos são desconfortáveis, mas sempre digo às minhas pacientes para abraçá-los (e não sofrer com eles) como um sinal de uma nova passagem em suas vidas. Esses sintomas fazem você olhar para o futuro e acordar, mostrando que é hora de não somente pensar no envelhecimento, mas fazer algo por ele de modo criativo. Caso contrário, o suor nos fará passar vexames em público ou suaremos até a morte, ou ainda seremos demitidas por chorarmos a cada meia hora. Eu acredito na reposição hormonal quando precisamos dela. Não somente alivia muito o desconforto que vem com a menopausa, mas também impede que envelheçamos mais rápido do que o necessário.

Já que se sabe que os hormônios diminuem na menopausa, pode-se facilmente concluir que este é um momento de desequilíbrio hormonal. É por isso que a terapia de reposição hormonal (TRH) entrou em prática. Em 2002, o relatório *Women's Health Initiative* (WHI) mostrou que as mulheres que fazem a terapia têm mais chance de ter câncer de mama, acidente vascular cerebral e demência. Isso resultou numa enorme reação contra a TRH.

No entanto, esse estudo foi feito em mulheres com idade superior a 64 anos e que nunca haviam tomado hormônios antes. Digamos que essa não é uma parte representativa da população feminina que precisa ou quer a TRH. Além disso, as mulheres do estudo foram tratadas com *Premarin*, um coquetel feito a partir de urina de éguas grávidas.

Aprendemos muito desde 2002, e agora as mulheres que optam pela terapia têm uma combinação de estrogênio e progesterona. Isso ocorre porque o estrogênio sem a progesterona pode aumentar o risco de câncer uterino. A terapia hormonal de longo prazo, para prevenir os sintomas da pré-menopausa, já é rotineiramente prescrita por muitos médicos. Para algumas mulheres, a TRH de curto prazo é o que elas precisam para aliviar as ondas de calor, os suores noturnos, a secura vaginal, o comichão, o ardor e o desconforto nas relações sexuais. Mas o que acontece a você depois que parar de tomar os hormônios? Uma coisa é certa: a relação sexual volta a ser dolorida, diminui a elasticidade da pele e o cérebro não funciona tão eficientemente.

Alguns médicos dizem que você deve tomar a dose eficaz mais baixa por um período mais curto de tempo. Mas eu digo a minhas pacientes para continuar com a TRH para o resto de suas vidas. Eu realmente acredito que a terapia é extremamente benéfica para os efeitos antienvelhecimento e para o bem-estar geral. Eu deixo minhas pacientes na TRH indefinidamente, ajudando-as agora e no futuro.

O risco de desenvolver câncer com a TRH é menor do que o risco de desenvolver *Alzheimer* ou demência por não ter hormônios (um novo estudo feito por Kaiser Permanente, em 2010, mostrou que as mulheres que começavam a TRH tardiamente tinham uma chance de 48% de desenvolver demência, mas as mulheres que iniciavam a TRH em meados da vida – com cerca de 48 anos de idade – reduziram suas chances de demência para 26%). Atualmente, já existe cura para muitas mulheres com câncer de mama, mas para *Alzheimer* ou demência, ainda não. Desse modo, a TRH pode ser o caminho certo. Há alguns fatores que devem ser considerados antes de iniciar a TRH, como o histórico de câncer (as mulheres que têm histórico de câncer de mama não podem fazê-la), a idade (é melhor antes dos 60 anos e no prazo de dez anos da menopausa), a intensidade e a frequência dos seus sintomas (20 ondas de calor por dia) e quanto esses sintomas interferem na qualidade da sua vida. É preciso fazer um balanço para verificar os fatores de risco para iniciar ou não a TRH (pois pode ser perigoso por várias razões). Quase todas as mulheres que têm uma mãe com *Alzheimer* insistem em fazer a terapia de reposição hormonal para o resto da vida.

Lembre-se de que o estrogênio também previne a osteoporose, reduz os níveis de colesterol, aumenta a elasticidade da pele, ajuda a evitar a perda de cabelo, ajuda a prevenir a gengivite e outras doenças dentárias, auxilia na proteção contra vaginite e infecções do trato urinário, deixando a vagina lubrificada durante a relação sexual (esses são apenas alguns afeitos positivos).

Outra preocupação que muitas mulheres têm sobre a reposição hormonal é o ganho de peso. Minhas pacientes estão convencidas de que engordaram desde que começaram o tratamento. Eu tento explicar a elas, quando ainda estão na pré-menopausa, que o simples fato de entrar na menopausa já as fará engordar normalmente. O ganho de peso pode variar devido aos hormônios progesterona e estrogênio que são dados na TRH, mas é raro eu encontrar uma pessoa que esteja fazendo a reposição e engordou. Esse é um assunto complexo e infelizmente meu editor limitou as páginas deste livro.

Os hormônios bioidênticos

Cada mulher com TPM, pré-menopausa ou menopausa reage de uma maneira diferente à TRH. Uma das minhas pacientes chegou agitada e disse: "Doutora, você tem que me ajudar. Meu médico começou uma TRH sintética comigo e desde então meu apetite está fora de controle. Eu como tudo o que vejo. Se eu passo por uma mulher com um carrinho de bebê, eu tenho vontade até de comer o bebê. Eu realmente preciso de terapia hormonal?" Eu acalmei minha paciente e disse a ela que não, ela não precisava parar de tomar os hormônios, mas poderia tomar os hormônios bioidênticos, que são diferentes dos que ela tinha tomado. Dentro de poucos dias ela não estava mais tão agitada e sentia-se bem – seus desejos alimentares estavam sob controle (sem fantasias canibais).

A boa notícia é que atualmente há alternativas para a TRH sintética – a terapia feita com os hormônios "bioidênticos", ou seja, hormônios biologicamente iguais aos hormônios humanos. Eles são réplicas de estrogênio e progesterona produzidos pelo sistema reprodutor feminino. A estrutura molecular desses hormônios – que geralmente são feitos a partir de plantas, como batata-doce e algumas nozes – é indistinguível da estrutura dos hormônios produzidos pelo corpo. Dessa forma, o corpo "vê" esses hormônios como sendo os próprios fabricados por ele, reduzindo as reações adversas.

Ao contrário dos hormônios sintéticos, os bioidênticos são adaptados às necessidades fisiológicas exclusivas da mulher e são prescritos especificamente para cada uma pelo seu médico. Quando os efeitos são conhecidos, a fórmula pode ser ajustada até que se alcance o máximo de eficiência para você. Frequentemente, eu recomendo os hormônios bioidênticos.

Eles podem ser encontrados em várias formas: cremes, géis, adesivos, pílulas sublinguais (que se dissolvem embaixo da língua), cápsulas e aplicações vaginais. Eu, particularmente, recomendo a aplicação transdérmica (creme), pois vai diretamente para a corrente sanguínea e não através do fígado, o que pode ter efeitos negativos.

Algumas mulheres desconfiam dos bioidênticos por causa da falta de estudos a longo prazo de sua eficácia. As indústrias farmacêuticas não estão interessadas em estudá-los porque eles não podem ser patenteados. Isso significa que as grandes indústrias de medicamentos não podem lucrar tanto em cima deles, razão pela qual não se tem interesse em produzi-los e, em alguns casos, estão ativamente lutando contra a sua aprovação pela FDA (Food and Drug Administration). Para mim, a principal preocupação é ter certeza de que a fonte de onde os bioidênticos são obtidos passe pelo controle de qualidade a cada lote. Infelizmente, isso pode aumentar o preço desse tipo de hormônio, mas vale a pena. Afinal, é o seu corpo.

Lembre-se também de que as indústrias farmacêuticas colocam um monte de aditivos em seus produtos para estender a vida dos medicamentos. Muitos desses aditivos são metais pesados, que possivelmente, em longo prazo, têm um efeito negativo em seu corpo. Os bioidênticos, ao contrário, têm uma vida útil de apenas alguns meses, pois são naturais e não têm aditivos, nem conservantes.

Os hormônios bioidênticos são feitos em farmácias de manipulação. Peça uma indicação do seu médico para encontrar sempre uma farmácia credenciada e confiável.

Arquivo da Dra. Eva

A Myra é uma paciente minha que começou a ter ondas de calor quando tinha 53 anos.

"Não era apenas calor", ela disse. "Eu sentia meus órgãos queimando por dentro e parecia que eu iria ser seriamente afetada por isso, com danos permanentes no meu corpo. Eu também achava que com essa combustão interna eu deveria estar queimando muitas calorias e com isso emagreceria. Bem, não ocorreram nem o dano permanente e nem a perda de peso. Eu acordava pelo menos oito vezes durante a noite e tinha umas trinta ondas de calor muito intensas por dia. Isso acontecia o tempo todo e era muito embaraçoso no

mundo dos negócios e na vida social. Por dois anos e meio eu tentei vários métodos e promessas de alívio. Eu vim até você através de uma recomendação da minha filha. Você me receitou hormônios manipulados, dando minha vida de volta, além da minha dignidade e do meu sono. Já tem quase dois meses e meio que eu não sinto aquele calorão terrível. A composição especial dos hormônios era exatamente o que eu precisava, pois os sintéticos não estavam ajudando."

A TPM, a pré-menopausa e a menopausa
DICAS DE REVITALIZAÇÃO

A seguir estão alguns tratamentos naturais para TPM, pré-menopausa e menopausa. Haverá alguma sobreposição de hormônios parecidos em cada uma das três fases, mas minhas primeiras escolhas para cada fase estão incluídas aqui.

Muitas terapias naturais estão disponíveis para aliviar os sintomas da TPM. Já que cada mulher tem uma TPM diferente, alguns tratamentos serão melhores que outros. Você pode experimentar uma variedade de suplementos até encontrar o que funciona melhor para você. Na maioria das mulheres, essas terapias naturais são eficazes, pois mexem com fatores como níveis de serotonina, desintoxicação hepática, ânsias e prostaglandinas que causam inflamação. Todos esses fatores influenciam na duração dos sintomas e no desequilíbrio hormonal. Os suplementos sugeridos são:

- **Óleo de krill**: É uma fonte poderosa de ômega 3. Os estudos mostram que após 45 dias de consumo de óleo de krill, há uma diferença estatística significativa nos sintomas físicos e emocionais da TPM, incluindo angústia no peito, dores nas articulações e dismenorreia (cólica menstrual). O krill é um crustáceo minúsculo conhecido no Japão como uma deliciosa iguaria chamada *okiami*. Também é um alimento tradicional na Coreia do Sul e Taiwan. Na Rússia e na Ucrânia também existem grandes mercados de krill. Ao contrário dos óleos de peixe, o óleo de krill tem ômega 3 na forma de fosfolipídios – gorduras que entregam os ácidos graxos diretamente às células do corpo.

- **Magnésio**: Como visto anteriormente, as deficiências de magnésio podem exacerbar os sintomas da TPM. Por isso, tomar suplementos de magnésio pode melhorar esses sintomas, que incluem alterações de humor, ganho de peso, inchaço nas mãos e nos pés, angústia no peito, inchaço e fadiga.

- **Agnocasto**: É uma planta, nativa do Mediterrâneo, usada há séculos no tratamento ginecológico e para aliviar os sintomas da TPM, como cólicas, mudanças de humor, depressão e fadiga.

- **5-HTP (5-hidroxitriptofano)**: A teoria por trás do uso desse composto, proveniente de sementes da planta africana

Griffonia simplicifolia, é que ele aumenta os níveis de serotonina, ajudando a regular o apetite, a ansiedade e a depressão.

- **Vitamina B6**: A deficiência dessa vitamina está associada à diminuição dos níveis dos neurotransmissores que controlam a tristeza e a ansiedade. A vitamina B6 alivia os sintomas da TPM, como depressão, irritabilidade e fadiga.

- **Dong-Quai**: Essa planta também é conhecida por angélica chinesa, sendo muito comum na Coreia, China e Japão. É tradicionalmente usada para aliviar cólicas e menstruação irregular. O Dong-Quai é particularmente útil para ajudar a melhorar as ondas de calor e as cólicas menstruais. Obs: o Dong-Quai contém derivados de cumarina. Portanto, se você toma *Coumadin*, um anticoagulante (que deixa o sangue mais fino) também derivado da cumarina, não deve tomar o Dong-Quai sem aconselhamento médico.

- **Óleo de prímula**: Contém ácido gama-linolênico (GLA), um ácido graxo essencial ômega 6. Muitas mulheres que sofrem de TPM têm os níveis muito baixos de GLA, razão pela qual esses suplementos podem ajudar a proporcionar alívio. O GLA interfere na produção de prostaglandinas, substâncias inflamatórias que são eliminadas durante a menstruação (as prostaglandinas são hormônios que nos avisam através de dor ou inflamação de que alguma coisa está errada). Por isso, o óleo de prímula pode ajudar a diminuir as cólicas menstruais.

- **Alcaçuz (*Glycyrrhiza glabra*)**: Aumenta os níveis de progesterona e combate certos sintomas da TPM, tais como irritabilidade, inchaço e angústia no peito.

- **Rosa de gueldres (*Viburnum opulus*)**: Essa planta relaxa a tensão muscular e os espasmos uterinos, aliviando as cólicas menstruais.

Tratamento natural da pré-menopausa

Muitas das medicações naturais que tratam da TPM também podem ser usadas na pré-menopausa. Além disso, você pode tentar:

- **Erva de São João**: Essa planta tem sido usada por centenas de anos para melhorar o humor. Basta um pouco para você se sentir normal novamente.

- **Erva de São Cristóvão**: Essa planta pode atuar da mesma maneira que o estrogênio, reduzindo a incidência de suores noturnos e ondas de calor.

- **Trevo-dos-prados**: Essa planta também ameniza os suores noturnos e as ondas de calor. Os estudos mostram que ela pode melhorar a saúde óssea.

- **Óleo de prímula**: Esse suplemento especial pode ajudar a reduzir a angústia no peito. A linhaça e o óleo de groselha negra também estão nessa categoria.

- **Raiz de valeriana**: É uma planta que tem um efeito sedativo e pode ser usada por mulheres que têm dificuldade para dormir. A valeriana ajuda a elevar a quantidade de GABA no cérebro, acalmando a mente e o corpo.

- **Ginseng**: Aumenta os níveis de energia, diminuindo a fadiga. Muitas mulheres relatam que depois de tomar ginseng se sentem revitalizadas.

Tratamento natural da menopausa

Mais uma vez. Muitas medicações que servem para o tratamento de TPM e pré-menopausa podem servir para a menopausa também. Além disso, você pode tentar:

- **Raiz de ruibarbo**: Tem sido usada na Alemanha desde 1993, pois os estudos mostram que essa planta reduz os sintomas da menopausa em 72% e alivia significativamente os outros sintomas comuns, incluindo perturbações do sono, mau humor e ansiedade.

- **Vitamina E**: Algumas mulheres sentem uma diminuição das ondas de calor quando tomam vitamina E. É melhor tomar três comprimidos por dia, um em cada refeição. Procure por d-alfa tocoferol, que é vitamina E. Não tome mais que 200 UI de uma vez e não mais que 800 mg por dia.

- **Exercícios**: São fundamentais para você que já tem mais idade, principalmente após a menopausa. As pesquisas mostram que a atividade física pode aliviar as ondas de calor. Em um estudo, o exercício aeróbico reduziu o calor em 55% das mulheres na menopausa. As atividades regulares como andar, subir escada ou dançar e os treinamentos de força podem ajudar a manter os ossos fortes, especialmente para as mulheres que optam por não fazer a TRH.

- **Acupuntura:** Pode ser útil na menopausa porque libera endorfinas, ajudando a melhorar o humor. Também pode ajudar a equilibrar os hormônios e a aliviar as ondas de calor.

- **Massagem**: Também pode ser útil porque ajuda a reduzir o estresse e melhora a circulação. Faça uma massagem com seu marido para estimular sua energia sexual e melhorar sua saúde em todos os sentidos.

Agora que você já sabe tudo o que é essencial para combater a fadiga e está seguindo o programa, você deve estar sentindo-se reenergizada e revitalizada. Se, por algum motivo, você não está obtendo os resultados que deseja, vá para o próximo capítulo e descubra alguns exames que você pode fazer para verificar se há problemas mais profundos, que você deve explorar mais.

9

Passo 8

Faça exames específicos

Como você pode saber o que é que está deixando você tão cansada? Principalmente se você foi ao médico e ele disse que está tudo normal. A única maneira de saber é passar por uma bateria de exames.

Geralmente, esses exames são feitos depois que você já tentou outras coisas. A maioria das pessoas tenta, primeiramente, alterar o estilo de vida, fazendo uma "limpeza" no seu modo de ser, exercitando-se mais e/ou comendo alimentos saudáveis. Com isso, já há um grande alívio, mas geralmente falham e não conseguem manter suas boas intenções. Em seguida, as pessoas vão ao médico, mas não obtêm nenhuma resposta que explique o tamanho da fadiga. Nesse momento, dizem que estão vivenciando uma parte inevitável do envelhecimento e devem simplesmente aceitar a forma como se sentem, pois a velhice chegou.

Os exames descritos neste capítulo são para as pessoas que não estão dispostas a se conformar com essa ideia. São exames que podem ser feitos com seu médico (clínico geral), para descobrir as deficiências químicas do seu corpo que a impedem de levar uma vida plena.

Provavelmente, você terá que perguntar para o seu médico sobre esses exames específicos. Não tenha medo de perguntar ou de sugerir certos exames ao seu médico. Quando minhas pacientes sugerem algo, eu sempre digo "obrigada pela sugestão". Eu acredito que quanto mais informação o paciente tiver, melhor o médico fará o seu trabalho. Esses exames ajudarão seu médico a diagnosticar seu problema e encontrar o melhor tratamento para você. Nem todo médico conhece todos os exames de ponta disponíveis e, infelizmente, a HMO (operadora de saúde sem fins lucrativos dos Estados Unidos) não permite que os médicos peçam muitos desses testes. No entanto, é importante que o médico saiba sobre eles, para que possa pedi-los assim que possível ou, pelo menos, entender o que eles dosam, se por acaso você conseguir fazer e levar para o seu médico, analisando os resultados (alguns exames você poderá fazer em casa). O melhor médico é aquele que ouve suas sugestões e é aberto para isso. Os médicos são seres humanos, não podem saber tudo, mas podem aprender muita coisa, inclusive com você.

O seu médico pode condenar algum exame específico ou pode pensar que não seja necessário. Porém, se você ainda quiser fazer, outro médico poderá pedi-lo. No entanto, muitos desses exames não são cobertos pelos planos de saúde, mas podem ter um desconto especial. Você pode ter que pagar do seu próprio bolso e tudo dependerá de qual é o seu plano. Sempre verifique antes para saber se há cobertura ou não. Eu listei oito exames para que você opte em fazê-los ou não. Se você acha que qualquer um deles poderá ser útil para você, converse com seu médico.

Teste para verificar alergia alimentar

Faça o teste: se você tem respostas anormais à alimentação, incluindo erupções cutâneas, urticária, asma, eczema, comichão, náuseas, diarreia e fadiga.

Muitas vezes, as alergias alimentares podem resultar em diminuição da energia. É importante descartar essas alergias como a causa da fadiga e identificar os alimentos que podem causar problemas de saúde. As reações alimentares podem causar uma infinidade de situações aparentemente não relacionadas à comida, como síndrome do intestino irritável, fadiga, problemas de pele, dores articulares, déficit de atenção, hiperatividade e outras. Esse teste se chama Radioalergoadsorção (RAST), que é um exame de sangue que mede os níveis de imunoglobulinas G (IgG) reagindo com alimentos específicos. Geralmente, os alimentos que provocam problema são: leite, milho, trigo e outros que contêm glúten. No entanto, as pessoas se surpreendem ao descobrir que não é o leite que provoca a alergia, mas outra coisa que sempre comeram a vida toda. As pessoas podem achar que não são alérgicas a banana, frango, canela ou outros alimentos comuns.

Muitas pessoas se submetem ao teste de reação feito na pele para verificar as alergias alimentares. Nesse teste, a superfície da pele é picada ou raspada e pinga-se uma gota do alérgeno em questão, verificando se há alguma reação. No RAST se mede a quantidade de anticorpos para determinado alimento (ou outra coisa, como pelo de cão ou gato, pólen). O teste de pele nem sempre dá positivo para alguns alimentos a que a pessoa é alérgica; já o exame de sangue não corre esse risco. Outra diferença é que o exame de sangue pode testar de 40 a 90 alérgenos ao mesmo tempo, o que não é possível com os testes cutâneos (imagine ser picada 90 vezes!). Se o teste de pele tiver concordância com o RAST, você pode ter um resultado bem preciso.

Função gastrointestinal (exame de fezes)

Faça o exame: se você tem dores abdominais inexplicáveis, diarreia, constipação ou outras desordens intestinais, gases, inchaço e eructação (arroto).

Como foi visto no capítulo 3, a saúde intestinal é de extrema importância para o bem-estar geral. Desse modo, é preciso verificar se a quantidade de bactérias no intestino está em equilíbrio para que a digestão seja adequada, absorvendo os nutrientes necessários e eliminando os resíduos e os patógenos. O desequilíbrio pode levar a alergias e sensibilidades, disfunção imunológica, desnutrição, desordens mentais e emocionais e doenças autoimunes – que podem levar à perda de energia e fadiga.

Cada vez que comemos, estamos expostos a uma variedade de microrganismos. Alguns benéficos e outros prejudiciais. Alguns não são prejudiciais o suficiente para causar sintomas, mas ainda podem interferir na qualidade de vida. O exame de fezes que mede a função gastrointestinal pode verificar se há a ocorrência de uma ampla variedade de condições e doenças como inflamação, função imune, sensibilidade ao glúten, leveduras, patógenos, função pancreática e eficiência da digestão. Além disso, também são verificados parasitas e bactérias, e certos tipos de câncer. O exame analisa o pH do intestino para ver se você está absorvendo os nutrientes de que seu corpo precisa. Também mostra a existência de vermes ou protozoários (esses últimos são unicelulares) crescendo em seu intestino (você pode pegar protozoários de um cão ou um gato – não que eles ameacem a sua vida, mas podem ser desconfortáveis). Esse exame é muito mais variado e específico do que o tipo padrão de exame de fezes, que normalmente você faria com o seu gastroenterologista.

Índice de estresse adrenal

Faça o exame: se você tem fadiga excessiva e exaustão, cansaço matinal, incapacidade de lidar com o estresse, baixa resistência imunológica, dificuldade de concentração, má digestão ou pressão baixa.

O índice de estresse adrenal é um "teste de cuspir". O exame é feito através da saliva, que mede a resposta do indivíduo ao estresse. O teste analisa o sulfato de dehidroepiandrosterona (DHEA) e cortisol. O sulfato de DHEA é testado, em média, duas vezes durante o dia. O cortisol é testado quatro vezes durante o dia, determinando-se um ritmo. A taxa de DHEA-S ajuda a determinar o grau de estresse adrenal. Quando os níveis de cortisol são elevados, normalmente isso significa que há inflamação crônica presente em seu corpo ou que os mecanismos utilizados pelo seu organismo para reduzir o cortisol não estão funcionando corretamente. Quando os níveis de cortisol são muito baixos, é um sinal de exaustão adrenal ou desgaste.

Há fases da resposta ao estresse crônico e cada uma afeta sua saúde e os níveis hormonais de uma maneira. O índice de estresse adrenal permite identificar qual é sua fase de fadiga adrenal, de modo que você pode otimizar o destino dos nutrientes e melhorar seu estilo de vida para ajudar na cura e recuperar sua energia. Quando o exame for interpretado pelo médico, você pode alterar os níveis de resposta em vários meses e saber exatamente quais, e quando, tomar suplementos, e quais exercícios e técnica de relaxamento você deve fazer.

Perfil HPA

Faça o exame: se você tem fadiga excessiva e exaustão, transtornos de humor, depressão, ansiedade, incapacidade de concentração ou insônia.

As deficiências ou desequilíbrios nos principais caminhos neuroquímicos (processos químicos do sistema nervoso) do corpo podem levar a uma série de problemas relacionados com o humor. Se você estiver tendo alterações de humor, de níveis de energia e de funções cognitivas, e não tem TPM, não está na pré-menopausa, sua tireoide está normal, mas você não consegue levantar da cama pela manhã, pode estar com problemas que envolvem os principais neurotransmissores do eixo hipotálamo-hipófise-adrenal (eixo HPA). Em outras palavras, a química do cérebro não está em equilíbrio. Os exames de urina e saliva dosam as taxas de serotonina, dopamina, GABA e epinefrina (só para nomear alguns) e com os resultados é possível tratar dos desequilíbrios de humor (que influenciam os níveis de energia) através da prescrição médica de remédios e suplementos. Em outras palavras, esse exame pode dizer a você (ou ao seu médico) a dosagem exata de medicação que você precisa para equilibrar novamente os seus neurotransmissores. Essa exatidão pode mudar a forma como os médicos diagnosticam e tratam os transtornos de humor, como depressão, ansiedade, fadiga, irritabilidade e insônia (só para citar alguns) e uma série de outras condições relacionadas aos neurotransmissores.

Exame genético Pathway Fit

Faça o exame: se você não consegue perder peso.

Se você seguir a filosofia deste livro e usar o planejamento nutricional do apêndice I, você vai emagrecer. Porém, se você tem uma meta de peso e não conseguiu chegar lá, você pode estar frustrada. Dessa forma, faça o exame genético Pathway Fit como uma forma de personalizar seu programa de dieta e exercícios para o seu genótipo específico (sua composição genética). De acordo com o especialista em nutrição e atividade física JJ Virgin, "40 a 70% do ganho de peso está relacionado com os genes e quando você para de lutar com sua genética e trabalha com ela, as coisas ficam muito mais fáceis". Esse exame (um teste de saliva que você pode fazer em casa) analisa 140 genes diferentes para criar seu plano individualizado de perda de peso. De acordo com Virgin, seus genes desempenham um papel importante no tamanho do seu apetite, na satisfação que você sente depois de comer, na necessidade de procurar alimentos que você realmente quer, na sua capacidade de não comer se está estressada, no seu desejo por doces e sua necessidade de petiscar. O exame genético sugere o tipo de dieta e os exercícios específicos para você perder os quilos indesejáveis.

Painel metabólico abrangente

Faça o exame: se você está fatigada.

Existem várias versões de exames metabólicos, mas todos eles medem os níveis de deficiências de vitaminas, aminoácidos, estresse oxidativo e necessidades nutricionais. Esse é o tipo de exame que eu usei quando estava trabalhando com uma equipe de ciclismo do Tour de France. Eu queria encontrar as proteínas necessárias de cada membro da equipe para maximizar sua energia e capacidade atlética. Antes do exame, eles tomaram o mesmo aminoácido em pó para complementar suas dietas. Com a ajuda do painel metabólico abrangente, os membros da equipe foram capazes de personalizar suas dietas para suas necessidades individuais e a equipe acabou vencendo o campeonato. Esse exame é importante para todos, pois ter o tipo errado de aminoácidos pode causar danos nos rins e/ou no fígado. O painel metabólico pode ser encomendado através de seu médico ou nutricionista (e também no meu site, www.dreva.com).

Teste salivar de hormônio feminino

Faça o teste: se você tem mudanças de humor, letargia, irritabilidade, menstruação irregular e dolorosa, dores uterinas, desejo por doce ou salgado, suores noturnos, ondas de calor ou palpitações cardíacas.

Se você está sofrendo com a TPM ou acha que tem um desequilíbrio hormonal, faça o teste de 30 dias, que é feito em casa e você pode comprá-lo pela internet. Ele é oferecido por várias empresas diferentes. O ensaio é concebido para fornecer uma avaliação dos hormônios sexuais testosterona, progesterona e estradiol. O kit é enviado para sua casa e, em seguida, você coleta entre 11 e 13 amostras de saliva em dias específicos (o kit informará quais são esses dias) na privacidade de sua própria casa durante um mês. Esse teste simples não é invasivo e pode determinar os níveis de estradiol, progesterona e testosterona. O motivo do teste ser feito em 30 dias é que os hormônios femininos variam diariamente. Por outro lado, se você estiver testando os hormônios da tireoide, por exemplo, não há muita variação de um dia para o outro e nem da manhã para a noite. Se você está testando o cortisol, há variação de manhã e à noite, mas não de um dia para o outro. No entanto, há diferentes quantidades de estrogênio e progesterona de um dia para o outro, por isso essa é a única maneira de saber o que está acontecendo ao longo de um período de 30 dias. O teste é útil para a pré-menopausa e menopausa que não fazem TRH e ajuda no tratamento de distúrbios ginecológicos crônicos.

Mineralograma

Faça o teste: se você tem sensação de fadiga ou de que "tem alguma coisa errada".

No início desse livro, você leu a minha história – como eu fui atropelada pelo cansaço e incapaz de descobrir o que estava errado comigo. Finalmente, eu fiz uma série de exames, incluindo este, que me levou para o caminho da recuperação. Esse também é o teste que me incentivou na minha viagem pela medicina integrativa. O teste de dosagens vitamínicas determina exatamente quais vitaminas, minerais, aminoácidos, antioxidantes e metabólitos estão faltando no seu corpo, analisando seus glóbulos brancos por meio de um exame de sangue sofisticado (intracelular significa dentro da célula). O teste também mede a capacidade das células resistirem ao estresse oxidativo, que é responsável por doenças e danos crônicos às células. Por ser uma análise de vitamina, você vai saber como seu corpo está em relação a importantes vitaminas e nutrientes. Você pode ser deficiente em algum micronutriente e nem saber disso. Os estudos mostram que 50% dos pacientes que tomam multivitamínicos são deficientes em um ou mais nutrientes vitais à saúde em longo prazo. As deficiências de micronutrientes suprimem o sistema imunológico e contribuem para processos degenerativos.

Se você está interessada em sentir o seu melhor, faça esse teste. As deficiências de vitaminas não são só um reflexo da dieta. Uma vez que somos bioquimicamente únicos, as deficiências nutricionais não correspondem necessariamente à ingestão de nutrientes, mesmo entre aqueles que têm condições de saúde semelhantes. Muitos fatores além da dieta determinam se a função dos nutrientes é adequada, incluindo individualidade bioquímica, predisposição genética, absorção e metabolismo, idade, doenças e medicamentos.

Os resultados dessa análise revelam sua bioquímica exclusiva e como ela se relaciona com a energia e a resistência, com as funções cardiovasculares, antioxidantes e de desintoxicação do fígado, com os problemas inflamatórios, incluindo articulações e pele, com a função mental e emocional e com os distúrbios da digestão. Por exemplo, esse teste pode mostrar que você é deficiente em zinco (a fadiga é um dos sintomas). Nesse caso, os suplementos nutricionais podem ser recomendados junto com fontes alimentares ricas em zinco, tais como carne vermelha, batata, gérmen de trigo, nozes e legumes. É muito importante que os vegetarianos façam esse teste, pois são frequentemente deficientes em aminoácidos.

Abaixo está uma amostra das vitaminas, que são analisadas nesse teste, com suas funções, sintomas de deficiência e informações para tratar a deficiência.

Vitamina B1 (tiamina)

Função: A vitamina B1 é usada pelas células para retirar a energia dos alimentos que consumimos. Ela desempenha um papel fundamental no metabolismo de carboidratos e proteínas para produzir energia ao corpo. A vitamina B1 também é necessária para metabolizar o álcool. Portanto, se você resolver beber, é melhor que esteja em ordem com a vitamina B1. O coração, o cérebro e o sistema nervoso exigem altos níveis de energia para funcionarem bem, por isso essa vitamina é tão importante para a saúde do corpo.

Sintomas: A deficiência de tiamina pode levar à perda de apetite, irritabilidade, depressão, confusão mental, fadiga, constipação e náuseas.

Fontes: A vitamina B1 pode ser encontrada no farelo de arroz, gérmen de trigo, carne de porco, cereais enriquecidos, produtos feitos com cereais, leguminosas (feijão, ervilha, soja, lentilha). A DDR (dose diária recomendada) é de 1,0 a 1,5 mg/dia em adultos.

Vitamina B2 (riboflavina)

Função: A vitamina B2 também metaboliza os alimentos em energia. Uma de suas funções mais importantes é que ela ajuda o corpo a usar de uma forma eficiente todas as outras vitaminas do complexo B. Além disso, ela funciona como um antioxidante, combatendo os radicais livres (moléculas instáveis de oxigênio), é essencial para a produção de glóbulos vermelhos e, de acordo com a U.S. National Library of Medicine (parte do Instituto Nacional de Saúde), é eficiente em reduzir o número de ataques de enxaqueca em pessoas que são propensas a ter esse tipo de dor de cabeça.

Sintomas: Frequentemente, a deficiência de riboflavina leva à depressão e tonturas.

Fontes: A vitamina B2 pode ser encontrada em carnes, laticínios, folhas e grãos enriquecidos e produtos feitos com esses grãos. A DDR é de 1,2 a 1,8 mg/dia em adultos.

Vitamina B3 (Niacina)

Função: A vitamina B3 ajuda a metabolizar os alimentos em energia, melhora a circulação e reduz os níveis de colesterol no sangue. Além disso, também é importante para a saúde das adrenais e é eficiente para as pessoas que estão privadas de sono. No entanto, existem duas coisas sobre a niacina que eu sempre falo às minhas pacientes. Uma, é que a niacina pode causar dilatação dos capilares, resultando em vermelhidão temporária da pele e prurido, que duram apenas alguns minutos, mas pode ser irritante. A segunda coisa é mais grave. A niacina pode elevar os níveis de açúcar no sangue; por isso, se você tem diabetes deve consultar seu médico antes de tomar essa vitamina (ou qualquer outra vitamina desse livro).

Sintomas: Na maioria das vezes, a deficiência de niacina leva à depressão, fadiga muscular, indigestão, insônia e dores de cabeça.

Fontes: A vitamina B3 pode ser encontrada em carnes, cereais enriquecidos, leguminosas (incluindo amendoins) e batatas. A DDR é de 13 a 20 mg/dia em adultos.

Vitamina B6 (piridoxina)

Função: A vitamina B6 é necessária para metabolizar as proteínas e é importante para manter o sistema imunológico, os nervos, os ossos e as artérias saudáveis. Além disso, ela ajuda na comunicação do sistema nervoso e, como sempre digo às minhas pacientes que sofrem de TPM, reduz o inchaço, a angústia no peito, a acne pré-menstrual.

Sintomas: Frequentemente, a deficiência de vitamina B6 leva à fraqueza, depressão, irritabilidade, insônia e ansiedade.

Fontes: A vitamina B6 pode ser encontrada em carnes, legumes, cereais enriquecidos, batata, gérmen de trigo e banana. A DDR é de 1,4 a 2,0 mg/dia em adultos.

Vitamina B12 (cobalamina)

Função: A vitamina B12 é necessária para formar os glóbulos brancos e vermelhos do sangue e manter o sistema nervoso saudável. A vitamina B12 tem muitos outros benefícios: ajuda seu corpo a produzir melatonina, o hormônio que faz você ter uma boa noite de sono, diminui o zumbido (nos ouvidos), ajuda a produzir serotonina, o neurotransmissor que dá a sensação de bem-estar, e combate a anemia perniciosa, deficiência na produção de glóbulos vermelhos do sangue. Muitas das minhas pacientes que são vegetarianas ou veganas têm carência dessa vitamina, pois ela é encontrada na carne. Elas me procuram dizendo que estão exaustas, embora se alimentem de comida "saudável". Quando faço o teste com elas, vejo a deficiência de vitamina B12.

Sintomas: Geralmente, a deficiência de vitamina B12 leva ao ganho de peso, fadiga, fraqueza e irritabilidade.

Fontes: A vitamina B12 pode ser encontrada em alimentos de origem animal e não é encontrada em alimentos de origem vegetal. A DDR é de 2.0 mcg/dia em adultos.

Biotina

Função: A biotina é necessária para o metabolismo adequado de carboidratos e gorduras. Ela também ajuda a fortalecer a pele, o cabelo e as unhas. Já tive pacientes com acne persistente que vieram ao meu consultório porque foram a vários dermatologistas diferentes, usaram vários produtos para a pele e o resultado foi insignificante. Na verdade, elas sofrem de deficiência de biotina e quando começam a tomar suplementos, veem uma redução significativa em suas acnes.

Sintomas: Frequentemente, a deficiência de biotina leva à queda de cabelo, depressão leve, fadiga, sonolência e dores musculares.

Fontes: A biotina pode ser encontrada em gemas de ovos, fígado, geleia real, farelo de arroz, leguminosas, grãos integrais e peixe. A DDR é de 30 a 100 mcg/dia em adultos.

Vitamina C

Função: A vitamina C é necessária para várias funções metabólicas do corpo e também para a produção de vários hormônios de resposta ao estresse, incluindo histamina, adrenalina, noradrenalina e cortisol. Além disso, ajuda na síntese de carnitina, um aminoácido que facilita a conversão de gordura em energia dentro da mitocôndria. A vitamina C protege contra as doenças cardíacas, aumenta a absorção de ferro, promove a cicatrização de feridas e desintoxica o corpo de determinados metais pesados. Uma das principais funções é a síntese de colágeno e elastina, principais proteínas da pele, da cartilagem e dos vasos sanguíneos.

Sintomas: A deficiência de vitamina C inclui fragilidade capilar, que muitas vezes se manifesta clinicamente como sangramento nas gengivas, fácil contusão, articulações maleáveis, fraqueza muscular e má cicatrização. A deficiência subclínica (que não pode ser mensurável) também pode resultar em menor imunidade, anemia e fadiga devido à carnitina e certos hormônios.

Fontes: A vitamina C pode ser encontrada em brócolis, couve-de-bruxelas, melão, couve-flor, frutas cítricas, goiaba, kiwi, salsa, ervilha, batata, pimentão vermelho e verde, rosa-mosqueta, morango e tomate. A DDR é de 75 mg/dia em mulheres, 85 mg/dia em gestantes e 120 mg/dia em lactantes.

Cálcio

Função: Mineral mais abundante do corpo, o cálcio é necessário nos tecidos duros (ossos e dentes), pois atua como um mensageiro que transmite informações hormonais. Ele também ajuda na coagulação do sangue, na transmissão do impulso nervoso e na contração muscular. A razão mais conhecida para se tomar cálcio é ajudar a prevenir a osteoporose. Porém eu também recomendo tomar cálcio para as minhas pacientes que sofrem de TPM, pois é muito eficaz no alívio dos sintomas, incluindo depressão, irritabilidade, fadiga, cólicas abdominais, angústia no peito e dores de cabeça. Na verdade, um estudo feito em 1998 e publicado na revista científica *American Journal of Obstetrics Gynecology* mostrou que a suplementação de cálcio produziu uma redução significativa nos sintomas gerais associados com a TPM.

Sintomas: A deficiência de cálcio leva à irritabilidade muscular e nervosa, espasmos musculares, cãibras musculares e osteoporose. As condições conhecidas para diminuir a absorção ou a distribuição de cálcio são a baixa acidez gástrica (quando você toma antiácidos, impede a absorção de cálcio), deficiência de vitamina D, alta ingestão de gordura e de oxalato (que você encontra no ruibarbo, espinafre e beterraba), imobilidade e estresse psicológico.

Fontes: O cálcio pode ser encontrado no leite, iogurte, queijo, farinha de ossos, salmão e sardinha. A DDR é de 800 a 1.200 mg/dia em adultos. No entanto, essa dosagem deve ser dividida para que você tome o suplemento duas vezes por dia, pois o corpo não pode absorver mais de 600 mg de cálcio por vez.

Cromo

Função: O cromo desempenha um papel importante na otimização da função da insulina e na regulação da glicemia. A deficiência de cromo pode estar contribuindo para o problema de obesidade nos Estados Unidos. Devido aos processos que retiram quase que totalmente todo o cromo dos alimentos, a deficiência de cromo pode estar se difundindo, causando resistência à insulina e elevados níveis de glicose, o que, em última análise, pode causar doenças cardíacas e/ou diabetes.

Sintomas: A deficiência de cromo pode resultar em resistência à insulina, hipertensão arterial, altos níveis de triglicerídeos, de glicose e de colesterol HDL.

Fontes: A maioria dos alimentos fornecem apenas pequenas quantidades de cromo. As fontes relativamente boas são a carne e produtos à base de grãos integrais, algumas frutas, legumes e especiarias. Nenhuma DDR foi estabelecida para o cromo.

Coenzima Q10

Função: A coenzima Q10 é um poderoso antioxidante, facilitando a remoção de radicais livres prejudiciais às mitocôndrias. É um componente essencial na produção de energia a partir de oxigênio. O coração depende da coenzima Q10 para manter o ritmo normal e para bombear o sangue por todo o corpo. Muitas pessoas que usam estatina (medicação para baixar o colesterol), como *Lipitor*, *Mevacor* e *Zocor*, têm níveis mais baixos de coenzima Q10. Alguns médicos estão utilizando a coenzima Q10 para o tratamento da insuficiência cardíaca congestiva, obesidade mórbida, hipertensão e energia no geral. Alguns estudos mostram que a coenzima Q10 pode ser útil na detenção de *Alzheimer* e no tratamento da doença de *Parkinson*. Muitos médicos estão também utilizando a coenzima Q10 para o tratamento da insuficiência cardíaca congestiva, obesidade mórbida e hipertensão.

Sintomas: Os sintomas mais comuns de deficiência de coenzima Q10 são angina e fadiga, mas podem também incluir gengivite (inflamação das gengivas) e hipertensão.

Fontes: As fontes mais ricas de coenzima Q10 são peixes e carne vermelha. As melhores fontes para suplementação são as cápsulas de gelatina que contêm coenzima Q10 à base de óleo. A dosagem das cápsulas vai de 10 a 250 mg. A toxicidade não é conhecida, mas doses maiores que 250 mg podem ser associadas a náuseas e diarreia.

Vitamina D

Função: A vitamina D é necessária para o desenvolvimento do sistema imunológico e do esqueleto, além da mineralização dos ossos. A deficiência de vitamina D pode levar à osteoporose. Eu aconselho a qualquer uma das minhas pacientes que tomam suplementos de cálcio para ter resistência óssea, que precisam tomar vitamina D, bem como aumentar a absorção de cálcio.

Sintomas: Geralmente, a deficiência de vitamina D leva à osteoporose e diminui a absorção de cálcio.

Fontes: Há somente alguns alimentos que são boas fontes de vitamina D. Portanto, os suplementos de vitamina D são recomendados, a menos que você esteja exposto à luz solar regularmente. A DDR é de 200 UI/dia em adultos de 19 a 50 anos; 400 UI/dia em adultos de 51 a 70 anos; e 200 UI/dia em adultos de 71 anos ou mais.

Vitamina E

Função: A vitamina E é útil para os sintomas da menopausa e também para o controle da inflamação, produção de células vermelhas e brancas e crescimento do tecido conjuntivo. Além disso, ela também funciona como um antioxidante contra doenças cardíacas, câncer e diabetes. A vitamina E é frequentemente adicionada a loções, cremes e outros produtos de cuidados da pele, pois ajudam a deixar a pele mais jovem, reduzindo as linhas de expressão. Sua atividade antioxidante é muito valiosa para o antienvelhecimento da pele, combatendo os danos dos radicais livres.

Sintomas: A deficiência de vitamina E leva à fraqueza muscular e à anemia.

Fontes: Inúmeros alimentos fornecem vitamina E, como nozes, sementes, óleos vegetais, folhas e cereais enriquecidos. A DDR é de 15 mg/dia em adultos.

Folato (ácido fólico)

Função: O ácido fólico é necessário na produção de células sanguíneas e outras células dos tecidos. É essencial para as mulheres grávidas e mulheres que estão considerando ter filhos. A suplementação de ácido fólico antes da concepção reduz significativamente a incidência de anomalias congênitas, conhecidas como defeitos do tubo neural (malformações da coluna vertebral e do cérebro), como espinha bífida e anencefalia. Os estudos mostram que as mulheres que consomem mais ácido fólico têm um risco reduzido de desenvolver hipertensão arterial.

Sintomas: Além de estar diretamente relacionada às anomalias congênitas, a deficiência de ácido fólico leva à fadiga, constipação, insônia, dores de cabeça, diminuição da memória e lesões intestinais.

Fontes: O ácido fólico pode ser encontrado em leguminosas, cereais enriquecidos, folhas, gérmen de trigo, sementes, frutos de casca dura e fígado. A DDR é de 400 µg/dia em adultos.

Glutamina

Função: A glutamina é muito importante para a energia, síntese de proteínas, DNA e RNA e para a remoção de substâncias tóxicas. É muito útil no alcoolismo e na fadiga, pois ajuda a remover toxinas do fígado.

Sintomas: A deficiência de glutamina leva a distúrbios intestinais e úlceras gástricas. Se você está cansada, pode ser bom tomar suplementos de glutamina.

Fontes: As melhores fontes de glutamina são alimentos que contêm proteínas, tais como leite e carnes. Nenhuma DDR foi estabelecida.

Glutationa

Função: A glutationa é essencial para proteger o corpo contra os radicais livres nocivos, para melhorar o sistema imune e para prevenir inflamações. É produzida pelo organismo e encontrada em cada célula. Muitas vezes a glutationa é considerada o antioxidante mais proeminente porque pode ser encontrada dentro da célula. Ela traz benefícios à saúde por estar em todas as células, incluindo as do sistema imunológico, cujo trabalho é combater as doenças. Ela também ajuda a remover toxinas, como drogas e poluentes do fígado.

Sintomas: Alguns sintomas da deficiência de glutationa são dores, fraqueza muscular e fadiga.

Fontes: A glutationa não é bem absorvida pelo organismo quando ingerida por via oral. Portanto, é melhor tomar cisteína, que é um precursor da glutationa. Os alimentos ricos em cisteína são os alimentos com muita proteína, como carne, iogurte, gérmen de trigo e ovos. A suplementação com até 2.000 mg/dia do N-acetil-L-cisteína é uma maneira segura de tomar cisteína (que não é recomendada, pois geralmente é mal tolerada).

Inositol

Função: O inositol é necessário para o funcionamento adequado dos hormônios. Também promove a produção de lecitina pelo corpo, que ajuda a transportar as gorduras do fígado para as células, evitando o acúmulo hepático de gorduras. Às vezes, o inositol é usado para o tratamento de problemas no fígado.

Sintomas: Frequentemente, a deficiência de inositol leva à eczema, queda de cabelo, insônia e constipação.

Fontes: O inositol pode ser encontrado em nozes, sementes, frutas cítricas, melão e miúdos. Nenhuma DDR foi estabelecida para o inositol.

L-carnitina

Função: A L-carnitina ajuda o corpo a converter os ácidos graxos em energia para as atividades do corpo, inclusive as musculares. A principal função da L-carnitina é ajudar o corpo a queimar gordura, transformando-a em energia. Os suplementos desse composto dão muita energia. Para as minhas pacientes que estão tentando emagrecer, eu recomendo que elas tomem L-carnitina em cada refeição e antes de começar a se exercitar.

Sintomas: A deficiência de L-carnitina leva à deposição de gordura no coração, resultando em fadiga. A função cardíaca normal depende de um fornecimento adequado de L-carnitina. Se o coração não recebe oxigênio suficiente, os níveis de L-carnitina diminuem rapidamente, levando a uma produção menor de energia e aumento do risco de doenças cardíacas.

Fontes: A L-carnitina pode ser encontrada em carnes vermelhas, laticínios, nozes, sementes, leguminosas, alcachofra, aspargo, beterraba, brócolis, couve, grãos de mostarda, damasco, banana, trigo integral, farelo de trigo, pólen de abelha e levedo de cerveja. Nenhuma DDR foi recomendada para L-carnitina.

Magnésio

Função: O magnésio é vital para a função celular, bem como para a atividade neuromuscular, metabolismo energético e interações de membrana. É extremamente importante no tratamento da fadiga e é associado a problemas na tireoide. Eu recomendo magnésio às minhas pacientes que sofrem de enxaqueca, que querem uma ajuda para combater o estresse, que precisam melhorar a função das adrenais e que necessitam de uma recuperação muscular.

Sintomas: A deficiência de magnésio leva à fadiga, pressão alta, vertigem, espasmos musculares, má cicatrização e perda óssea.

Fontes: O magnésio pode ser encontrado em nozes, grãos integrais, batatas, legumes e folhas frescas. A DDR é de 280 a 400 mg/dia para adultos.

Selênio

Função: O selênio é necessário para a ativação dos hormônios da tireoide. Ele é o mensageiro entre a tireoide e as adrenais. Sem selênio, você pode estar com a tireoide funcionando e mesmo assim se sentir esgotada, pois não há comunicação entre a tireoide e as adrenais. O selênio também é essencial para o funcionamento do sistema imunológico e pode aliviar os sintomas de toxicidade por metais pesados.

Sintomas: A deficiência de selênio está associada a um risco maior de inflamações e doenças inflamatórias.

Fontes: O selênio pode ser encontrado em gérmen de trigo, farelo de trigo, castanha-do-pará, acelga, pão integral, aveia, arroz integral e nabo. A DDR é de 50 mcg/dia para adultos. No entanto, na presença de bócio por deficiência de iodo, o selênio diminui a função tireoidiana. Em outras palavras, se você der selênio para alguém que tem deficiência de iodo, há um agravamento do hipotireoidismo.

Zinco

Função: O zinco é importante para equilibrar o pH, sendo um componente da insulina e ajudando com o metabolismo energético e a função imune. O zinco também é essencial para combater a perda de cabelo, uma reclamação que recebo de muitas pacientes. Estima-se que a calvície feminina atinja 10% das mulheres que estão na pré-menopausa e 50 a 75% das mulheres acima de 65 anos. Os alcoólatras (o álcool interfere na absorção de zinco) e os vegetarianos que não recebem zinco suficiente em sua dieta podem ter problemas referentes ao zinco.

Sintomas: A deficiência de zinco leva à fadiga, dermatite, acne, má cicatrização, imunidade baixa e perda de cabelo.

Fontes: O zinco pode ser encontrado em carnes vermelhas, ostras, gérmen de trigo, sementes, nozes, legumes, batata e cereais fortificados com zinco. A DDR é de 12 a 14 mg/dia para adultos. O excesso de zinco pode retardar o crescimento do cabelo, portanto, não tome mais do que a dose recomendada.

Algumas das minhas pacientes que fizeram o teste de análise de vitaminas e, em seguida, tomaram os suplementos recomendados, voltaram ao meu consultório depois de vários meses e reclamaram que elas não estavam se sentindo melhores. Muitas vezes, descubro que é porque elas estão tomando suplementos de baixa qualidade. Simplesmente, você não pode tomar qualquer vitamina e esperar que ela faça um bom trabalho. Infelizmente, nesse caso específico, você tem o que você paga. Quando há promoções de suplementos, normalmente isso significa que a data de validade deles está expirando e a loja tem que tirá-los das prateleiras. As vitaminas que você compra nas grandes redes comerciais geralmente permanecem no seu corpo por dias ou saem nas suas fezes. Muitas pacientes dizem, "Eu tomo um multivitamínico, não é suficiente?". Geralmente, eu tenho que dizer não, não é suficiente. Um multivitamínico não aborda problemas específicos que você possa ter.

É por essa razão que eu decidi criar minha própria linha Abadi de suplementos (que você pode encontrar em meus sites www.dreva.com e www.thefatiguesolution.com). Com isso, eu sei que os ingredientes de cada produto são de alta qualidade e se um determinado produto não funciona para alguma paciente, eu sei exatamente o que tem nele e posso recomendar outra coisa que possa funcionar melhor para ela, da mesma forma que seu médico faz com alguma medicação que não esteja funcionando como esperado. Eu não estou dizendo que os produtos Abadi são os únicos de qualidade, mas cabe a você fazer sua própria investigação e certificar-se de que está fazendo uma boa escolha.

Há algumas maneiras que ajudam a determinar quais suplementos são os melhores. Você pode verificar o *NutriSearch Comparative Guide to Nutritional Supplements* (versão profissional), de Lyle MacWilliam, mencionado no capítulo 3 e você também pode seguir essas dicas:

- **Verifique a data de validade**: Os suplementos perdem a potência ao longo do tempo. Você não vai querer comprar um suplemento que tenha a data de validade muito extensa, o que normalmente indica que ele foi processado para uma vida útil longa.

- **Descubra se seu médico tem uma linha de produtos**: Se um médico cria a própria marca, é devido a anos de investigação. Isso também funciona para a minha linha de produtos Abadi, que foi muito pesquisada cientificamente e projetada para a revitalização dos pacientes.

- **Busque pelo selo de qualidade e de aprovação médica**: Se você estiver importando suplementos dos EUA, procure pelo selo de aprovação USP (U.S. Pharmacopeia), que é de uma organização respeitável que testa as vitaminas e suplementos para ter certeza de que eles contêm o que está no rótulo e não quaisquer contaminantes nocivos.

- **Não acredite na propaganda exagerada**: Nos EUA, a FDA não permite que os fabricantes afirmem que seu suplemento previne ou cura doenças. Se um fabricante afirma que seu suplemento "cura câncer" ou "impede diabetes", por exemplo, não compre esses suplementos.

Há várias razões para você fazer o exame. Primeiramente, você pode olhar com uma perspectiva antienvelhecimento. Há evidências científicas que confirmam que as deficiências de vitamina estão associadas com as condições gerais de sua saúde. As deficiências de vitaminas, minerais e antioxidantes suprimem sua função imunológica e contribuem para artrite, câncer, *Alzheimer*, doenças cardiovasculares e diabetes, além da fadiga, é claro. O exame mostra a avaliação nutricional em nível celular, dizendo-me o que seu corpo precisa. Se você é deficiente em antioxidantes, por exemplo, as células morrem lentamente, o que é visível em sua pele como envelhecimento acelerado. Mesmo que você ache que se alimenta bem, pode ser deficiente. O teste de micronutrientes ajudará a determinar exatamente o que você precisa.

Quando você ajustar seu estilo de vida, equilibrar seus hormônios, recarregar seu corpo e mesmo assim não se sentir plena, os testes podem lhe dizer quais modificações ainda podem ser necessárias. O mineralograma pode responder à pergunta: "Como eu posso maximizar meu corpo para não cair num estado de fadiga ou doença no futuro?". O teste pode ajudá-la a personalizar as alterações de estilo de vida para atender às suas necessidades específicas. Num livro como este, eu só posso fazer recomendações gerais que funcionam para a maioria das pessoas, mas eu não posso ter seu histórico genético, ambiental ou comportamental, que muitos dos testes podem.

Outra razão para fazer o exame é que dão uma base de comparação. Por exemplo, a Helen, uma mãe solteira de 32 anos veio ao meu consultório resolver seus problemas de fadiga. Ela alegou que estava fazendo tudo certo – se exercitava de três a quatro vezes por semana, tinha uma boa noite de sono, as relações sexuais eram satisfatórias e ela se alimentava de alimentos cultivados localmente e cereais integrais. Sugeri a ela fazer um mineralograma e, como eu suspeitava, os resultados mostraram que ela era bem deficiente em várias vitaminas do complexo B. Eu recomendei que ela tomasse um suplemento de complexo B e, seis meses depois, ela voltou e foi testada novamente. O seu nível de energia estava melhor e os resultados do teste mostraram que suas deficiências reduziram-se bastante – o que mostrava que estávamos no caminho certo para sua recuperação.

Você conhece seu corpo melhor do que ninguém e espero que este livro ajude você a compreender por que você sente aquilo que você faz e o que pode fazer para se sentir melhor. Meu objetivo é ajudar você a gerar força física e emocional, equilibrando os hormônios para que você possa se recuperar e restaurar seus recursos energéticos. Tenho certeza de que você está bem a sua maneira e desejo-lhe boa sorte em sua jornada.

10

Despedida — deixando para trás

Para mim, reenergizar-se é otimizar seu desejo de viver. É ser capaz de fazer o que precisa ser feito para cuidar de si mesma e de seus entes queridos. Trata-se de ter prazer tanto nas pequenas coisas quanto nas grandes; é ser capaz de lidar com o estresse da vida cotidiana e se recuperar de decepções e fracassos que acontecem a todo mundo. Desfrute da vida todos os dias e espere ansiosamente pelo amanhã.

Escrever esse livro, para mim, foi uma viagem incrível e uma honra. Espero que a leitura tenha sido assim para você também. Espero que ela tenha renovado seu entusiasmo pela vida, permitindo-lhe defender-se e informar aos profissionais da saúde que você não aceitará nada menos que o melhor deles.

Você chegou ao final do livro, mas não ao final de sua jornada. Ela está apenas começando e se a velha palavra "F" voltar a bater à sua porta, basta afastá-la e continuar seguindo o programa de solução da fadiga. Em breve, sua vida estará no caminho certo.

Reenergizar-se é ser capaz de dizer, como muitas pacientes minhas dizem, "*eu sou eu novamente e era isso que eu queria*".

Eu espero que esse livro tenha feito isso com você também.

Não se esqueça de visitar meus sites (www.dreva.com e www.TheFatigueSolution.com) e o guia do apêndice II, se você quiser se aprofundar um pouco mais sobre alguns tópicos desse livro. Por favor, mantenha contato e deixe-me saber como o programa de solução da fadiga está ajudando você. Estou ansiosa para saber.

Apêndice I

Energia da Dra. Eva / Matriz de combustível:
Receitas e planos de alimentação

Concebido por Samantha F. Grant, CN

Aqui está um destruidor de mitos para você: comer alimentos saudáveis não é sinônimo de aumento da energia. Por exemplo, considere o seguinte menu: café da manhã – farinha de aveia; lanche da manhã – banana; almoço – sopa de tomate e duas fatias de pão integral; jantar – legumes assados e cuscuz. Estes alimentos são saudáveis, mas não fornecem a energia de que você precisa. Na verdade, comer esses alimentos irá, inicialmente, aumentar o açúcar no sangue, causando, também, um aumento de insulina. Após o aumento vem a queda brusca de insulina, causando hipoglicemia (baixa quantidade de açúcar no sangue) que pode provocar sintomas como fome, fraqueza, tonturas, tremores e sonolência.

Infelizmente, quando você está esgotada, muitas vezes não tem energia para fazer as escolhas saudáveis. Quando eu estava passando por minha própria luta com a fadiga, eu comia o tempo todo – e não era comer bem. Lembro-me de uma viagem que eu fiz com meu marido para o México, em que eu não conseguia parar de comer. Chegou ao ponto do meu marido dizer, na frente de outras pessoas, "Por favor, você poderia parar de comer?" Óbvio que isso levou a uma grande discussão naquela noite. Após a análise do meu sangue, ficou determinado que as deficiências que causavam a minha vontade por açúcar, também causavam a minha insônia.

Eu comecei a mudar meus hábitos alimentares pouco a pouco, substituindo o que eu estava acostumada comer para obter energia.

Energia da Dra. Eva / Matriz de combustível: Receitas e planos de alimentação

Plano alimentar – 1ª semana

1º Dia

- Café da manhã: *ovos mexidos*
- Lanche: 1 maçã pequena com 2 colheres de chá de castanhas de caju ou manteiga de amêndoa (tudo natural: sem adição de açúcar ou adoçantes).
- Almoço: *Salada de camarão com uma fatia de pão integral*
- Lanche: *Vitamina de frutas*
- Jantar: Bife com arroz e espinafre sauté

2º Dia

- Café da manhã: *Iogurte*
- Lanche: 12 amêndoas com 1 pêssego ou maçã
- Almoço: *Hambúrguer de salmão*
- Lanche: *Torrada temperada*
- Jantar: *Frango com polenta e brócolis ao vapor com alho*

3º Dia

- Café da manhã: *Aveia enriquecida*
- Lanche: 1 colher (chá) de requeijão com 3 talos de aipo
- Almoço: Tortilha de camarão

- Lanche: 1 fatia de queijo com ½ xícara de frutas vermelhas
- Jantar: Alabote tropical com aspargos refogados

4º Dia

- Café da manhã: Frutas com iogurte e granola
- Lanche: Abacate com feijão e salsa
- Almoço: Salada de frango
- Lanche: Tortilha de maçã
- Jantar: Filé mignon assado com legumes

5º Dia

- Café da manhã: Pêssego com leite de coco
- Lanche: 1 xícara de vegetais (pimentão, rabanete, ervilha, inhame, pepino ou aipo) e 3 colheres de sopa de homus
- Almoço: Hambúrguer aberto com tomate e alface com molho feito com 2 colheres (sopa) de vinagre balsâmico, 1 colher (sopa) de azeite extravirgem e 1 dente de alho picado
- Lanche: Maçã assada com iogurte e linhaça
- Jantar: Camarão refogado com couve de Bruxelas

6º Dia

- Café da manhã: Sanduíche
- Lanche: 10 amêndoas, 1 fatia de queijo de cabra e 5 azeitonas pretas
- Almoço: Couve com frango grelhado
- Lanche: 1 picolé de proteína (Veja a receita na página 371)
- Jantar: Macarrão com peito de peru

7º Dia

- Café da manhã: Fatias de peru com torrada
- Lanche: Ovos picantes
- Almoço: Frango
- Lanche: 1 maçã pequena com 2 colheres (sopa) de pasta de amêndoa ou castanha de caju (sem adição de açúcar ou adoçante)
- Jantar: Bolo de carne com creme de couve-flor

1º semana - Lista de compras

Proteínas:
Salmão
Amêndoa
Feijão preto
Filé de peito de frango
Atum em lata (ao natural)
Ovos
Filé mignon
Carne moída (magra)
Peito de peru fatiado
Filé de alabote
Homus
Pinhão
Camarão
Bacon
Peito de peru defumado
Contra filé

Nozes
Proteína em pó (baunilha ou chocolate)

Queijo e leite:
Pasta de amêndoas (ao natural)
Leite de amêndoas
Gorgonzola
Queijo brie
Manteiga
Leite de coco (light)
Creme de leite (light)
Requeijão (light)
Queijo feta
Queijo de cabra
Leite
Parmesão
Queijo suíço
Iogurte desnatado

Frutas e vegetais
Maçã
Aspargo
Abacate
Espinafre
Banana
Frutas vermelhas
Brócolis
Couve-de-bruxelas
Couve-flor
Aipo

Cereja
Pepino
Amora
Alho
Uva roxa
Inhame
Couve
Limão
Manga
Várias folhas
Azeitonas pretas
Cebola (branca e roxa)
Pêssego
Pimentão (verde e vermelho)
Rabanete
Alface
Ervilha
Batata doce
Tomate
Abobrinha

Pães e grãos:
Pão integral (light)
Farinha de mandioca
Cereal matinal
Croûtons
Muffins
Farinha (de preferência farinha de amêndoa)
Pão de hambúrguer (integral)
Pasta de amendoim

Polenta pronta
Arroz integral
Aveia em flocos
Tortilhas (integral)

Condimentos e especiarias:
Extrato de agave
Vinagre balsâmico
Manjericão (fresco e seco)
Pimenta-do-reino
Molho caesar (light)
Pimenta malagueta
Canela
Mostarda de Dijon
Vinho branco seco
Linhaça
Geleia de frutas (ao natural)
Alho em pó
Gengibre
Óleo de semente de uva
Molho de mel e mostarda (light)
Ketchup
Lecitina de soja
Maionese (light)
Azeite
Orégano
Molho de tomate (orgânico)
Tempero pronto
Salsa
Sal

Sal marinho
Stevia
Tomilho
Extrato de tomate
Extrato de baunilha
Vinho branco
Xilitol

1ª semana - Receitas

1º Dia

Ovos mexidos*

- 3 ovos (2 claras e 1 ovo inteiro, ou 4 claras)
- 1 colher (sopa) de leite orgânico
- ⅛ colher (chá) de sal
- ½ tomate picado
- 1 colher (chá) de azeite
- 2 colheres (chá) de queijo feta esfarelado
- 2-3 folhas de manjericão
- Sal e pimenta a gosto

Numa vasilha, bata os ovos, o leite e o sal até ficar espumoso. Aqueça o azeite numa frigideira pequena e coloque a mistura da vasilha. Mexa de vez em quando até que metade esteja pronto e acrescente o tomate picado. Espere cozinhar tudo, colocando o queijo e o manjericão. Serve 2 porções.

Salada de camarão*

- 2 xícaras de alface picado
- 1 colher (sopa) de molho de mel e mostarda
- 1 ovo cozido, cortado em cubos
- ½ abacate cortado em pedaços pequenos
- 6-8 camarões cozidos no vapor, descascados e cortados em pedaços
- 1 colher (sopa) de gorgonzola esfarelado

Em uma vasilha grande, misture a alface com o molho. Coloque o ovo, o abacate, o camarão e o gorgonzola. Misture. Serve 2 porções.

Vitamina*

- ½ xícara de leite orgânico
- ½ colher (chá) de essência de baunilha
- ½ xícara de frutas vermelhas (congeladas) ou ½ banana
- 4 a 5 cubos de gelo
- 2 colheres (sopa) de soro de proteína em pó (a quantidade pode variar)
- 2 colheres (chá) de lecitina de soja
- 1 a 2 colheres (chá) de xilitol ou stevia (opcional)

Bata no liquidificador o leite, a baunilha, as frutas vermelhas, o gelo, a proteína em pó e a lecitina até ficar homogêneo. Se desejar, adoce com xilitol ou stevia. Serve 2 porções.

Bife com arroz*

- 1 xícara de arroz
- 4 bifes de contra filé
- 1 dente de alho picado
- ½ cebola picada
- 2 colheres (chá) de azeite
- ¼ xícara de farinha (de amêndoas)
- ½ xícara de vinho branco
- 1 colher (sopa) de creme de leite light (opcional)
- Sal e pimenta a gosto

Enquanto o arroz está cozinhando, corte a carne em tiras grossas de aproximadamente 0,5 cm. Em uma panela pequena, refogue o alho e a cebola no azeite até ficarem macios. Passe as tiras de carne na farinha e ponha na panela em fogo médio até dourar. Acrescente o vinho e deixe ferver, cozinhando por 3 a 5 minutos. Coloque o creme de leite e misture. Cozinhe destampado até a carne ficar pronta, de acordo com sua preferência. Mexa de vez em quando. Sirva sobre o arroz. Serve 2 porções.

Espinafre sautê

- 1 colher (chá) de azeite
- 1 dente de alho picado
- 2 xícaras de espinafre
- Uma pitada de sal

Numa frigideira, aqueça o azeite, refogando a cebola e o alho até dourarem (não deixe demais senão o alho fica amargo). Coloque o espinafre e 1 colher (chá) de água. Mexa. Cozinhe o espinafre até murchar. Serve 2 porções.

2º Dia

Iogurte

- 1 xícara de iogurte integral
- 2 colheres (chá) de xilitol
- 1 colher (chá) de essência de baunilha
- ½ xícara de frutas em fatias da sua escolha

Misture tudo e sirva-se.

Hambúrguer de salmão*

- 2 filés de salmão
- 2 colheres (sopa) de suco de limão
- 1 e ½ colher (chá) de mostarda de Dijon
- ¾ xícara de farinha de mandioca
- ½ xícara de cebola fatiada
- 3 claras
- 4 pães de hambúrguer (integral)
- 4 folhas de alface
- 4 rodelas de tomate

Coloque o suco de limão e a mostarda no salmão. Passe o salmão nas claras e depois na farinha.

Coloque na frigideira, ou no forno, junto com as cebolas até dourar. Coloque o salmão no pão com a alface e os tomates, tempere como desejar. Faz 2 hambúrgueres.

Torrada temperada

- 3 fatias de queijo brie
- 2 fatias torradas de pão integral
- 2 colheres (chá) de frutas (figo, framboesa, morango etc.) ou qualquer fruta da sua preferência

Coloque uma fatia de queijo brie em cada torrada e as frutas por cima. Serve 2 porções.

Frango com polenta

- 2 fatias grossas de polenta pronta
- 1 colher (chá) de azeite
- ½ dente de alho picado
- ¼ cebola picada
- 1 peito de frango desossado e sem pele cortado ao meio
- 1 colher (chá) de farinha (de amêndoas)
- 1 tomate cortado em cubos
- ¼ xícara de vinho branco
- Sal a gosto
- Uma pitada de orégano

Prepare a polenta de acordo com as instruções da embalagem.

Numa frigideira pequena, aqueça o óleo e refogue o alho e a cebola em fogo médio. Coloque o peito de frango na farinha, empanando tudo. Coloque na frigideira e deixe dourar. Depois que o frango estiver dourado, coloque o tomate e cozinhe por 10 a 15 minutos. Em seguida, adicione o vinho, o sal e o orégano. Deixe ferver e abaixe o fogo, esperando até o frango ficar cozido (cerca de 15 minutos). Coloque a mistura de frango sobre a polenta e sirva.

Brócolis ao vapor com alho

- 1 xícara de brócolis
- Sal e alho a gosto
- 1colher (chá) de azeite
- ¼ de limão

Cozinhe o brócolis no vapor até que fique a seu gosto. Depois de cozido, coloque numa vasilha e polvilhe com sal e molho pronto de alho, regue com o azeite e esprema o limão por cima. Misture e sirva.

3º dia

Aveia enriquecida

- ½ xícara de aveia em flocos
- 2 colheres (sopa) de baunilha em pó
- 1 colher (chá) de linhaça
- ¼ colher (chá) de canela
- ½ colher (chá) de xilitol
- ¼ xícara de leite orgânico

Aqueça a aveia com o leite e depois misture os ingredientes restantes.

Tortilha de camarão

- 1 lata de atum sólido em água (escorra a água)
- 1 colher (chá) de maionese light
- 1 colher (chá) amoras (pode ser desidratada)
- 1 colher (chá) de cebola roxa picada
- Pimenta-do-reino a gosto
- 1 tortilha (integral)
- 1 xícara de temperos frescos variados (salsinha, coentro e cebolinha)
- ¼ xícara de tomate picado

Misture o atum com a maionese, as amoras, a cebola e a pimenta. Espalhe essa mistura sobre a tortilha e salpique por cima os temperos frescos e o tomate. Enrole e sirva.

Alabote tropical

- 1 colher (chá) de azeite de semente de uva
- 2 filés de alabote
- ½ colher (chá) de sal
- ½ colher (chá) de pimenta-do-reino
- 1 colher (chá) de xarope de agave
- 2 colheres (sopa) de salsa
- 2 colheres (sopa) de manga picada

Preaqueça o forno a 350ºC. Unte uma assadeira pequena com o óleo de uva. Coloque o peixe com a pele para baixo. Tempere com sal e pimenta, regando com o xarope de agave. Cubra com papel alumínio e asse por 15 minutos. Retire e coloque por cima a manga e a salsa. Serve 2 porções.

Aspargos refogados

- 1 punhado de aspargos frescos cortados
- 1 colher (sopa) de azeite de semente de uva
- ½ colher (chá) de sal e molho de alho pronto
- 1 colher (chá) de parmesão ralado

Preaqueça o forno a 350ºC. Na assadeira, tempere os aspargos com o sal, o molho de alho e o azeite de uva. Asse por 10 minutos, coloque o parmesão por cima e sirva. Serve 2 porções.

4º dia

Frutas com iogurte e granola

- 1 xícara de iogurte integral
- 1 xícara de frutas vermelhas (frescas ou congeladas)
- 3 colheres (sopa) de cereal integral

Em um copo, coloque uma camada de iogurte, em seguida uma camada de frutas vermelhas e uma camada de cereal. Repita as camadas até encher o copo e sirva.

Abacate com feijão e salsa

- ½ xícara de feijão preto batido no liquidificador (purê)
- ½ abacate amassado
- ½ xícara de salsa

Espalhe o purê de feijão num prato e cubra com uma camada de abacate e salsa. Sirva.

Salada de frango

- 1 talo de aipo picado
- 1 colher (sopa) de maionese light ou iogurte integral
- ¼ colher (chá) de tomilho
- ¼ colher (chá) de orégano
- ½ de suco de limão
- 4 filés de frango grelhado e picado
- 1 colher (sopa) de nozes picadas
- 6 uvas roxas
- 2 colheres (sopa) maça verde picada
- 2 xícaras de temperos (salsa e cebolinha)

Misture o aipo, a maionese, o tomilho, o orégano e o suco do limão em uma vasilha. Adicione o frango picado e misture bem. Se estiver muito seco, coloque um pouquinho de água. Acrescente os temperos frescos, misture e decore com as uvas, as maçãs e as nozes. Se quiser, esprema mais limão.

Tortilha de maçã

- 2 colheres (chá) de pasta de amêndoa (ao natural)
- 1 tortilha (integral)
- 1-2 colheres de maçã verde picada

Espalhe a pasta de amêndoa na tortilha e preencha com a maçã. Enrole e sirva.

Filé mignon assado com legumes

- 1 peça de filé mignon
- ⅛ colher (chá) de sal
- ⅛ colher (chá) de pimenta-do-reino e manjericão seco
- 1 colher (chá) de manteiga

Preaqueça o forno. Tempere a peça com sal, pimenta e espalhe a manteiga por cima. Coloque para assar até dourar. Sirva.

Legumes assados

- 1 xícara de aspargos cortados
- 1 xícara de couve-de-bruxelas cortadas ao meio
- 1 batata doce sem casca
- 2 colheres (chá) de azeite de uva
- ¼ colher (chá) de sal
- ¼ colher (chá) de pimenta-do-reino

Preaqueça o forno a 450ºC. Coloque todos os legumes numa vasilha e tempere com a pimenta, o sal e o azeite. Ponha a batata e a couve numa assadeira e deixe no forno por 15 minutos. Retire e coloque os aspargos, deixando tudo por mais 15 minutos. Se necessário, vire os legumes.

5º dia

Pêssego com leite de coco

- ½ xícara de leite de coco light
- ½ xícara de água
- 1 colher (sopa) de baunilha em pó
- ½ xícara de pêssego picado
- ¼ colher (chá) de canela
- ¼ colher (chá) de gengibre
- ½ colher (chá) de xilitol

Misture bem todos os ingredientes e sirva.

Hambúrguer aberto

- 150 g de carne moída magra
- 1 fatia de queijo suíço
- 1 fatia de pão de hambúrguer (integral)
- 1 folha de alface
- 1 rodela de tomate
- Algumas rodelas de cebola

Amasse a carne moída para ficar parecida com a carne de hambúrguer e ponha na frigideira, em fogo baixo, até ficar do seu gosto. Coloque o queijo por cima da carne imediatamente após o cozimento. Ponha o hambúrguer no pão, cobrindo com alface, tomate e cebola. Sirva.

Maçã assada com iogurte e linhaça

- 1 maçã
- ½ colher (chá) de cravo e canela
- 1 colher (chá) xilitol
- 1 colher (chá) de iogurte integral
- 1 colher (chá) de linhaça

Preaqueça o forno a 350ºC. Descasque e corte a maçã. Polvilhe com a canela e o cravo e, se necessário, coloque xilitol. Asse por 20 minutos. Retire do forno, cubra com iogurte e linhaça.

Camarão refogado

- 10 camarões médios limpos
- 1 colher (sopa) de manteiga
- 1 dente de alho
- ¼ colher (chá) de pimenta-do-reino

Derreta a manteiga em fogo médio, refogue o alho junto com a pimenta. Adicione o camarão, refogando por 6 minutos ou até ficar rosado.

Couve-de-bruxelas

- 2 xícaras de couve-de-bruxelas
- 2 colheres (chá) de azeite de uva
- 2 colheres (sopa) de cebola roxa picada
- ¼ colher (chá) de sal
- ¼ colher (chá) de pimenta-do-reino
- 1/3 xícara de água

Retire as folhas da couve. Corte o talo ao meio. Aqueça o azeite de uva na frigideira, em fogo médio-alto. Refogue a cebola por 2 minutos ou até amaciar. Coloque a couve, o sal e a pimenta, refogando tudo por 1 minuto, em fogo alto e sempre mexendo. Abaixe o fogo, acrescente a água e deixe ferver, até a couve ficar *al dente*, aproximadamente 15 minutos. Cuidado para a água não secar. Serve 2 porções.

6º dia

Sanduíche

- 1 salsicha de peru
- 1 ovo
- 1 fatia de queijo suíço
- 1 rodela de tomate
- 1 fatia de pão integral

Cozinhe a salsicha. Faça um ovo mexido. Reúna todos os ingredientes no pão integral e sirva.

Couve com frango grelhado

- 1 cabeça de couve-tronchuda
- 1 colher (sopa) azeite
- Suco de 1 limão
- 2 colheres (sopa) de água quente
- 1 pitada de stevia ou xilitol
- 1 colher (sopa) de pinhão
- 1 colher (sopa) de cereja (seca)
- Sal a gosto
- 1 colher (chá) de queijo de cabra
- 2 filés de frango grelhado e cortados em tiras

Retire as folhas da couve e coloque numa tigela. Em outra tigela pequena, coloque o azeite, o suco do limão, a água, a stevia ou o xilitol e misture. Despeje esse molho por cima da couve e coloque os pinhões, a cereja e o sal. Misture bem e deixe marinar na geladeira por 30 minutos. Antes de servir, coloque o queijo de cabra e misture. Cubra com o frango. Essa salada pode ser servida com qualquer proteína de sua escolha, não necessariamente frango.

Picolé de proteína

- 1 e ½ xícara leite de coco ou leite de amêndoa (melhor se for leite evaporado)
- 1 xícara de frutas vermelhas congeladas
- 1 colher (sopa) de baunilha em pó
- 1 colher (chá) de xilitol

Coloque todos os ingredientes no liquidificador e bata até ficar homogêneo. Em seguida, coloque em forminhas de picolé e espere congelar.

Macarrão com peito de peru

- algumas fatias de peito de peru cortadas (ou peito de frango desfiado)
- 1 colher (chá) de azeite de uva
- ¼ colher (chá) de pimenta-do-reino
- 2 colheres (sopa) de cebola roxa picada
- 2 colheres (sopa) de pimentão vermelho
- ¼ colher (chá) de manjericão
- ¼ colher (chá) de orégano
- ¼ colher (chá) de molho de alho pronto
- 1 lata de molho de tomate
- 2 xícaras de brócolis picado
- 2 xícaras de abobrinha cozida no vapor ou outro legume de sua escolha
- ½ xícara de macarrão de arroz cozido
- 2 colheres (chá) de queijo de cabra

Refogue o peito de peru numa frigideira com azeite de uva, pimenta-do-reino, cebola, pimentão, manjericão, orégano e molho de alho. Despeje o conteúdo da frigideira numa panela com o molho de tomate. Cubra e deixe ferver por 30-40 minutos. Enquanto isso, cozinhe os legumes que faltam e faça o macarrão conforme as instruções da embalagem. Escorra o macarrão e cubra com os legumes, o molho e o queijo de cabra. Serve 2 porções.

7º dia

Fatias de peru com torrada

- 3 fatias de peito de peru defumado
- ⅓ de abacate
- 1 torrada integral
- 1 tomate pequeno picado
- 2 folhas de alface

Amasse o abacate e espalhe sobre a torrada. Cubra com as fatias de peito de peru, colocando a alface e o tomate por cima.

Ovos picantes

- 2 ovos
- 1 colher (chá) de maionese light
- 1 colher (chá) de mostarda de Dijon
- ⅓ colher (chá) de sal

Cozinhe os ovos e corte-os ao meio longitudinalmente, removendo as gemas e esmagando-as. Coloque as gemas junto com a maionese, a mostarda e o sal. Junte essa mistura com as claras.

Frango caesar

- 1 filé de peito de frango grelhado
- 2 xícaras de alface

- 5 croûtons
- 2 colheres (chá) de parmesão
- 2 colheres (chá) de molho caesar pronto (light)

Misture todos os ingredientes e sirva.

Bolo de carne

- 1 quilo de carne moída magra
- 1 cebola picada
- ½ colher (chá) de pimenta-do-reino
- ½ colher (chá) de manjericão
- ½ colher (chá) de orégano
- ½ colher (chá) de molho de alho
- 1 lata de extrato de tomate
- ½ xícara de migalhas de pão frescas (integral)
- 1 ovo
- ⅓ xícara de catchup
- ⅓ xícara de vinagre balsâmico
- 1 colher (chá) de xilitol

Preaqueça o forno a 350ºC. Refogue em uma frigideira antiaderente a carne moída com a cebola e as especiarias. Adicione o extrato de tomate, mecha e transfira para uma tigela. Ponha as migalhas de pão e o ovo, misturando tudo. Coloque numa assadeira e deixe por 35 minutos. Numa tigela pequena, misture os ingredientes catchup, vinagre balsâmico e xilitol. Espalhe essa misture sobre o bolo de carne e deixe no forno por mais 10 minutos. Serve 3-4 porções.

Creme de couve-flor

- 1 couve-flor picada
- ½ colher (chà) de sal
- 1 colher (sopa) de manteiga

Cozinhe a couve-flor no vapor até que fique bem macia. Coloque numa tigela grande, ponha a manteiga, o sal e misture, esmagando com o garfo até ficar homogêneo. Serve 3-4 porções.

Plano alimentar – 2ª semana

8º dia

- Café da manhã: Milk shake de chocolate com morango
- Lanche: 4 bolachas integrais com pasta de amêndoa (ao natural)
- Almoço: Salmão com salada
- Lanche: 1 maçã pequena com 2 fatias de queijo de cabra
- Jantar: Carne assada com abóbora

9º dia

- Café da manhã: Panqueca
- Lanche: Pudim de chocolate
- Almoço: Hambúrguer de frango, inhame, cenoura e homus
- Lanche: 1 colher (sopa) de requeijão com 2 talos de aipo e 6 amoras desidratadas
- Jantar: Salsicha de peru com arroz integral

10º dia

- Café da manhã: Omelete
- Lanche: 1 fatia de queijo de cabra com ½ xícara de frutas vermelhas
- Almoço: Tortilha de frango oriental
- Lanche: 12 amêndoas e 1 maçã pequena
- Jantar: Feijão preto com carne de peru, salada temperada com molho feito com 2 colheres (sopa) de vinagre balsâmico, 1 colher (sopa) de azeite extravirgem e 1 dente de alho picado.

11º dia

- Café da manhã: 2 salsichas de peru, 1 torrada integral com 1 colher (chá) de queijo de cabra e 1 colher (chá) de geleia de frutas (sem açúcar ou adoçante)
- Lanche: Uma barra de proteína sem soja, açúcar ou adoçante, com menos de 200 calorias.
- Almoço: Sobras do feijão preto com carne de peru e salada temperada com molho feito com 2 colheres (sopa) de vinagre balsâmico, 1 colher (sopa) de azeite extravirgem e 1 dente de alho picado.
- Jantar: frango assado, sopa de abóbora, salada temperada com 2 colheres (sopa) de vinagre balsâmico, 1 colher (sopa) de azeite extravirgem e 1 dente de alho picado.

12º dia

- Café da manhã: Muffin de chocolate com 2 colheres (chá) de pasta de amêndoa

- Lanche: iogurte de abóbora
- Almoço: Rolinho de peru com sopa de lentilha
- Lanche: Milk shake de morango e baunilha
- Jantar: Filé mignon grelhado, espinafre e batatas assadas

13º dia

- Café da manhã: Mexido
- Lanche: 12 amêndoas e 1 pera
- Almoço: Mini pizza com salada temperada com 2 colheres (sopa) de vinagre balsâmico, 1 colher (sopa) de azeite extra-virgem e 1 dente de alho picado
- Lanche: ½ xícara de queijo cottage e ½ xícara de mirtilos
- Jantar: Macarrão com atum

14º dia

Café da manhã: Milk shake de batata doce
Lanche: 3 colheres (sopa) de feijão branco, 10 mini cenouras
Almoço: Pasta de atum
Lanche: Pasta de amêndoa
Jantar: Mexido

2ª semana - Lista de compras

(Obs: Os itens da primeira semana que, provavelmente sobraram, não serão repetidos na lista de compra da segunda semana, principalmente os temperos e condimentos).

Proteínas:
Mistura de fibra (linhaça ou chia)
Feijão preto
Frango
Peito de frango
Atum sólido ao natural
Peito de peru
Ovo
Filé mignon
Frango desfiado
Peru desfiado
Homus
Lentilha
Feijão carioca
Filé de salmão
Salsicha de peru
Soro em pó (chocolate e baunilha)
Feijão branco

Queijos e leite:
Leite de amêndoas
Leite de coco light
Queijo cotija
Queijo cottage
Requeijão
Queijo feta
Queijo de cabra
Mussarela
Ricota

Frutas e vegetais:
Maçã
Aspargo
Abacate
Frutas vermelhas
Mirtilos
Brócolis
Abóbora
Mini cenoura
Couve-flor
Aipo
Amora
Feijão verde
Pimenta jalapeño
Inhame
Limão
Laranja
Manga
Salsa, cebolinha e coentro
Cebola
Pimentão (amarelo e vermelho)
Batata
Uva-passa
Espinafre
Morango
Tomate desidratado
Batata-doce
Tomate
Abobrinha

Pães e grãos:
Pão integral
Farinha de linhaça
Mistura para panqueca (sem glúten)
Pão de hambúrguer (integral)
Macarrão de arroz ou integral
Arroz integral
Tortilhas (integral)

Condimentos e especiarias:
Vinagre de maçã
Fermento em pó
Bicarbonato de sódio
Molho barbecue
Cacau em pó
Coco ralado
Óleo de coco
Curry
Tabletes de chocolate (70% de cacau)
Frutas em conserva (ao natural)
Garam masala (tempero indiano)
Cobertura doce (calda)
Noz-moscada
Extrato de tomate
Pico de gallo (molho mexicano)
Pimenta-do-reino
Alecrim
Shoyu
Molho de tomate

Açafrão
Tempero pronto de vegetais

2ª semana – Receitas

8º dia

Milk shake de chocolate com morango

- 2 colheres (sopa) de chocolate em pó
- 100 ml de leite de amêndoa
- 100 ml de água
- ¾ xícara de morango

Bata todos os ingredientes no liquidificador até ficar homogêneo.

Salmão com salada

- 3 batatas pequenas com casca
- ½ xícara de feijão verde
- ¼ xícara de vinagre balsâmico
- 2 colheres (chá) de azeite
- 2 colheres (chá) de mostarda de Dijon
- 1 dente de alho picado
- 1 colher (chá) de azeite de uva
- ⅛ colher (chá) de sal
- 1 filé de salmão
- 1 limão
- I ovo cozido

- 1 tomate picado
- 1 xícara de salsa, cebolinha e coentro

Cozinhe as batatas e o feijão no vapor. Enquanto isso, misture numa tigela pequena os ingredientes: vinagre, azeite, mostarda e alho. Reserve

Aqueça uma frigideira com o azeite de uva, em fogo médio. Coloque o salmão temperado com sal, com a pele para baixo, e deixe por 2 minutos. Acrescente um pouco de água e esprema o suco do limão em cima do peixe. Cubra e deixe cozinhar até que o salmão fique opaco, cerca de 10-12 minutos.

Quando as batatas cozinharem, corte-as em quatro e o ovo também. Monte num prato: batatas, feijão, salmão, ovo e tomate, salpique a salsa, a cebolinha e o coentro por cima, juntamente como o molho reservado.

Carne assada

- 100 g de carne para assar, de 1,5-2,0 cm de espessura (pode ser alcatra)
- ⅛ colher (chá) de sal
- Pimenta-do-reino a gosto
- 1 colher (chá) de manteiga

Preaqueça o forno para assar. Tempere a peça de carne com sal e pimenta, espalhando metade da manteiga de um lado da carne. Deixe no forno por 4 minutos, vire a carne e espalhe o resto da manteiga do outro lado. Asse até ficar do seu gosto.

Abóbora assada

- 1 xícara de abóbora descascada
- 2 colheres (chá) de azeite de uva
- ¼ colher (chá) de sal
- Uma pitada de curry

Preaqueça o forno a 425ºC. Tempere a abóbora com o azeite, o sal e o curry. Ponha na forma e asse por 20 minutos ou até ficar macia.

9º dia

Panqueca

- ⅓ xícara de mistura para panqueca (sem glúten)
- ⅓ xícara de baunilha em pó
- ⅓ xícara de linhaça
- ¼ xícara de leite de amêndoa
- 2 ovos
- ½ colher (chá) de canela
- 1 colher (chá) de xilitol
- 1 colher (chá) de azeite ou azeite de uva
- 4 colheres (chá) de cobertura doce (calda)

Em uma tigela média, coloque a mistura para panqueca, a baunilha em pó e a linhaça. Adicione o leite lentamente, mexendo até ficar uma pasta. Ponha os ovos, a canela e o xilitol, misturando bem. Coloque o azeite numa frigideira média, em fogo médio. Para uma panqueca, despeje ¼ xícara da massa na frigideira e quando estiver pronta, retire-a e despeje a calda por cima. Faz 4 panquecas.

Pudim de chocolate

- 200 ml de leite de amêndoa
- 1 abacate médio
- 1-2 colheres (chá) de linhaça
- 1 colher (chá) de coco ralado
- 2 colheres (sopa) de chocolate em pó
- 1 colher (chá) de xilitol

Bata todos os ingredientes no liquidificador até ficar homogêneo. Obs: Talvez seja necessário mais linhaça ou abacate para chegar na espessura desejada. Leve à geladeira por 1 hora.

Hambúrguer de frango

- 200 g de frango desfiado (ou moído)
- ¼ colher (chá) de orégano
- ¼ colher (chá) de manjericão
- 4 tomates picados
- 1 dente de alho picado
- 2 colheres (chá) de queijo feta
- 1 pão de hambúrguer (integral)

Misture os seis primeiros ingredientes e molde dois hambúrgueres. Ponha numa frigideira até ficar pronto, cerca de 4 minutos de cada lado. Sirva no pão de hambúrguer. Serve 2 porções.

Salsicha de peru com arroz integral

- ½ xícara de arroz integral
- 1 xícara de pimentão picado (amarelo e vermelho)
- ½ xícara de cebola picada
- ⅛ colher (chá) de sal
- 1 colher (chá) de azeite de uva
- 2 salcichas de peru picadas

Cozinhe o arroz. Refogue no azeite os pimentões, a cebola e o sal até ficar macio, cerca de 2 minutos. Coloque a salsicha, mexa até ficar pronto. Sirva sobre o arroz.

10º dia

Omelete

- 2 ovos
- 2 claras
- 1 xícara de espinafre
- 2 colheres (chá) de queijo feta
- 2 colheres (sopa) de salsa
- 2 colheres (chá) de manga picada

Prepare a omelete e, depois de pronta, salpique o queijo e a manga por cima.

Tortilha de frango oriental

- ½ xícara de vinagre de maçã
- 1 colher (chá) de azeite
- 1 colher (chá) de shoyu
- ⅛ colher (chá) de xilitol
- ⅛ colher (chá) de pimenta-do-reino
- 100 g de frango grelhado
- ¼ xícara de laranja (opcional)
- 1 xícara de salsa e cebolinha
- 1 tortilha (integral)

Misture o vinagre, o azeite, o shoyu, e a pimenta para fazer um molho e reserve. Numa tigela grande, misture o frango com o suco da laranja, a salsa e a cebolinha. Ponha o molho reservado e misture, deixando marinar por 15 minutos. Coloque a mistura na tortilha.

Feijão preto com carne de peru

- 200 g de carne de peru picada
- 1 colher (chá) de azeite de uva
- ¼ colher (chá) de pimenta malagueta
- ¼ colher (chá) de manjericão
- ¼ colher (chá) de orégano
- ¼ colher (chá) de molho de alho
- 2 colheres (sopa) de cebola roxa
- 2 colheres (sopa) de pimentão vermelho picado
- 2 colheres (chá) de molho barbecue
- 400 g de feijão preto
- 400 g de molho de tomate

Refogue o peru no azeite de uva, junto com as especiarias, a cebola e a pimenta. Transfira para uma panela grande e ponha o molho barbecue, o feijão e o molho de tomate. Deixe ferver por 25 minutos. Serve 2 porções.

11º dia

Sopa de abóbora

- 1 cebola roxa
- 1 talo de aipo
- 1 colher (sopa) de azeite de uva
- 3 xícaras de abóbora cortada em cubos e descascada
- ⅓ colher (chá) de curry
- 1 pitada de garam masala
- ¼ colher (chá) de sal
- 1 xícara de caldo de vegetais (tempero pronto)
- ⅓ xícara de leite de coco light

Refogue a cebola e o aipo no azeite de uva. Numa panela grande, ponha 2 xícaras de abóbora (guarde a outra xícara na geladeira) com as especiarias e cubra, adicionando água, se necessário. A abóbora deve ficar apenas com um pouquinho de água.

Ferva até ficar macia, cerca de 20 minutos. Transfira a abóbora para o liquidificador, ponha o leite de coco e bata até ficar homogêneo.

12º dia

Muffin de chocolate

- ½ xícara de linhaça
- ½ xícara de chocolate em pó
- 2 colheres (chá) de fermento em pó
- 1 colher (chá) de bicarbonato de sódio
- 1 colher (chá) de canela
- 3 colheres (sopa) de coco ralado
- ⅓ xícara de xilitol
- ½ colher (chá) de sal
- 4 colheres (sopa) de óleo de coco
- 2 ovos
- 2 colheres (chá) de essência de baunilha
- 1 xícara de abobrinha descascada e ralada
- 1 xícara de ricota
- 3 colheres de pedaços de chocolate preto (70% de cacau) (opcional)

Preaqueça o forno a 350ºC. Ponha papel aderente na forma de muffin. Numa tigela pequena, mistute a linhaça, o chocolate em pó, o fermento, o bicarbonato, a canela, os pedaços de chocolate, o xilitol e o sal. Numa tigela grande, misture o óleo de coco, os ovos, a baunilha, a abobrinha ralada, a ricota e o coco ralado. Ponha os ingredientes secos, da tigela menor, na tigela maior, misture e acrescente os pedaços de chocolate. Ponha a mistura nas fôrmas de muffin e leve ao forno por 20-25 minutos. Rende cerca de 12 muffins.

Iogurte de abóbora

- ½ xícara de iogurte natural
- 2 colheres (chá) de abóbora batida no liquidificador (purê)
- ¼ colher (chá) de cravo e canela
- 1 colher (chá) de xilitol

Misture todos os ingredientes.

Rolinho de peru

- 4 aspargos
- 1 colher (chá) de requeijão ou queijo de cabra
- 4 fatias de peito de peru

Cozinhe levemente os aspargos no vapor. Espalhe o queijo sobre a fatia de peito de peru, ponha o aspargo e enrole.

Sopa de lentilha

- 1 cenoura picada
- 1 talo de aipo picado
- 1 cebola picada
- 1 dente de alho
- 2 xícaras de lentilha cozidas
- 1 xícara de caldo de vegetais (tempero pronto)
- 1 lata de tomate sem pele picado
- ¼ colher (chá) de açafrão
- ¼ colher (chá) de sal

Refogue a cenoura, o aipo, a cebola e o alho. Ponha a lentilha e a lata de tomate. Coloque as especiarias e deixe ferver por 30 minutos. Serve 2 porções.

Milk shake de morango com baunilha

- 100 ml de leite de coco light
- 100 ml de água
- 1colher (sopa) de baunilha em pó
- ½ xícara de morango
- 1 colher (chá) de linhaça

Bata todos os ingredientes no liquidificador até ficar homogêneo.

Filé mignon grelhado

- 100 g de filé mignon, de 1,5-2,0 cm de espessura
- ⅛ colher (chá) de sal
- ⅛ colher (chá) de pimenta-do-reino
- 1 colher (chá) de manteiga

Preaqueça o forno para assar. Tempere o filé com sal e pimenta. Ponha na assadeira e espalhe metade da manteiga sobre o filé. Asse por 8 minutos, vire o filé e use o restante da manteiga. Asse até chegar ao seu ponto.

Espinafre

- 1 colher (chá) de azeite
- 1 dente de alho picado
- 2 xícaras de espinafre
- Uma pitada de sal

Refogue o alho na frigideira com o azeite até dourar (não deixe demais senão o alho fica amargo). Coloque o espinafre e uma colher (chá) de água. Mexa e cozinhe até murchar. Serve 2 porções.

Batatas assadas

- 2 batatas fatiadas em rodelas de 3,0 cm de espessura
- 1 colher (sopa) de azeite de uva
- 1 dente de alho picado
- ¼ colher (chá) de sal
- ⅓ colher (chá) de alecrim

Preaqueça o forno para assar. Misture os ingredientes numa assadeira e ponha no forno por 20 minutos. Retire, vire as batatas e asse por mais 20 minutos. Serve 4 porções.

13º dia

Mexido

- 1 ovo
- 3 claras
- ½ xícara de feijão carioca
- 2 colheres (chá) de pico de gallo
- 2 colheres (chá) de queijo cotija (queijo branco mexicano)
- ⅓ de abacate
- 1 pimenta jalapeño picada (opcional)

Bata o ovo e as claras numa tigela pequena e, em seguida, ponha numa frigideira com o feijão. Quando estiver pronto, sirva com o abacate, o queijo e o pico de gallo. Ponha a pimenta jalapeño se quiser um sabor picante!

Mini pizza

- 2 colheres (sopa) de molho de tomate
- ½ xícara de couve-flor, brócolis e pimentão amarelo e vermelho (cozidos no vapor)
- 2 fatias de pão integral
- 100 g de peito de frango desfiado
- 2 colheres de mussarela

Preaqueça o forno. Bata no liquidificador o molho de tomate e os legumes cozidos no vapor até ficar homogêneo. Passe a mistura pelas duas fatias de pão, cubra com o frango e ponha a mussarela por cima. Leve ao forno até a mussarela derreter.

Macarrão com atum

- ½ xícara de macarrão de arroz
- 1 xícara de brócolis picado
- 1 lata de atum sólido ao natural
- ¼ colher (chá) de molho de alho
- ⅛ colher (chá) de pimenta-do-reino (opcional)
- 2 colheres (chá) de azeite
- 2 colheres (chá) de queijo de cabra
- 1 colher (sopa) de molho de tomate

Cozinhe o macarrão e coloque o brócolis na água 2 minutos antes do macarrão ficar pronto. Escorra e misture com o atum, o alho e a pimenta. Ponha o azeite e, em seguida, misture com o molho e o queijo.

14º dia

Milk shake de batata-doce

- 100 ml de leite de amêndoas
- 100 ml de água
- ½ batata-doce cozida (prepare-a na noite anterior)
- ¼ colher (chá) de canela
- ¼ colher (chá) de noz-moscada
- 2 colheres (sopa) de baunilha em pó

- 1 colher (chá) de xilitol
- 4 cubos de gelo

Bata todos os ingredientes no liquidificador até ficar homogêneo.

Feijão branco

- 2 xícaras de feijão branco pronto
- 1 dente de alho
- ¼ xícara de azeite
- ¼ colher (chá) de pimenta-do-reino

Bata todos os ingredientes no liquidificador até ficar homogêneo.

Pasta de atum

- 1 lata de atum sólido ao natural
- ½ colher (chá) de curry
- 2 colheres (chá) de maionese light
- ½ colher (chá) de uva-passa
- 1 xícara de salsa, cebolinha e coentro
- 1 colher (sopa) de azeite

Misture o atum, o curry, a maionese e as passas. Coloque os temperos frescos por cima e regue com o azeite.

Pasta de amêndoa

- ½ xícara de iogurte natural
- 1 colher (chá) de pasta de amêndoa
- ½ colher (chá) de xilitol

Misture tudo e sirva.

Mexido

- 2 ovos
- 2 claras
- ½ xícara de legumes cozidos
- ½ xícara de feijão preto pronto
- 2 colheres (chá) de mussarela
- 2 colheres (sopa) de salsa
- 2 colheres (chá) manga

Numa tigela pequena, bata os ovos e as claras. Ponha na frigideira com os legumes, o feijão e a mussarela. Cubra com a salsa, a manga e sirva.

Apêndice II

Guia de informações

Dra. Eva Cwynar
Beverly Hills, Califórnia
310-271-5438
www.dreva.com
www.TheFatigueSolution.com

American Academy of Sleep Medicine
Darien, IL
630 737-9700
www.aasmnet.org

American Sleep Apnea Association
Washington, DC
202-293-3650
www.sleepapnea.org

American Sleep Apnea Association
Washington, DC
202-293-3650
www.sleepapnea.org

American Thyroid Association
Falls Church, VA
800-THYROID
www.thyroid.org

Center for Food Allergies
Seattle, WA
888-546-6283
www.centerforfoodallergies.com
Jason Muirbrook

Personal trainer e nutricionista
Beverly Hills, CA
323-610-7187
www.jasonmuirbrook.com

Samantha F. Grant
Terapia hormonal e metabolismo
Beverly Hills, CA
310-271-5438
samfgrant.com

National Sleep Foundation
Arlington, VA
703 243-1697
www.sleepfoundation.org

Pharmacy Compounding Accreditation Board (PCAB)
Washington, DC
866-377-5104
www.pcab.info

SpectraCell Laboratories, Inc.
(Teste do telômero e outros)
Houston, TX
800-227-5227
www.spectracell.com

Pathway Genomics
(Exames genéticos; exame Pathway Fit) San Diego CA,
877-505-7374

www.pathway.com

Genova Diagnostics
(Vários exames)
Asheville, NC
800-522-4762

www.gdx.net

Sanesco International, Inc.
(Exames Neuro-Endócrinos)
Asheville, NC
866-670-5705

www.sanesco.net

Metametrix Clinical Laboratory
(Vários exames)
Duluth, GA
800-221-4640

www.metametrix.com

Apêndice III

Referências

Capítulo 1: A qualidade da sua vida

Berger, M., et al. "The Expanded Biology of Serotonin." *Annual Review of Medicine* 60 (2009): 355–366.

Brizendine, Louann. *The Female Brain*. New York: Morgan Road Books, 2006.

Darnell, James, Harvey Lodish, and David Baltimore. *Molecular Cell Biology*, 3rd ed. New York: W. H. Freeman, 1996.

Helmly, Pam Machemehl. "Neurotransmitter Balancing, Implemented Properly: An Indispensable Clinical Tool." *Townsend Letter for Doctors and Patients*. Retrieved on August 8, 2010, at http://findarticles.com/p/articles/mi_m0ISW/is_282/ai_n19170309.

Stanimirovic, Danica, and Kei Satoh. "Inflammatory Mediators of Cerebral Endothelium: A Role in Ischemic Brain Inflammation." *Brain Pathology* 10 (2000): 113–126.

Sugaya, Kiminobu, Tolga Uz, et al. "New Anti-inflammatory Treatment Strategy in Alzheimer's Disease." *The Japanese Journal of Pharmacology* 82, no. 2 (2000): 85–94.

Capítulo 2: Passo 1 – Coma alimentos energéticos

American Heart Association. "Omega-6 Fatty Acids: Make Them Part of Heart-Healthy Eating, New Recommendations Say." *ScienceDaily*. February 2009. Retrieved on June 20, 2010, from http://www.sciencedaily.com/releases/2009/01/090126173725.htm.

Basciano, H., et al. "Fructose, Insulin Resistance, and Metabolic Dyslipidemia." *Nutrition and Metabolism* 2, no. 1 (2005): 5.

Beck, Melinda. "Giving Up Gluten to Lose Weight? Not So Fast." *Wall Street Journal*. August 24, 2010, D1.

Benedini, Stefano. "The Hypothalamus and Energy Balance." *Sport Sciences for Health* 5, no. 2 (2009): 45–53.

Berkson, Burt, and Arthur J. Berkson. *User's Guide to the B-Complex Vitamins*. Laguna Beach, CA: Basic Health Publications, 2005.

Costill, D. L., et al. "Nutrition for Endurance Sport: Carbohydrate and Fluid Balance." *International Journal of Sports Medicine* 1 (1980): 2–14.

Department of Health and Human Services and The Department of Agriculture

The Dietary Guidelines for Americans. 2005. Retrieved on August 30, 2010, at http://www.health.gov/dietaryguidelines/dga2005/document/default.htm.

Egg Nutrition and Heart Disease: Eggs aren't the dietary demons they're cracked up to be. Harvard Health Publications. Retrieved on November 12, 2010, from www.health.harvard.edu/press_releases/egg-nutrition.

Elwood, P., et al. "Milk and Dairy Consumption, Diabetes and the Metabolic Syndrome: The Caerphilly Prospective Study." *Journal of Epidemiologic Community Health* 61 (2007): 695–698.

Fernstrom, J. D., et al. "Monoamines and Protein Intake: Are Control Mechanisms Designed to Monitor a Threshold Intake or a Set Point?" *Nutritional Review* 59, no. 8 (2001): S60–65.

Harras, Angela, ed. *Cancer Rates and Risks*. National Institutes of Health. 4th ed. National Cancer Institute, 1996.

Humphries, P., E. Pretorius, et al. "Direct and Indirect Effects of Aspartame on the Brain." *European Journal of Clinical Nutrition* 62 (2008): 451–462.

Johnston, Carol S., et al. "Postprandial Thermogenesis Is Increased 100% on a High-Protein, Low-Fat Diet *versus* a High-Carbohydrate, Low-Fat Diet in Healthy, Young Women." *Journal of the American College of Nutrition* 21, no. 1 (2002): 55–61.

Johnstone, Alexandra M., et al. "Effects of a High-Protein Ketogenic Diet on Hunger, Appetite, and Weight Loss in Obese Men Feeding Ad Libitum." *American Journal of Clinical Nutrition* 87, no. 1 (2008): 44–55.

Jones, D. R., et al. "Physical Quality and Composition of Retail Shell Eggs." *Poultry Science* 89 (2010): 582–587.

Kim, J. H., et al. "Efficacy of as1-Casein Hydrolysate on Stress-related Symptoms in Women." *European Journal of Clinical Nutrition* 61 (2007): 536–541.

Larson, N. S., et al. "Effect of Diet Cola on Urine Calcium Excretion." *Endocrinology* (2010): Abstract P2–198.

Long, Cheryl, et al. "Meet Real Free-Range Eggs." *Mother Earth News*. October-November 2007. Retrieved on November 10, 2009, from http://www.motherearthnews.com/Real-Food/2007-10-01/Tests-Reveal-Healthier-Eggs.aspx.

Martinez-Montemayor, M. M., et al. "Individual and Combined Soy Isoflavones Exert Differential Effects on Metastic Cancer Progression." *Clinical and Experimental Metastasis* 27, no. 7 (2010): 465–480.

Organic and Non-GMO Report. "More US Farmers Planting Non-GMO Soybeans This Year." March 2009. Retrieved on November 5, 2010, from http://www.non-gmoreport.com/articles/mar09/farmers_planting_non-gmo_soybeans.php.

Setchell, K. D., et al. "Isoflavone Content of Infant Formulas and the Metabolic Fate of These Early Phytoestrogens in Early Life." *American Journal of Clinical Nutrition* Supplement (1998): 1453S–1461S.

Shu, X. O., Y. Zheng, et al. "Soy Food Intake and Breast Cancer Survival." *Journal of the American Medical Association* 302, no. 22 (2009): 2437–2443.

Skov, A. R., et al. "Randomized Trial on Protein vs Carbohydrate in Ad Libitum Fat Reduced Diet for the Treatment of Obesity." *International Journal of Obesity* 23, no. 5 (1999): 528–536.

Taubes, Gary. "What If It's All Been a Big Fat Lie?" *The New York Times*, July 7, 2002. Retrieved on July 4, 2010, at http://www.nytimes.com/2002/07/07/magazine/what-if-it-s-all-been-a-big--fat-lie.html.

Wu, A. H., et al. "Soy Intake and Breast Cancer Risk in Singapore Chinese Health Study." *British Journal of Cancer* 99, no. 1 (2008): 196–200.

Capítulo 3: Passo 2 – Mantenha o intestino em forma

Abu-Elteen, Khaled H. "The Influence of Dietary Carbohydrates on *In Vitro* Adherence of Four Candida Species to Human Buccal Epithelial Cells." *Microbial Ecology in Health and Disease* 17, no. 3 (2005): 156–162.

Albert Einstein College of Medicine. "Probiotics May Help People Taking Antibiotics." *ScienceDaily*. Retrieved on September 15, 2010, from http://www.sciencedaily.com/releases/2008/12/081217190443.htm.

Anderson, K. E., and A. Kappas. "Dietary Regulation of Cytochrome P450." *Annual Review of Nutrition* 11 (1991): 141–167.

Anoma, O.I . "Nutrition and Health Aspects of Free Radicals and Antioxidants." *Food and Chemical Toxicology* 32, no. 7 (1994): 671–683.

Astegiano, M., et al. "Clinical Approach to Irritable Bowel Syndrome." *Minerva Gastroenterologica e Dietologica* 54, no. 3 (2008): 251–258.

Aw, T. Y., and D. P. Jones. "Nutrient Supply and Mitochondrial Function." *Annual Review of Nutrition* 9 (1989): 229–251.

Cash, D., et al. "Total costs of IBS: Employer and Managed Care Perspective." *American Journal of Managed Care* 11, 1 Suppl (2005): S7–16.

Corazziari, E., et al. "Gallstones, Cholecystectomy and Irritable Bowel Syndrome (IBS): MICOL Population-Based Study." *Digestive and Liver Disease* 40, no. 12 (2008): 944–950.

Faber, S., et al. "The Use of Probiotics in the Treatment of Irritable Bowel Syndrome: Two Case Reports." *Alternative Therapies in Health and Medicine* 11, no. 4 (2005): 60–62.

Fukudo, S., et al. "Brain-Gut Response to Stress and Cholinergic Stimulation in Irritable Bowel Syndrome. A Preliminary Study." *Journal of Clinical Gastroenterology* 17, no. 2 (1993): 133–141.

Getahun, S. M., et al. "Conversion of Glucosinolates to Isoththiocyanates in Humans after Ingestion of Cooked Watercress." *Cancer Epidemiological Biomarkers Prevention* 8, no. 5 (1999): 447–451.

Goehler, L. F., et al. "Infection-Induced Viscerosensory Signals from the Gut Enhance Anxiety: Implications for Psychoneuroimmunology." *Brain, Behavior, and Immunity* 21 (2007): 721–726.

Humphries, P., et al. "Direct and Indirect Cellular Effects of Aspartame on the Brain." *European Journal of Clinical Nutrition* 62: 451–462.

Kligler, B., et al. "Probiotics." *American Family Physician* 78, no. 9 (2008): 1073–1078.

Lall, S. B., et al. "Role of Nutrition in Toxic Injury." *Indian Journal of Experimental Biology* 37, no. 2 (1999): 109–116.

Liska, D. J. "The Role of Detoxification in the Prevention of Chronic Degenerative Diseases." *Applied Nutritional Science Reports* (2002).

Logan, A., et al. "Chronic Fatigue syndrome: Lactic Acid Bacteria May Be of Therapeutic Value." *Medical Hypotheses* 60 (2003): 915–923.

Lyte, M., et al. "Anxiogenic Effect of Subclinical Bacterial Infection in Mice in the Absence of Overt Immune Activation." *Physiology & Behavior* 65 (1998): 63–68.

Orr, W. C., et al. "Sleep and Gastric Function in Irritable Bowel Syndrome: Derailing the Brain-Gut Axis." *Gut* 41, no. 3 (1997): 390–393.

Quigley. E. M. "The Efficacy of Probiotics in IBS." *Journal of Clinical Gastroenterology* 42, Suppl. 2 (2008): S85–90.

Quigley, E. M., et al. "Irritable Bowel Syndrome: The Burden and Unmet Needs in Europe." *Digestive and Liver Disease* 38, no. 10 (2006): 717–723.

Rao, A., et al. "A Randomized, Double-Blind, Placebo-Controlled Pilot Study of a Probiotics in Emotional Symptoms of Chronic Fatigue Syndrome." *Gut Pathology* 1 (2009): 6.

Roundtree, Robert. Proven Therapeutic Benefits of High Quality Probiotics. *Applied Nutritional Science Reports*. 2002.

Shanre, Denk, et al. "Evaluation of a Detoxification Regimen for Fat Stored Zenobiotics." *Medical Hypotheses* 1982 (2009): 9.

Sullivan, A., et al. "Effect of Supplement with Lactic-Acid Producing Bacteria on Fatigue and Physical Activity in Patients with Chronic Fatigue Syndrome." *Nutrition Journal* 8 (2009): 4.

Whitehead, W. E., et al. "Systematic Review of the Comorbidity of Irritable Bowel Syndrome with Other Disorders: What Are the Causes and Implications?" *Gastroenterology* 122, no. 4 (2002): 1140–1156.

Williams, S. N., et al. "Comparative Studies on the Effects of Green Tea Extracts and Individual Tea Catechins on Human CYP1A Gene Expressions." *Chemico-Biological Interactions* 128, no. 3 (2000): 211–229.

Capítulo 4: Passo 3 – Melhore o sono e reduza o estresse

Allen, K., et al. "Cardiovascular Reactivity and the Presence of Pets, Friends, and Spouses: The Truth about Cats and Dogs." *Psychosomatic Medicine* 64 (2002): 727–739.

Altun, A., et al. "Melatonin: Therapeutic and Clinical Utilization." *International Journal of Clinical Practice* 61, no. 5 (2007): 835–845.

Banks, S., et al. "Behavioral and Physiological Consequences of Sleep Restriction." *Journal of Clinical Sleep Medicine* 3, no. 5 (2007): 519–528.

Banks, S., et al. "Neurobehavioral Dynamics Following Chronic Sleep Restriction: Dose-Response Effects of One Night for Recovery." *Sleep* 33 (2010): 8.

Brzezinski, A., et al. "Effects of Exogenous Melatonin on Sleep: A Meta-Analysis." *Sleep Medicine Reviews* 9 (2005): 41.

Buscemi, N., et al. "Efficacy and Safety of Exogenous Melatonin for Secondary Sleep Disorders and Sleep Disorders Accompanying Sleep Restriction: Meta-Analysis." *British Medical Journal* 332, no. 7538 (2006): 385–393.

CDC. "Perceived Insufficient Rest or Sleep Among Adults—United States, 2008." *Morbidity and Mortality Weekly Report* 58, no. 42 (2008): 1179.

Epel, E., et al. "Accelerated Telomere Shortening in Response to Life Stress." *Proceedings of the National Academy of Sciences of the United States of America*. 2004. Retrieved on October 1, 2010, from http://www.pnas.org/cgi/content/abstract/0407162101v1.

Field, T., et al. "Cortisol Decreases and Serotonin and Dopamine Increase Following Massage Therapy." *International Journal of Neuroscience* 115 (2005): 1397–1413.

Fonken, Laura K., et al. "Light at Night Increases Body Mass by Shifting the Time of Food Intake." *Proceedings of the National*

Academy of Science 107, no. 43 (2010): 18664–18669; published ahead of print October 11, 2010, doi:10.1073/pnas.100873410.

Heriza, Nirmala. *Dr. Yoga: A Complete Guide to the Medical Benefits of Yoga*. New York: Penguin Tarcher, 2004.

Institute of Medicine. "Sleep Disorders and Sleep Deprivation: An Unmet Public Health Problem." *The National Academies Press*. 2006. Retrieved on November 2, 2010, from http://www.iom.edu/Reports/2006/Sleep-Disorders-and-Sleep-Deprivation-An-Unmet-Public-Health-Problem.aspx.

Kimura, K., et al. "L-theanine Reduces Psychological and Physiological Stress Responses." *Biological Psychology* 74, no. 1 (2007): 39–45.

Lacka, Leon, et al. "The Relationship between Insomnia and Body Temperatures." *Sleep Medicine Reviews* 12, no. 4 (2008): 307–317.

Miller, Michael, et al. "Divergent Effects of Joyful and Anxiety-Provoking Music on Endothelial Vasoreactivity." *Psychosomatic Medicine* 72 (2010): 354–356.

Mishra, L. C., et al. "Scientific Basis for the Therapeutic Use of Withania Somnifera (Ashwaganda): A Review." *Alternative Medicine Review* 5, no. 4 (2000): 334–346.

Murphy, P. J., et al. "Sex Hormones, Sleep, and Core Body Temperature in Older Postmenopausal Women." *Sleep* 30, no. 12 (2007): 1788–1794.

Olsson, E. M., et al. "A Randomised, Double-Blind, Placebo-Controlled, Parallel-Group Study of the Standardised Extract shr-5 of the Roots of Rhodiola Rosea in the Treatment of Subjects with Stress-Related Fatigue." *Planta Medica* 75, n°. 2 (2009): 105–112.

Reidun, Ursin. "The Effects of 5-hydroxytryptophan and l--tryptophan on Wakefulness and Sleep Patterns in the Cat." *Brain Research* 106, n°. 1 (1976): 105–115.

Schoenborn, C. A., et al. "Sleep Duration as a Correlate of Smoking, Alcohol Use, Leisure-Time Physical Inactivity, and Obesity among Adults: United States, 2004–2006." Retrieved on October 2, 2010, from http://www.cdc.gov/nchs/data/hestat/sleep04-06/sleep04-06.pdf.

Streeter, C. C., et al. "Yoga Asana Sessions Increase Brain GABA Levels: A Pilot Study." *Journal of Complementary Medicine* 13, n°. 4 (2007): 419–426.

Van Couter, E., et al. "Impact of Sleep and Sleep Loss on Neuroendocrine and Metabolic Function." *Hormone Research* 67 (2007): 2–9.

Vgontzas, A., et al. "Chronic Insomnia Is Associated with Nyctohemeral Activation of the Hypothalamic-Pituitary-Adrenal axis: Clinical Implications." 2001. Retrieved on September 9, 2009, from http://jcem.endojournals.org/cgi/content/abstract/86/8/3787.

Wurtman, R. J., and J. J. Wurtman. "Brain Serotonin, Carbohydrate-Craving, Obesity and Depression." *Obesity Research* 3 Suppl. 4 (1995): 477S–480S.

Wyatt, R. J., et al. "Effects of 5-hydroxytryptophan on the Sleep of Normal Human Subjects." *Electroencephalography and Clinical Neurophysiology* 30, no. 6 (1971): 505–509.

Youngsoo, Kim, et al. "Repeated Sleep Restriction in Rats Leads to Homeostatic and Allostatic Responses During Recovery Sleep." *Proceedings of the National Academy of Sciences* 104, no. 25 (2007): 10697–10702.

Capítulo 5: Passo 4 – Explore sua sexualidade

Abramov, L. A. "Sexual Life and Sexual Frigidity among Women Developing Acute Myocardial Infarction." *Psychosomatic Medicine* 38 (1976): 418–425.

Amen, Daniel, G. *Sex on the Brain: 12 Lessons to Enhance Your Love Life*. New York: Three Rivers Press, 2008, 77.

Auborn, K. J., et al. "Indole-3-carbinol Is a Negative Regulator of Estrogen." *Journal of Nutrition* 133, Suppl. 7 (2003): 2470S–2475S.

Bergner, Daniel. "Women Who Want to Want." *The New York Times*. November 29, 2009. Retrieved on December 17, 2009, from: http://www.nytimes.com/2009/11/29/magazine/29sex-t.html?_r=1&scp=1&sq=women%20who%20want%20to%20want&st=cse.

Birch, Robert W., et al. *Pathways to Pleasure: A Woman's Guide to Orgasm*. Howard, OH: PEC Publishing, 2000.

Braunstein, Glen. "Safety and Efficacy of a Testosterone Patch for the Treatment of Hypoactive Sexual Desire Disorder in Surgically Menopausal Women: A Randomized, Placebo-Controlled Trial." *Archives of Internal Medicine* 165 (2005): 1582–1589.

Clayton, Anita H., et al. "Prevalence of Sexual Dysfunction among Newer Antidepressants." *Journal of Clinical Psychiatry* 63 (2002): 357–366.

Danielou, Alain, trans. *The Complete Kama Sutra: The First Unabridged Modern Translation of the Classic Indian Text [Unabridged]*. Manchester, VT: Inner Traditions, 1993.

Dunn, L. B., et al. "Does Estrogen Prevent Skin Aging? Results from the First National Health and Nutrition Examination Survey (NHANES I)." *Archives of Dermatology* 133 (1997): 339–342.

Fintelman, V., et al. "Efficacy and Tolerability of a Rhodiola rosea Extract in Adults with Physical and Cognitive Deficiencies." *Advanced Therapy* 24, no. 4 (2007): 929–939.

Goldstat, R., et al. "Transdermal Testosterone Therapy Improves Well-being, Mood, and Sexual Function in Premenopausal Women." *Menopause* 10, no. 5 (2003): 390–398.

Hirsch, Alan R. *Scentsational Sex: The Secret to Using Aroma for Arousal*. New York: Element Books, 1998.

Kaunitz, A. M. "The Role of Androgens in Menopausal Hormonal Replacement." *Endocrinology and Metabolism Clinics of North America* 26 (1997): 391–397.

Kliman, Meaddough, et al. "Endometriosis, Tampons and Orgasm during Menstruation: Science, Press and Patient Organizations." *Gynecologic and Obstetric Investigation* 54 (2002): 61–62.

Levin, Roy, et al. "The Physiology of Sexual Arousal in the Human Female: A Recreational and Procreational Synthesis. " *Archives of Sexual Behavior* 11, no. 5 (2002): 405–411.

McCoy, N., and J. Matyas. "Oral Contraceptives and Sexuality in University

Women." *Archives of Sexual Behavior* 25, no. 1 (1996): 73–90.

Medline Plus Medical Encyclopedia. *Orgasmic Dysfunction*. September 2002. Retrieved on December 20, 2009, from http://www.nlm.nih.gov/medlineplus/ency/article/001953.htm.

Meissner, H. O., et al. "Use of Gelatinized Maca in Early Postmenopausal Women." *International Journal of Biomedical Science* 1, no. 1 (2005): 17–19.

Piazza, Lisa A., et. al. "Sexual Functioning in Chronically Depressed Patients Treated with SSRI Antidepressants." *American Journal of Psychiatry* 154 (1997): 1757–1759.

Roberts, Stephanie. "Fast Fung Shui for Singles: 108 Ways to Heal Your Home and Attract Romance." Woodbury, MN: Lotus Pond Press, 2002.

Ruiz-Luna, A. C., et al. "Lepidium Meyenii (Maca) Increases Litter Size in Normal Adult Female Mice." *Reproductive Biology and Endocrinology* 3, no. 1 (2005): 16.

Santoro, Nanette, et al. "Correlates of Circulating Androgens in Mid-Life Women: The Study of Women's Health Across the Nation." *Journal of Clinical Endocrinology and Metabolism* 90, no. 8 (2005): 4836–4845.

Waite, Linda, J., and Maggie Gallagher. *The Case for Marriage*. New York: Broadway, 2001, 79.

Whipple, Beverly, and Barry R. Komisaruk. "Elevation of Pain Threshold by Vaginal Stimulation in Women." *Pain* 21 (1985): 357–367.

Young, E. A., et al. "Increased Evening Activation of the Hypothalamic-Pituitary-Adrenal Axis in Depressed Patients." *Archives of General Psychiatry* 51 (1994): 701–707.

Capítulo 6: Passo 5 – Movimente o corpo e impulsione o metabolismo

Adlard, P. A. "The Exercise-Induced Expression of BDNF within the Hippocampus." *Neurobiology of Aging* 26, no. 4 (2005): 511–520.

Campbell, Denis. "Gyms Now Offer 'Passive Exercise' Machine That's No Sweat." *The Observer*. September 7, 2003. Retrieved on

July 23, 2009, from http://www.guardian.co.uk/uk/2003/sep/07/deniscampbell.theobserver.

European Association for the Study of Obesity. "Vibration Machines May Aid Weight Loss and Trim Abdominal Fat." *Science Daily*. May 8, 2009. Retrieved on October 5, 2010, from http://www.sciencedaily.com/releases/2009/05/090508045323.htm.

"Increased Food Intake Alone Explains Rise in Obesity in United States, Study Finds." *ScienceDaily*. May 8, 2009. Retrieved on October 16, 2010, from http://www.sciencedaily.com/releases/2009/05/090508045321.htm.

Levine, James A., et al. "Energy Expenditure of Nonexercise Activity." *American Journal of Clinical Nutrition*, 72, no. 6 (2000): 1451–1454.

Pel, J. J. M, et al. "Platform Accelerations of Three Different Whole-Body Vibration Devices and the Transmission of Vertical Vibrations to the Lower Limbs." *Medical Engineering and Physics* 31, no. 8 (2009): 937.

Puetz, Timothy W., and Patrick J. O'Connor. "Effects of Chronic Exercise on Feelings of Energy and Fatigue: A Quantitative Synthesis." *Psychological Bulletin* 132, no. 6 (2006): 866–876.

Puetz, Timothy W., and Sara S. Flowers. "A Randomized Controlled Trial of the Effect of Aerobic Exercise Training on Feelings of Energy and Fatigue in Sedentary Young Adults with Persistent Fatigue." *Psychotherapy and Psychosomatics* 77 (2008): 167–174.

Roberts, Susan B. "The Exercise Myth." *The Daily Beast.* May 6, 2009. Retrieved on October 1, 2010, from http://www.thedailybeast.com/blogs-and-stories/2009-o5-06/the-exercise-myth.

Capítulo 7: Passo 6 – Verifique a tireoide

Buckwalter, J. G., et al. "Pregnancy, the Postpartum, and Steroid Hormones: Effects on Cognition and Mood." *Psychoneuroendocrinology* 124, no. 1 (1999): 581.

Canaris, Gay J., et al. "The Colorado Thyroid Disease Prevalence Study." *Archives of Internal Medicine* 160 (2000): 526–534.

CBS News, "Oprah Reveals Thyroid Trouble: Queen of Talk's Medical Problem Is Common and Under-Diagnosed." October 17, 2007. Retrieved on December 20, 2010, from http://www.cbsnews.com/stories/2007/10/17/earlyshow/health/main3377868.shtml.

Herper, Matthew. "America's Most Popular Drugs: A Narcotic Painkiller Tops Forbes' List of the Most Prescribed Medicines." *Forbes.* May 11, 2010. Retrieved on June 4, 2010, from http://www.forbes.com/2010/05/11/narcotic-painkiller-vicodin-business-healthcare-popular-drugs.html.

Hollowell, J., et al. "Iodine Nutrition in the United States. Trends and public health implications: Iodine excretion data from National Health and Nutrition Examination Surveys I and III (1971–1974 and 1988–1994)." *The Journal of Clinical Endocrinology & Metabolism* 83, nº. 10 (1998): 3401–3408.

International Council for the Control of Iodine Deficiency Disorders. "How Much Iodine?" Retrieved on September 13, 2010, from http://www.iccidd.org/pages/iodine-deficiency/how-much-iodine.php.

The Lancet. "Iodine Deficiency—Way to Go Yet," 372, no. 9633 (2008): 88.

Mark, Denise. "The Thyroid Gland and Communication System Management: Balancing the HPA-T Axis." *The NeuroTransmission* 2, no. 10 (2008).

Nomura, S., et al. "Reduced Peripheral Conversion of Thyroxine to Triiodothyronine in Patients with Hepatic Cirrhosis." *Journal of Clinical Investigation* 56, no. 3 (1975): 643–652.

Patrick, L. "Iodine: Deficiency and Therapeutic Considerations." *Alternative Medicine Review* 13, no. 2 (2008): 116–127.

Pearce, Elizabeth, et al. "Breast Milk Iodine and Perchlorate Concentrations in Lactating Boston-Area Women." *The Journal of Clinical Endocrinology & Metabolism* 92, no. 5 (2007): 1673–1677.

Pennington, J. A., et al. "Iron, Zinc, Copper, Manganese, Selenium, and Iodine in Foods from the United States Total Diet Study." *Journal of Food Composition Analysis* 3, no. 2 (1990): 166–184.

Tan, Zaldy S., et al. "Thyroid Function and the Risk of Alzheimer Disease: The Framingham Study." *Archives of Internal Medicine* 168, no. 14 (2008): 1514–1520.

Utiger, Robert D. "Estrogen, Thyroxine Binding in Serum, and Thyroxine Therapy." *New England Journal of Medicine* 344, no. 23 (2001):1784–1785.

Vaidya, B., et al. "Management of Hypothyroidism in Adults." *British Medical Journal* 337 (2008):doi:10.1136/bmj.a801.

World Health Organisation (WHO), United Nations Children's Fund (UNICEF), and International Council for the Control of Iodine Deficiency Disorders (ICCIDD). *Assessment of Iodine Deficiency Disorders and Monitoring Their Elimination: A Guide for Programme Managers*, 3rd ed. 2007.

Zimmermann, M. "Iodine Deficiency in Pregnancy and the Effects of Maternal Iodine Supplementation on the Offspring: A Review." *American Journal of Clinical Nutrition* 89, no. 2 (2009): 668S–672S.

Zimmermann, M., et al. "Iodine-Deficiency Disorders." *The Lancet* 372, no. 9645 (2008): 1251–1262.

Capítulo 8: Passo 7 – Prepare-se para "Aquele dia do mês"

Aetna Intelihealth. Premenstrual Syndrome (PMS). Retrieved on November 23, 2010, from http://www.intelihealth.com/IH/ihtIH/WSIH=/9339/23664.html.

Anjum, F., et al. "Attitudes Towards Menstruation among Young Women." *Pakistan Journal of Medical Sciences* 26, no. 3 (2010): 619–622.

Avis, N., et al. "A Universal Menopause Syndrome?" *American Journal of Medicine* 118, Supp 12B (2005): 37–46.

Bertone-Johnson, Elizabeth R., et al. "Calcium and Vitamin D Intake and Risk of Incident Premenstrual Syndrome." *Archives of Internal Medicine* 165 (2005): 1246–1252.

Birdsall, T. C. "5-hydroxytryptophan: A Clinically-Effective Serotonin Precursor." *Alternative Medicine Review.*; 3, no. 4 (1998): 271–280.

Chang, Yu-Ting, et al. "Study of Menstrual Attitudes and Distress among Postmenarcheal Female Students in Hualien County." *Journal of Nursing Research* 17, no. 1 (2009): 20–29.

Cleckner-Smith, C. S., et al. "Premenstrual Symptoms. Prevalence and Severity in an Adolescent Sample." *Journal of Adolescent Health* 22, no. 5 (1998): 403–408.

Doll, H., et al. Pyridoxine (Vitamin B6) and the Premenstrual Syndrome: A Randomized Crossover Trial." *Journal of the Royal College of General Practitioners* 39, no. 326 (1989): 364–368.

Gianetto-Berruti, A., et al. "Premenstrual Syndrome." *Minerva Ginecologica* 54 (2002): 85–195.

Golden, Robert N., et al. "The Efficacy of Light Therapy in the Treatment of Mood Disorders: A Review and Meta-Analysis of the Evidence." *American Journal of Psychiatry* 162, no. 4 (2005): 656–662.

Goldstein, S. R. "Abnormal Uterine Bleeding." In R. S. Gibbs et al., eds., *Danforth's Obstetrics and Gynecology*, 10th ed. Philadelphia: Lippincott Williams and Wilkins, 2008, 664–671.

Grady-Weliky, T. A. "Premenstrual Dysphoric Disorder." *New England Journal of Medicine* 348, no. 5 (2003): 433–437.

He, Z., R. Chen, et al. "Treatment for Premenstrual Syndrome with Vitex Agnus Castus: A Prospective, Randomized, Multi-center Placebo Controlled Study in China." *Maturitas* 63, no. 1 (2009): 99–103.

Jancin, Bruce. "Risk of First-Ever Depression Rises during Perimenopause."

Internal Medicine News Digital Network. From the annual meeting of the American Society for Reproductive Medicine, November 19, 2010. Retrieved on November 28, 2010, from http://www.internalmedicinenews.com/news/mental-health/single-article/risk-of-first-ever-depression-rises-during-perimenopause/48d7c9dace.html.

Kaunitz, A. M. "Oral Contraceptive Use in Perimenopause." *American Journal of Obstetrics and Gynecology* 185, no. 2, Suppl. (2001): S32–S37.

Krasnic, Catherine, et al. "The Effect of Bright Light Therapy on Depression Associated with Premenstrual Dysphoric Disorder." *American Journal of Obstetrics & Gynecology, Part 1* 193, no. 3 (2005): 658–661.

Larsson, C., and J. Hallman. "Is Severity of Premenstrual Symptoms Related to Illness in the Climacteric?" *Journal of Psychosomatic Obstetrics and Gynecology* 18, no. 3 (1997): 234–243.

Martin, M., et al. "Menopause without Symptoms: The Endocrinology of Menopause among Rural Mayan Indians." *American Journal of Obstetrics and Gynecology* 168, no. 6 (1993): 1839–1843.

Melby, M. "Vasomotor Symptom Prevalence and Language of Menopause in Japan." *Menopause* 12, no. 3 (2005): 250–257.

Meyers, S. "Use of Neurotransmitter Precursors for Treatment of Depression." *Alternative Medicine Review* 5, no. 1 (2000): 64–71.

Mills, Dixie. "A Look at Menopause across Cultures." Retrieved on November 14, 2010, from http://www.womentowomen.com/menopause/menopauseacrosscultures.aspx.

Muneyyirci-Delale, O., et al. "Sex Steroid Hormone Serum Ionized Magnesium and Calcium Levels throughout the Menstrual Cycle in Women." *Fertility and Sterility* 69, no. 5 (1998): 958–962.

Natural Medicines Comprehensive Database Web site. "Evening Primrose Oil." Retrieved on December 20, 2010, from http://naturaldatabase.therapeuticresearch.com/%28X%281%29S%28tzndreqsszcdpnmspmcyioy1%29%29/nd/Search.aspx?cs=&s=ND&pt=100&id=1006&fs=ND&searchid=24725610.

Rapkin, A. "A Review of Treatment of Premenstrual Syndrome and Premenstrual Dysphoric Disorder." *Psychoneuroendocrinology* 28, 3 Suppl. (2003): S39–S53.

Rasgon, N., et al. "Neuroactive Steroid—Serotergic Interaction: Responses to Intravenous L-typrophan Challenge in Women with Premenstrual Syndrome." *European Journal of Endocrinology* 145, no. 1 (2001): 25–33.

Richards, Misty, et al. "Premenstrual Symptoms and Perimenopausal Depression." *American Journal of Psychiatry* 163 (2006): 133–137.

Sampalis, F., et al. "Evaluation of the Effects of Neptune Krill Oil on the Management of Premenstrual Syndrome and Dysmenorrhea." *Alternative Medicine Review* 8, no. 2 (2003): 171–179.

"Side Effects of Progesterone – for the Consumer." Retrieved on April 13, 2011, from http://www.drugs.com/sfx/progesterone-side-effects.html.

Singh, B. B., et al. "Incidence of Premenstrual Syndrome and Remedy Usage: A National Probability Sample Study." *Alternative Therapies in Health and Medicine* 4, no. 3 (1998): 75–79.

Umland, E. M. "Treatment Strategies for Reducing the Burden of Menopause-Associated Vasomotor Symptoms." *Journal of Managed Care Pharmacy* 14, no. 3 (2008): 514–519.

Wyatt, K. M., et al. "Poor-Quality Studies Suggest That Vitamin B6 Use Is Beneficial in Premenstrual Syndrome." *Western Journal of Medicine* 172, no. 4 (2000): 245.

Capítulo 9: Faça exames específicos

ARK Adrenal Recovery Kit: Patient Guide, 2nd ed. Ortho Molecular Products, Inc. Stevens Point, WI.

ARK Adrenal Recovery Kit: Physician Road Map. Ortho Molecular Products, Inc. Stevens Point, WI.

Forman, J. P., E. B. Rimm, et al. "Folate Intake and the Risk of Incident Hypertension among US Women." *Journal of the American Medical Association* 293 (2005): 320–329.

Functional Intracellular Analysis: Supplemental Information Reference Book. Houston: Spectracell Laboratories, 2009.

Riboflavina (Vitamina B2). Medline Plus. Retrieved on May 18, 2011, from http://www.nlm.nih.gov/medlineplus/druginfo/natural/957.html.

Scheinfeld, Noah. "A Review of Hormonal Therapy for Female Pattern (Androgenic) Alopecia." *Dermatology Online Journal* 14, no. 3 (2008): 1.

Thys-Jacobs, S., P. Starkey, et al. "Calcium Carbonate and the Premenstrual Syndrome: Effects on Premenstrual and Menstrual Symptoms." *American Journal of Obstetrics & Gynecology* 179, no. 2 (1998): 444–452.

Agradecimentos

Muito obrigada a John Kohut, meu marido solidário que sempre me encorajou a buscar meus sonhos – por mais loucos que eles pudessem ser. Você é meu parceiro, minha estabilidade, meu único e verdadeiro amor. Seu apoio deu-me autoconfiança para continuar. O casamento é uma partilha de dar e receber. Obrigada por "dar" enquanto eu "recebia" para escrever este livro.

Aos meus pais, Dra. Lidia e Mark Cwynar. Vocês me deram a base para o sucesso na vida, insistindo sobre a educação e a curiosidade, muito mais do que quaisquer outros pais que conheci. Vocês deram-me independência e segurança de aventurar-me, com isso, pude fazer tudo que meu coração pedia. A batalha de vocês ensinou-me que, com trabalho duro, tudo é possível. Eu amo vocês.

Para minhas lindas filhas, Danielle e Nicole Kohut. Obrigada pela compreensão de todas aquelas horas em que a "mamãe tinha que escrever o livro". A maturidade de vocês surpreendeu-me. Este projeto começou a mostrar que vocês podem fazer qualquer coisa que quiserem. Eu escrevi este livro na esperança de que no futuro vocês persigam seus sonhos sem medo do fracasso. Se vocês simplesmente tentarem já é um sucesso.

Para Sharyn Kolberg – eu nem sei como expressar minha enorme gratidão. Você, além de ser uma excelente profissional, é uma escritora maravilhosa. Sua capacidade de organizar meus pensamentos para que os leitores pudessem compreender-me melhor é inestimável.

Você está sempre calma e com os pés no chão. Obrigada por me manter no presente e na realidade. É um prazer trabalhar com você.

À Patty Gift, minha brilhante editora na Hay House. Obrigada por acreditar neste projeto, dando-me a oportunidade de expressar-me para todas as mulheres. Agradeço a todos que contribuíram para a conclusão deste livro.

À Jessica Papin, minha agente literária – muito obrigada por navegar no mundo editorial.

À Sue Steele, meu anjo da guarda, que sempre esteve ao meu lado. Quantos chapéus a Sue Steele pode usar? Sempre mais um! Sue, você segurou firme e abraçou as mudanças de forma positiva, estou sempre aprendendo com você. Sou muito feliz por você fazer parte da minha vida. Obrigada por tudo que fez por mim.

Para Russel Kamalski. Sua iluminação abriu portas que eu nunca poderia imaginar, um presente inesperado, mas que agora faz parte da minha vida. Seu conhecimento e talento são insuperáveis e estou muito feliz por você ter "caído na minha vida".

Para Parker Steiger, sem você este livro não existiria. Você nutriu-me durante todo o processo, sendo meu amigo, meu confidente, meu advogado e meu orientador. Ninguém pode substitui-lo, pois é um ser humano incrível. Eu tenho muito respeito por seu talento e dom de promoção de marca e marketing.

Para Todd Shemarya, que nunca duvidou que eu escreveria este livro. Você deu-me o empurrão que faltava e suportou quando eu madrugava a sua porta sem pedir nada em troca. Sou muito grata por sua amizade.

Para o pessoal da Hay House, que acreditou no livro e ajudou em cada etapa, incluindo a editora Melanie Gold, do departamento editorial, a equipe de design, os grupos de venda e marketing, e todos que ajudaram a criar este livro.

Para a equipe que conseguiu a melhor foto da capa. Para Scott Barnes, meu amigo de muitos anos – muito obrigada por sua visão criativa e por manter meu rosto jovial. Você é meu Michelangelo da maquiagem! Para Dax Litto, meu fotógrafo, e Frank Galasso, meu cabeleireiro, vocês deixaram-me muito à vontade. Eu aprecio o profissionalismo e a orientação de vocês.

A todos os profissionais que contribuíram com material para a conclusão deste livro, muito obrigada por torná-lo melhor, preenchendo as lacunas onde tenho menos experiência. Vocês são tão ocupados e mesmo assim reservaram um tempo para ajudar-me, muito obrigada.

Ao pessoal do consultório, às minhas pacientes, aos meus familiares e amigos, que me ouviram falar sobre o livro por tanto tempo, agradeço a vocês pela inspiração e força para continuar!

Muito obrigada aos meus pacientes, que ficaram comigo ao longo dos anos, ajudando-me a ajudá-los a transformarem sua fadiga em uma vida fabulosa. Foi nossa viagem que resultou nesse projeto baseado em evidências, na vontade de ajudar as pessoas que não podem vir até mim. Para esses pacientes, cheios de conhecimento, que ajudam tantos outros a saírem da própria fadiga.

Sobre a autora

A Dra. Eva Cwynar é endocrinologista, especialista em metabologia, e trabalha em Beverly Hills, CA, fornecendo assistência médica para tratar fadiga, disfunções hormonais, obesidade e envelhecimento. Seus clientes são desde celebridades até pessoas comuns. Ela já participou de vários programas famosos nos Estados Unidos, tais como *The Doctors, Dr. Phil, Celebrity Fit Club, The Rachel Zoe Project, On-Air with Ryan Seacrest* e *Jimmy Kimmel Live!*

A Dra. Cwynar trabalha na faculdade do Centro Médico Cedars-Sinai, é professora assistente de medicina da UCLA e é conhecida mundialmente por seus trabalhos com reposição hormonal, menopausa, menopausa masculina, disfunção da tireoide, emagrecimento e superação da fadiga. Ela é membro da Sociedade de Endocrinologia e vem recebendo muitos prêmios, incluindo o Médico do Ano da Califórnia e Médico Top da Tireoide de Beverly Hills.

Para maiores informações, entre no site: www.dreva.com.

Impressão e acabamento:

tel.: 25226368